U0500486

本书系北京市青年拔尖人才培育计划项目"艺术管理专业实践教学探索及在学科融合中的作用"（项目编号：CIT&TCD201804067）成果。

艺术管理教学探索之路漫漫，感谢课题项目支持！

文化艺术组织筹款之道

马明　李晓唱　著

知识产权出版社
全国百佳图书出版单位
—北 京—

图书在版编目（CIP）数据

文化艺术组织筹款之道/马明，李晓唱著.—北京：知识产权出版社，2022.12
ISBN 978-7-5130-8472-7

Ⅰ.①文…　Ⅱ.①马…②李…　Ⅲ.①文化艺术—组织机构—集资—研究—中国　Ⅳ.①G123

中国版本图书馆CIP数据核字(2022)第218346号

责任编辑：赵　军　　　　　　　责任校对：谷　洋
封面设计：纵横华文　　　　　　责任印制：刘译文

文化艺术组织筹款之道

马　明　李晓唱　著

出版发行：知识产权出版社有限责任公司	网　　址：http://www.ipph.cn
社　　址：北京市海淀区气象路50号院	邮　　编：100081
责编电话：010-82000860转8127	责编邮箱：zhaojun99668@126.com
发行电话：010-82000860转8101/8102	发行传真：010-82000893/82005070/82000270
印　　刷：北京九州迅驰传媒文化有限公司	经　　销：新华书店、各大网上书店及相关专业书店
开　　本：787mm×1092mm　1/16	印　　张：20.5
版　　次：2022年12月第1版	印　　次：2022年12月第1次印刷
字　　数：282千字	定　　价：88.00元

ISBN 978-7-5130-8472-7

历史、个案和文献

——艺术赞助研究的前景与潜力

艺术筹款是文化艺术组织管理重要的经营范畴，艺术赞助是社会机构（包括公益组织和商业企业）支持文化艺术发展的重要途径，艺术筹款与艺术赞助构成艺术资助体系这门硬币的一体两面，而艺术资助体系又与艺术生产体系、艺术中介体系共同构成健全的现代艺术生态体系。马明和李晓唱两位年轻的艺术管理学者，基于多年的艺术组织筹款课程的教学与科研实践，撰写了这本《文化艺术组织筹款之道》，嘱我作序。《文化艺术组织筹款之道》这本书依据现实需要和实践操守，以筹款指南或工作手册的写作方式详细梳理了艺术组织筹款的工作流程和实用技能，全书内容翔实，体系周全，对初学者而言具有很大的参考价值。对此部书稿的研读，也打开了我近年来关于艺术赞助理论研究的另一种思考，忍不住借此机会诉诸笔端，以求教于学界和业界方家。

我在北大组织了多年的向上书堂读书会，曾精选过有关艺术赞助的多部经典著作让学生们阅读。我们曾精读过英国艺术史家弗朗西斯·哈斯克尔（Francis Haskell）的《赞助人与画家》。哈斯克尔是一位长期在牛津大学任教的艺术史学家，我们非常熟悉他在《短暂的博物馆》中表现出来的研究思路与写作风格。他通过展览案例研究，从最开始的教堂展览，慢慢过渡到公共空间的展览和画廊，讲述了跨越 400 年的大师及其作品，探讨艺术与公众的关系。在他的《赞助人与画家》一书中，他谈到文艺复兴以来整个艺术体系的变化，特别强调艺术家和艺术赞助人对艺术作品共同起到的作用。跟随哈斯克尔的研究，我们还阅读了荷兰艺术史学家布拉姆·克姆佩斯（Bram Kempers）的《绘画、权力与赞助机制》。克姆佩斯主要研究文艺复兴时期意大利职业艺术家的兴起，从 1250 年到 1600 年，探讨了将近 400 年的艺术赞助与权力的关系。此外，我们还注意到英国艺术史家柯律格（Craig Clunas）的研究成果。作为中国物质文化史研究的重要学者，他的《明代的图像与视觉性》《雅债》，开启了社会艺术史、艺术与物质独特的研究视角；美国华裔艺术史学李铸晋教授主编的《中国画家与赞助人》也值得我们关注，他系统讨论了宫廷赞助、元代至清末的江南民间与社会赞助，探讨了中国绘画中的社会与经济因素。

我们可以看出，这些有关艺术赞助的学术成果都有一种共同的研究指向，即从历史、个案和文献的角度研究艺术赞助，呈现出艺术史书写的另一种样式，拓宽了艺术管理研究的另类范式。我希望从事艺术管理研究的年轻学者在从事艺术市场或艺术经济研究工作时，要有这样的史观视野和文献意识，要有意识地开展中外艺术赞助的典型个案或特定历史的具体研究，要能进行深入的史料挖掘和文献收集，积极开展艺术市场或艺术经济的微观史研究。也就是说，关于艺术赞助的研究，艺术管理和文化产业学者也可以从历史主义出发，选取典型个案，调用历史文献，去开拓艺术赞助的研究前景与学术潜力。

在这里，我要特别提及美国艺术史学家斯维特拉娜·阿尔珀斯（Svetlana Leontief Alpers）的研究。阿尔珀斯出身名门世家，父亲是诺贝尔经济奖获得者，母亲是非常著名的音乐家，作为俄裔美国人出生于美国主流社会非常精英的家庭。阿尔珀斯年轻时整理过父亲的经济学手稿，后来成为一名艺术史学者，她的艺术史观念受到其父亲经济学理论的影响。她一直从事荷兰艺术史研究，尤其是关于著名艺术家的艺术风格研究。

阿尔珀斯关于伦勃朗工作室的研究，从伦勃朗的一件艺术作品的真伪入手，讨论这位艺术家的绘画风格、工作室的运作机制及其与荷兰艺术市场的关系。关于艺术作品的真伪研究，在艺术史上是一个很重要的研究领域。艺术品的原作与复制品，以及不同摹本及其流传情况，涉及艺术品的摹本与原作的关系，不同艺术品的特性不同而产生的审美体验也不同。我们知道，在中国艺术史上有很多这样的复制作品，比如王羲之流传后世的真迹几乎都是临摹作品，但这些摹本依然很珍贵，具有独一无二的历史价值和艺术价值。阿尔珀斯在《伦勃朗的企业——工作室与艺术市场》一书的前几章节中，从艺术史的角度讨论了伦勃朗的绘制方法和创作模式，分析了伦勃朗的笔触、光线、画风、颜色、风格、触觉，以及画面人物的动作、着装等方面的艺术特征，将伦勃朗《戴金盔的男子》与伦勃朗其他确定的个人原创作品进行了比较研究，分析了伦勃朗、伦勃朗工作室、伦勃朗学徒作品之间的关系。阿尔珀斯的研究内容中还包括赞助者、经纪人之间的人际关系，并把这些人际关系与更复杂的社会关系、市场关系连接起来。阿尔珀斯的研究希望达成这样的结论，即认为伦勃朗开创了一种新的艺术家工作室的运作机制，这种新的运作机制超越了文艺复兴以来艺术赞助的固化体制，最终推动了欧洲文艺复兴以来艺术市场的繁荣与发展。这种运作机制将旧的艺术赞助体制推向了一种新的艺术市场资助体制。伦勃朗工作室代表了传统艺术赞助体制向现代艺术资助体制的转变，这个转变对于艺术创作体系、艺术生态体系的形成具有根本性的推动意义。

2022 年 6 月，我参加了尤伦斯当代艺术中心组织的"UCCA 理事赞助体系建立 10 周纪念活动"，参观了"共同的现场：UCCA 15 周年理事收藏展"。为了更好地获得艺术赞助，尤伦斯当代艺术中心成立了尤伦斯国际委员会理事。此次纪念活动选取了赞助人收藏的一些作品进行展览，并在展览现场组织了艺术赞助的对谈活动，主题为"艺术赞助的罗曼史"。对话活动强调艺术赞助话题的开放性，邀请了包括我在内的三位分享嘉宾，一位来自台湾的音乐人姚谦老师，被誉为华语乐坛教父级音乐人；一位来自香港的赞助人仇浩然老师，是一名非常优秀的律师。仇浩然老师热爱艺术，是一名资深的艺术赞助人，我很早就知道他但没见过面。他在国内多家高校推动设立罗中立奖学金，在北大也有。2009 年，北大罗中立奖学金资助举办了"法律、艺术与人文关怀"学术活动。我们知道，北大没有培养画家的美术专业，我想仇老师是通过罗中立奖学金在北大的设立，向罗中立老师表达致敬，进而支持法学界的学生支持艺术发展，从事与艺术有关的交叉研究。他在其他美院设立的罗中立奖金专门资助新锐的青年艺术家。仇老师很有大爱精神，在内地做了好多捐赠，也特别注重捐赠的过程对被资助人的影响。他认为捐赠不在于金钱本身，而是要对年轻艺术家的帮助起到身体力行的影响。他组织公益的面试辅导，纠正大学生在面试环节的语言、着装，甚至帮助大学生修改英文简历。仇老师自己有一个原则，他不会收藏所赞助的青年艺术家任何一幅作品，避免使得自己的捐赠行为显得不纯粹。他希望通过对青年艺术家的无偿捐赠，真正帮助青年艺术家更好地成长，更好地获得艺术界的认可。我觉得这种捐赠动机和捐赠行为都特别宝贵，特别难得。

完善的艺术生态包括艺术生产体系、艺术中介体系和艺术资助体系。艺术资助体系包括初期的赞助体系和现在的市场体系。最早的赞助体系有宗教团体的赞助（包括西方的教会和中国的寺庙），也有古代的皇家赞助和民族国家成立以来的公共赞助。在中国，国家赞助最为典型的机构就是宋代宣和画院。欧洲文艺复兴以来还有王公贵族赞助、新兴资产阶级赞助。欧洲商业阶层的赞助者是随着文艺复兴以来新兴资产阶级发展起来的一批富商巨贾家庭，比如意大利佛罗伦萨美第奇家族。中国明清以来也开始有了市民赞助，进而支持了一批有一定规模化的独立艺术家。在独立艺术家出现以前，艺术家是有职业的，入朝为官，把艺术创作作为自己的闲情逸致，或特定场景的私人表达，比如宴会雅集，往来书信。欧洲文艺复兴以前的艺术家是没有社会地位的，都要作为手工业者要被归属于某个特定的行会，艺术创作作为一种手工艺来对待。后来，随着赞助体系的成熟，慢慢有了职业艺术家。我们认为，只有在艺术市场兴起之后，职业艺术家才能靠艺术作品的售卖实现生存、维持生计并且持续创作。从17世纪到18世纪，西方的艺术市场逐渐规范成熟。因此，艺术的发展和繁荣得益于一个成熟规范的艺术资助市场。

2018年7月，我受北大艺术学院的委派带领十几位学生去美国考察当代艺术，这个活动得到北大经济学院校友杨斌学长捐赠的奖学金资助，每年组织学生到海外考察西方当代艺术，之前一直到欧洲考察，2018年选择了美国。我们先后去了洛杉矶、芝加哥、纽约、波士顿等城市里知名的美术馆。在洛杉矶，我们去了著名的盖蒂艺术中心，正好有伦勃朗工作室的专题展。在参观伦勃朗工作室的展览时，我们发现伦勃朗工作室的艺术作品大致分为三种：第一种是伦勃朗自己构思、创作、成画、签名的作品，这是明确的伦勃朗的原创作品；第二种是伦勃朗工作室接受订单、伦勃朗构思、伦勃朗的学生创作、伦勃朗签名的作品，这种作品是否为伦勃朗的原创一直存在争议；第三种是伦勃朗工作室接受订单、伦勃朗学生创作并签名的作品，这些作品也是伦勃朗工作室的作品，但会明确告诉买家这不是伦勃朗本人的作品。我认为，伦勃朗在那个时代已经非常具有艺术管理意识，把伦勃朗工作室的品牌效应发挥到了最好的市场效果。当然，如果艺术市场能准确地区分伦勃朗工作室出品的这三类作品，这些作品针对不同的艺术需求，会有不同的定价，各方也都会满意。只是随着艺术品的流转和时间的流逝，第一种作品与第二种作品可能会发生混淆，就会造成艺术史上的谜题公案。

伦勃朗有着精明娴熟的工作室经营意识，能够把个人的名气充分发挥好，把自己的工作室作为品牌去经营，在艺术市场上针对不同的赞助需求创作不同的艺术作品，做了一个非常好的艺术市场的细分服务。伦勃朗如何把工作室与艺术市场实现有效的连接，这是阿尔珀斯希望通过伦勃朗工作室的研究去探索的问题。阿尔珀斯通过伦勃朗工作室的运作机制研究，探讨了艺术市场体制如何去丰富和充实艺术赞助体制。在这个艺术资助模式的转变过程中，艺术家获得了艺术的创作自由。艺术赞助体制是艺术与权力之间的博弈，正如克姆佩斯在《绘画、权力与赞助机制》里提到的那样，很多艺术家的创作都是艺术家在教会、市政厅、富裕家族的赞助下进行的，这些艺术作品的创作是为了彰显宗教权力、政治权力或财富权力。比如托钵修会的艺术赞助，锡耶纳共和国的艺术赞助，美第奇家族的艺术资助，都对艺术家的创作有非常详细的约定和要求，对于艺术家如何展现圣徒、教皇的形象、赞助者的形象，都有非常详细严格的规定。赞助体制下的艺术创作，是一种戴着镣铐的舞蹈。我们知道的意大利传教士、清朝宫廷画家郎世宁，来中国后一直在故宫，与帝王相伴创作了很多作品，但很多作品几乎从打草稿到成品，每一步都要得到乾隆本人或乾隆的委托人的创作审查。美第奇家族资助了拉斐尔、达芬奇、米开朗基罗等诸多艺术大师，但他们很多艺术作品的创作都要受制于赞助人的要求。

从艺术赞助体制到艺术订制体制的过渡，伦勃朗在一定程度上推动了艺术家创作的自由发展。伦勃朗工作室的前半生就是处于这样一种艺术订制化的经营状态。伦勃朗特别擅长处理个性化的艺术订制业务，做到既要保证绘画作品的艺术审美，又要满足订制者个性化的功能需求。伦勃朗的《夜巡》作为群体肖像画作品，就是一次集体委托订制的经典作品，但是正是这件作品让他饱受争议，并不得不调整工作室的运营策略。大家都应该知道《夜巡》创作背后的传奇故事。《夜巡》是阿姆斯特丹城射手连队画的群像，这些士兵早已多年不再征战，但又为了显示军人的威严和武功，委托伦勃朗为他们创作一幅群体肖像画。伦勃朗作为色彩大师，进行了精心的布局和构图，让每个人的形象都以不同的英姿飒爽出现在画面中，人物之间错落有致，光线充满明暗变化。但是，在这幅作品中，有些士兵被遮住了半张脸，还有些士兵根本都看不见面孔。这些在绘画中没有得到重视的士兵认为自己出了同样的订单费结果没有得到重视，于是心生不满，发起市民攻击伦勃朗，而这个事件又被嫉妒伦勃朗才华的人利用，给伦勃朗的艺术声誉造成很大的伤害。其实，我们都知道《夜巡》这幅作品在画面构图、光线明暗、人物造型上所体现的艺术风格和审美意象，绝对是艺术史上的经典之作。他能够把这么多人很有节奏地安排好，而且要遵守艺术审美的自身规律，要显现出画面的层次感和节奏感，这充分显示出伦勃朗杰出的艺术创意和精湛的绘画技艺。这幅作品一直被当作荷兰的艺术国宝。

我个人认为，这幅《夜巡》群像画让订制者不满意所带来的职业危机，让伦勃朗去重新审视他自己与艺术订制体制的关系。他希望拥有更大的艺术创作自由权，这就需要面向匿名的艺术市场去创作和销售作品。面向艺术市场提前创作的作品，显然要比艺术赞助和艺术订制所受到的创作限制要小很多。伦勃朗通过工作室的成功运作，推动了 17 世纪荷兰艺术家工作室的管理创新。伦勃朗通过工作室的市场化运营，让艺术市场实现了艺术作品的价值交换，也帮助他自己实现了自由创作的艺术理想。借助艺术市场化的工作室生产模式，伦勃朗摆脱了原有的赞助人体制，重新确立了自己的艺术价值。因此，阿尔珀斯在这本书的后面两章详细讨论了伦勃朗工作室的组织结构和运作机制。

阿尔珀斯在《伦勃朗的企业——工作室与艺术市场》的整本书中以伦勃朗《戴金盔的男子》作品的真伪作为全书写作的叙事线索，体现了作者独具匠心的写作构思，既具有微观视角的艺术作品的细节研究，又具有宏观视角的艺术体制和艺术市场的整体研究。阿尔珀斯的艺术赞助研究打破了传统艺术史的书写方式，让伦勃朗画作的奇闻轶事与艺术体制的逻辑推测很好地融为一体，使得这种艺术赞助的研究文本的可读性非常强。

总之，艺术赞助者在"艺术界"扮演了一种重要的分配者角色，艺术赞助的研究构成了艺术管理和文化产业研究的重要议题。卡罗琳·弗里德曼（Carolyn Friedman）、凯伦·霍普金斯（Karen Hopkins）、玛乔丽·嘉伯（Majorie Garber）、马明、李晓唱采用一种研究路径；哈斯克尔、克姆佩斯、李铸晋、阿尔珀斯采用另一种研究路径。从历史中走来的艺术赞助，在当代社会面临更加复杂的现代性审视和主体性反思，需要我们去开创和突破更加多样性、更加多元化的艺术赞助研究的叙事模式与写作方法。以此共勉。

是为序。

向　勇

2022 年 12 月于北京

前　言

　　进入 21 世纪以来，在文化强国、文化走出去及文化体制改革等顶层战略设计驱动下，我国社会主义文化事业实现了长足发展，对于文化艺术管理人才培养提出了时代新要求。我国开设艺术管理专业的大部分高等院校均设置艺术组织筹款及相关课程，属于专业核心高阶课程。本书的撰写源于笔者在艺术组织筹款课程教学中的积累和对该专业人才能力培养的反思。

　　对于起步较晚的中国艺术管理教育而言，从建立之初专业实践教学就一直是各高校人才培养过程中的难点和重点。实践教学影响了该专业的招生机制、教学模式、教学方法及质量反馈。各高校都在不断探索、总结经验和优化完善人才培养方案，并在持续推进相关的教改工作。联系到当前文化体制改革已进入深水区，众多文化艺术单位在转企改制、理事会法人治理等方面迈出了改革步伐。传统依靠政府财政完全投入且直接管理文化艺术组织的局面已经被打破。文化艺术组织面临着向个人、企业、社会组织及政府等多元主体募集发展资金。本书认为应对艺术管理人才培养中的筹款议题进行系统性的理论研究和实践总结，故开启了这本书的撰写工作。

　　筹款并不仅仅是所谓的筹措资金。正如艺术组织的筹款部门会被命名为"发展规划部"一样，筹款更像是为了组织生存、可持续发展及提升竞争力的工作。任何一个艺术实践项目都需要思考资金筹措的议题。募集资金的背后是组织对于各类资源的统筹和优化配置，是实施战略目标和人才队伍建设的重要表现。特别是近年来受到文化艺术领域的跨界融合、艺术组织的数字化战略布局等趋势影响，对于艺术管理人才筹款能力提出了新的挑战。

当前国内针对文化艺术组织筹款的教材和专著极为匮乏，兼顾筹款理论与实践，亦能符合本土化制度语境的教材撰写工作迫在眉睫。很多高校艺术管理专业筹款类课程多为借鉴国外教材，如卡罗琳·弗里德曼（Carolyn Friedman）和凯伦·霍普金斯（Karen Hopkins）合著的《文化艺术组织成功筹款》，玛乔丽·嘉伯（Majorie Garber）的《赞助艺术》，或是依托文化产业融资类专著，如魏鹏举的《文化产业投融资》、伍小军的《中国文化产业融资方式创新研究》，抑或是公益慈善领域的筹款专著，如金姆·克莱恩（Kim Klein）的《成功筹款宝典》、卢咏的《公益筹款》等。然而，相比较公益慈善筹款或文化产业融资，文化艺术组织在筹款目标、战略、方式及类型方面具有明显的差异性，既不能简单以产业融资为替代，也不能完全以公益慈善所覆盖。

笔者更希望这本书像是一本筹款指南或指导手册，将貌似较为复杂的筹款工作进行分阶段、分步骤及分类型地拆解，用更为平实的语言描述艺术组织的筹款工作，让那些刚接触筹款工作或学习筹款知识的初学者能够深入浅出地掌握相关知识要点。为了更好地体现艺术组织筹款理论与实践融合的学理关系，笔者邀请该领域青年学者李晓唱老师参与该书的撰写，并采访多位文化艺术组织一线艺术管理实务者和相关专家学者，同时辅以新闻摘录、案例分析等实证内容，让读者能够更为立体地感知文化艺术组织筹款。

本书一共十二章，第一章导论对于筹款、文化艺术组织等研究对象进行了概念界定，并阐述了当前文化艺术组织筹款面临的困境。第二章从国家文化艺术治理视角阐述了西方国家艺术资助机制变迁，并对我国文化体制改革背景下的组织治理和筹款工作进行了研究分析。第三章针对筹款工作的误区、内涵及技能进行了系统性梳理。第四章至第十章分别从年度基金、企业赞助、个人捐赠、基金会筹款、政府资助、艺术节事筹款及网络筹款方面阐述了具体筹款方式和相关内容，第十一、十二章回归筹款实务，在介绍筹款实践活动中进一步明晰了筹款理论与实践之间的互动关系，并对筹款活动的道德规范进行了强调和论述。李晓唱老师负责撰写本书第六、七、八章和第十二章内容，本人负责其余章节内容撰写及全书统稿修订工作。为了让这本著作能够为艺术管理人才培养和课程教学发挥较好的指导价值，本书试图将各类筹款方式展示给读者，然而鉴于资料收集、知识水平及统稿等诸多原因，缺点在所难免，希望专家和读者批评指正。

正如向勇教授在序言所述，关于艺术筹款研究既可以基于艺术史料文献挖掘和个案"深描"，也可从艺术管理现实实务进行叙述。对于正在逐步建设的中国特色艺术管理学科而言，本书仅仅是艺术筹款议题的冰山一角，是辅助教学的一个工具。未来还需要在悠久的艺术史和现代艺术实践之间来回穿梭，在艺术理想与现实困境之间来回调试。这是艺术管理研究者的一份时代使命。

值此出版之际，将这本抛砖引玉之作献给北京舞蹈学院，献给我国的艺术管理学科。在"摇篮"中成长的我们，承蒙诸多领导和同仁的指导和鼓励，一并表示感谢。

马　明

2022 年 3 月

目　录

第一章 导　论

艺术与经济两个领域之间的沟通表面上貌似并不频繁。即使在 20 世纪 60 年代之后文化经济学[①]有了一定的发展，文化艺术领域的经济现象研究依旧是"少数"。20 世纪 90 年代之后，伴随着全球化浪潮的席卷，文化艺术的创新力在国际经济发展中的效能被更广泛的政府官员、学者所重视。

纵观东西方艺术发展史，艺术活动愈发繁荣活跃的时期，背后总是会有赞助者（patron）的身影，筹款活动与艺术发展形成了一个良性的互动。从词源学的角度来看，"赞助"一词自出现便含有资助和帮助的含义。英语"patron"源于拉丁语"patronus"，意指守护者和保护人，是从支持者、提供恩惠和保护者含义衍生而来。《说文解字》中对于"赞"一字的释义为"赞，见也，从贝从兟"[②]。其本义为导引宾客进见主人，基本意思是帮助、主持礼仪及夸奖等[③]。"赞助"一词出自南朝梁慧皎《高僧传·义解二·道安》："安以白马寺狭，乃更立寺，名曰檀溪，即清河张殷宅也。大富长者，并加赞助，建塔五层，起房四百。"

赞助文化艺术在东西方历史中早已有之。西方艺术史中有着大量权贵阶层资助艺术家的事例。例如，文艺复兴时期，意大利美第奇（Medici）

[①] 文化经济学，应用经济学的分支，以研究文化、艺术领域的经济问题现象为主。1966 年，鲍莫尔（Baumol）和鲍恩（Bowen）合著的《表演艺术：经济的窘境》一书出版，被众多学者认为是"文化经济学"产生的标志。

[②] 汤可敬. 说文解字今释 [M]. 上海：上海古籍出版社，2018.

[③] "赞"字为会意字，秦代文字从贝（钱财），从兟（shēn），早期为引导宾客之意，后引申为颂扬、支持的含义，具体可参看李学勤主编《字源》一书第 566–567 页。

家族长期为艺术家和文化人提供保护和资助，被称为是文艺复兴时期最重要、最伟大的艺术赞助者。从第一位画家马萨乔（Masaccio）接受该家族资助开始，众多知名的艺术家接受了美第奇家族的赞助，如达·芬奇（Da Vinci）、伽利略（Galileo）、米开朗基罗（Michelangelo）等。法国文豪伏尔泰（Voltaire）曾赞誉美第奇家族是文化全盛时代的推手。尽管也有一些赞助者与被赞助者之间不太愉悦的事件，如英国文学家塞缪尔·约翰逊（Samuel Johnson）在编纂《英语词典》时，面对切斯特菲尔德（Chesterfield）伯爵姗姗来迟的资助，曾在公开信里挖苦地说道："所谓的赞助，是不是就像对落水者在水里的挣扎视而不见，等人家快要上岸了再虚情假意地施予援手，而真正目的却是阻止对方上岸？"然而，不可否认的一点是，因为权贵阶层人士出于热爱或其他目的的赞助，推动了这一时期文化艺术的繁荣。

我国历史上资助文人的事例可追溯至春秋战国时期的门客制度。当时的权贵阶层为了在国内政治角逐和诸侯国外交之间获得竞争优势，便兴起了养客之风。商鞅、李斯、蔺相如及范雎都是较为有名的门客，这些门客的作用多体现在政治和军事方面。潘飞对于中国古代艺术赞助总结道，"无独有偶，艺术赞助在中国也拥有极其深厚的渊源。从上古至北宋时期，王室宫廷赞助蔚为风行。这一类型的范例当属宋王朝。按照官阶、俸禄等，画师在国家兴办的翰林图画院里会被分为不同的等级，从事职业创作。再加上皇帝宋徽宗是个文艺青年，使得宋朝在绘画、书法、制瓷等艺术领域空前繁盛，产生了众多的文化名人，如苏轼、范宽、郭熙、米芾、王希孟、张择端。渐渐地，随着宋徽宗宣和画院瓦解，富民崛起，以寺院、地主、商人为主体的私家赞助兴起。明末清初，在江南一带，大量徽商对艺术品市场的介入和赞助，极大地促进了艺术作品的流通、艺术品交易人的出现以及明末清初艺术品市场的繁荣。到了清嘉庆年间，扬州盐商衰落，上海兴起，以公众、市民赞助的形式成为主导"①。

事实上，今天表达艺术赞助的相近词语较为丰富，包括资助、补贴、捐赠等，赞助一词的含义已发生了变化，且赞助活动与普通公众之间的距离越来越近。艺术筹款往往被认为是为艺术家、艺术组织寻求赞助者的活动。艺术筹款的方式和媒介一直在变化之中，如名门贵族的门客、家族赞助收藏、政府财政资助、个人捐赠、基金会、节事活动、网络众筹等，筹款活动对于艺术发展的助推力始终未减弱。从资金补贴、维持文化艺术组织或艺术家生存到配置资源推动可持续性发展，筹款本身已经超越了单纯性资金纾困的意义。

【新闻摘录】假如没有赞助人，这些艺术大家会如何？ ②

一、洛伦佐·美第奇与米开朗基罗

洛伦佐·美第奇是美第奇家族中最重要的艺术赞助人。他在圣马可广场设立了一个花园，一方面用以收藏本家族的艺术珍品，另一方面也为培养艺术人才提供专门场地。洛伦佐发现了初出茅庐的米开朗基罗，并将他带到这里。洛伦佐在宫邸中为米开朗基罗准备了一个房间，派人照顾他，并常常让他与自己的孩子们和其他贵族亲戚一起用餐。米开朗基罗在这里住了四年，直到洛伦佐去世。米开朗基罗可以任意欣赏、临摹这里珍藏的艺术作品，日复一日的练习使他的创作基础越发扎实，也为他赢得美第奇家族乃至更多艺术赞助人的关注。可以说，美第奇花园是米开朗基罗艺术生涯的起源地。而米开朗基罗一生都与美第奇家族来往甚密，到了教皇克雷芒七世在位期间，他仍致力于美第奇家族的陵墓建设。

---

① 潘飞. 艺术赞助人：借你之手，扬我之名 [N]. 文汇报，2019-04-07(6).
② 资料来源：潘飞. 假如没有赞助人，这些艺术大家还是我们熟知的模样吗 [EB/OL]. 文汇报，2019-04-07. http://dzb.whb.cn/images/2019-04/07/6/60407.pdf. 作者有所编辑修订。

二、丢朗·吕厄与印象派

在印象派艺术品早期艺术市场形成、发展的过程中，画商的推进之功不可磨灭。其中，来自法国的丢朗·吕厄（Durand Ruel）就是印象派第一画商。吕厄与印象派的结缘在1871年，这一年，他买了29幅毕沙罗的作品，29幅西斯莱的作品，10幅德加的作品，2幅雷诺阿的作品，23幅马奈的作品，而后更是一发不可收拾。据说他总共买过约5000幅印象派画家的作品，包括1000多幅莫奈的作品，1500幅雷诺阿的作品，800幅毕沙罗的作品，200幅马奈的作品。在印象派早期，如此大量购买画作无疑是革新之举。此举使得他能垄断市场，同时对画家们来说也是莫大的支持。雷诺阿就曾跟他的儿子这样说："没有他（吕厄），我们不可能活到今天。"

三、马曰琯与郑板桥

侨居扬州业盐为生的徽商巨富马曰琯和马曰璐兄弟并称"扬州二马"，一生喜爱写诗、藏书，兄弟二人建有小玲珑山馆来款待文人墨客，"扬州八怪"中的金农、郑燮等人都是他们的席间常客。郑板桥初到扬州时，以做私塾聊以糊口，生活贫困潦倒，而且身负债务的困扰，躲至镇江焦山同乡僧人处。某一日，板桥巧遇马曰琯，两人交谈后，马见板桥神情黯淡，随即开口："山光扑面经宵雨。"谁知，郑板桥脱口对答："江水回头欲晚潮。"马曰琯十分赏识郑板桥的才气，于是询问他到此处的原因，郑板桥以实相告。等到郑板桥回到家中，发现债已还清，屋也修葺，乃知马曰琯私寄了三百两银子，解决了自己的窘境。从此之后，郑板桥便是小玲珑山馆的常客，他还为马曰琯题诗作画，在《为马秋玉画扇》中诗云："缩写修篁小扇中，一般落落有清风。墙东便是行庵竹，长向君家学化工。"

思考：赞助者和艺术家之间关系的维护基础是什么？如何更为辩证地理解赞助者与艺术家之间的关系？

一、筹款的重要性

筹款议题对于文化艺术组织而言，并不是发展至成熟阶段才出现。事实上，文化学者和艺术家早期的创作活动便面临着资金、人际关系及物质设施等资源匮乏的窘境。后来在文化艺术活动不断繁荣发展的过程中，这种对于社会资源的依赖和应用变得更为紧密和频繁。筹款并不只是现代文化艺术组织所面临的难题。艺术史上早期关于赞助的材料和案例不胜枚举，当时更多是艺术家、文化人的个体募捐行为。东西方历史中的统治阶级都承担过艺术赞助人的角色。正如英国人文主义学者贡布里希（Gombrich）在对美第奇家族早期赞助的研究中就指出，"艺术作品是捐赠人的作品"。因为赞助人的资源控制和话语权主导，艺术作品的赞助人比艺术家本身占据了更多关注。

今天无论是在东方或西方、非营利或营利、国有或民营、公司或工作室等各种类型的文化艺术组织都不得不面对资金融通和筹措，并且也成为该组织成功发展极其重要的因素。看一看教科书和互联网上那些运营良好、影响力较高的博物馆、皇家院团、艺术中心、文化基金会，谁又能回避资金筹措这个话题？筹款对于文化艺术组织之所以重要在于下述四点原因。

（一）生存

文化艺术组织一旦参与社会活动，那就不得不面对资金议题。需要资金来支撑公司项目的落地，需要资金来支付员工的薪酬和各类办公费用，需要资金购置新型设备……这一系列需求背后是文化艺术组织的生存目标。如果无法保证预期资金的流入，那么组织就无法开展工作，无法制作生产更好的文化产品和服务。这个残酷的社会现实告诉我们，无论是政府资助，或者社会捐赠，还是依靠文化市场，筹款对于各类文化艺术组织而言不是特例。作为一名艺术管理者，你可以从组织的资产负债表、年度预算及年报等资料中获知机构生存、运行与资金状况。面对复杂的经营环境，文化艺术组织对于维持运行的资金流格外关注和重视。生存的讲法并不是危言耸听，在过去的很多新闻中，各种文化艺术组织遭遇"关门""破产"的消息也会占据头条。

2011年4月，费城交响乐团（Philadelphia Orchestra）赤字达到500万美元，遂向法院申请破产保护。后因该团较为有效的筹款计划，转危为安。

纽约市立歌剧院（New York City Opera）在2013年宣布申请破产。因其知名度和影响力，于2016年被后继管理团队承接其所有资产及负债。2019年2月，纽约市立歌剧院宣布董事会主席尼德霍夫（Niederhoffer）离职，歌剧院的前景堪忧。任职三年间，尼德霍夫是该歌剧院的主要捐赠者。

2016年，纽约大苹果马戏团宣告破产。2017年，拥有146年历史的玲玲马戏团破产。当大家还在讨论高雅艺术、通俗大众艺术的时候，具有悠久历史的马戏表演步履维艰。

2022年4月末，正值本书修订出版阶段，中国民营舞团的标杆——陶身体在公众号宣布，2020年以来受新冠病毒感染疫情影响，舞团尝试新的发展。2021年年底，舞团开始负运营。2022年5月，舞团将无力承担团员工资等运营成本，因此不得不计划解散。

【新闻摘录】费城交响乐团：从破产走向重生[①]

"我们宣布破产，其实是一种商业手段。"说起2011年费城交响乐团

---

① 资料来源：单米. 费城交响乐团：从破产走向重生 [EB/OL]. 21世纪经济报道，2014-04-21. http://www.51zheng.com/Article_Print.asp?ArticleID=74444. 作者有所删减修订。

遭遇的破产难关,副团长汉密尔顿(Hamilton)的神情竟然十分轻松。这位一身银灰色西服,说话严谨而极富条理的乐团副团长,在美国艺术管理领域已经有 20 多年经验。他丝毫不避讳那次震惊古典音乐圈的破产,甚至以"开拓性的创举"来形容这一事件:"我们是美国第一个宣布破产的非营利性乐团,这确实引人关注。但申请破产保护之后,我们依然维持着正常运营,没有减少演出,并且很快就偿还了债务,获得了重生。"

在分析费城交响乐团三年前破产的原因时,汉密尔顿认为,那是内因和外因的共同作用。外部原因显而易见。数字时代不但深刻影响了唱片业,更改变了人们的生活方式,古典音乐赖以生存的唱片录制和现场演出,不得不面对免费网络的激烈竞争。就在费城交响乐团发出破产申请保护时,美国媒体也开始分析这场遍及整个美国文化机构的灾难,无论是博物馆、音乐厅、剧院还是交响乐团,都出现超支严重、现金不足的状况。最先倒下的费城交响乐团是非营利性的,没有政府的资金支持,全靠演出收入或私人、企业的赞助,如果观众数量锐减,赞助人的捐赠资金也逐渐紧缩或是流向新兴领域时,传统行业只有拖着自己庞大的身躯轰然倒塌。

内部原因的复杂也是由来已久,"在今天这个时代,如果依然沿用几十年前的经营模式,肯定会有问题"。汉密尔顿颇为无奈地说,在音乐总监雅尼克上任前,乐团多年来处于管理真空的状态,没有音乐总监也没有总经理,群龙无首的状态对一个交响乐团而言是致命的,"这不是某个人的错误,而是乐团多年沉积下来的问题"。2011 年 4 月,费城交响乐团赤字达到 500 万美元,遂向法院申请破产保护,就此成为美国历史上有案可查的首个有可能破产的一线乐团。

思考:费城交响乐团从财务泥潭中走出来的故事,让更多的艺术管理者们深入思考多元化筹款方式对于非营利性艺术组织生存发展的重要性。

（二）可持续性发展

筹措资金并不是筹款的唯一目标。无论是艺术管理者、捐赠者、志愿者或观众，若将文化艺术组织的筹款只当作是个体的慷慨解囊，那么筹款的重要性将大大缩水。应该说，以实现战略目标、组织定位、价值认同为导向的筹款行为才是文化艺术组织筹措资金发展的重要目的。筹款也不是一个单次行为，反而是一个长期规划、实施及反馈的可持续性过程。

任何组织都会在社会生存中面临着竞争和挑战，文化艺术领域也不例外。那么，无论对于某个文化艺术组织的高层管理者、中层骨干，还是一线员工或志愿者而言，期待组织的共同发展是大家的共识。筹款是让文化艺术组织离发展目标更进一步的台阶；也是让捐赠者、志愿者、观众认同组织目标，且有意愿致力于组织发展的有效路径；更是让政府、艺术委员会、艺术基金及协会等机构更为清晰了解组织运行状况和发展规划，配置社会资源，辅助组织更好地发展。

筹款的重要性还在于推进组织稳定可持续性发展。很多文化艺术组织的某些工作，如观众拓展、艺术教育、艺术讲堂及艺术治疗等，是一个需要耐心、不断培养的过程，为这些工作寻求积极稳定的资金，事实上就是在实现组织的持续性发展。那些十年如一日坚持不懈推进的艺术项目，对于捐赠者而言是能够获得尊重和长期支持的。

（三）积极谋求主动性

很多文化艺术组织在成立之初，便被某些有影响力的商业集团、跨国公司、垄断企业的核心高管所控制和主导，他们在资金、社会资源及媒介平台等诸多方面产生了非常强的依赖。在发展初期，这种依赖对组织是比较明显的推进力。然而，当组织发展到一定规模，应对社会环境和形势变化，谋求进一步的发展和转型时，这种依赖性就会成为明显的阻力，甚至连日常行政事务都会受到干扰。

在资金筹措方面，我国非营利性组织的资金来源包括政府资助和补贴、社会捐赠、会费收入、企业赞助、经营收入等渠道。根据《2018 年度中国慈善捐助报告》显示，2018 年中国大陆接收国内外款物捐赠 1624.15 亿元人民币。文化、体育和艺术类占公益性捐赠的比重仅为 3.28%，位于教育、扶贫与发展、人群服务、公共事业之后。政府财政资金直接支持的文化艺术组织很容易产生"资金依赖症"，反而加剧了财政负担。关于这一点"新公共管理运动"①中文化艺术领域的变革便是最好的例证。新公共管理的潮流也波及了西方国家的公共文化领域，从文物遗址、博物馆、档案馆等国家文化遗产到歌剧、芭蕾舞、戏剧等民族艺术遗产，乃至公共广播电视等公共文化传播媒体和国家艺术文化中心等公共文化活动场所。西方国家的各类公益性文化服务部门都不同程度地被卷入其中。②

文化艺术组织借助多元的筹款方式谋求主动性，降低依赖性的背后是其拓展社会资源、谋求多元营收，提升社会竞争力的过程。一定程度的独立性对于该组织管理人员自主议事、自主成长意义显著。事实上，无论是政府性或依附商业公司的文化艺术组织，降低资金依赖，不会意味着他们直接失去控制力。例如，2012 年年底，我国国有文艺院团体制改革任务已基本完成，企业型和事业型院团并举发展的模式初显。改革的初衷就在于释放院团的自主能动性和活力，降低院团对于政府财政的高度依赖。作为社会主义文艺的中坚力量，企业型和事业型院团在提供公共文化服务、发展文化产业时依旧面临着创新院团组织收入模式、丰富资金筹款方式、盘活社会资源等考验。

---

① 20 世纪最后 30 年，西方各国为了应对高额财政赤字引发的政府行政能力低效，掀起了一场政府再造的改革浪潮，旨在提高政府公共服务质量，转向了以绩效评估为特质的"新公共管理"。

② 陈鸣，谭梅 . 当代西方国家公共文化服务制度改革中的若干问题 [M] // 李景源，陈威 . 中国公共文化发展服务报告（2007）. 北京：社会科学文献出版社，2007:317.

（四）寻求更多支持

无论是给艺术管理专业学生讲授筹款课程，还是为"民办非"艺术单位开展筹款咨询，笔者在解释筹款事由时，会尽量避免将其与"要钱""缺钱""囊中羞涩"直接等同起来，更为强调筹款本身是与寻求更多的人员、资源及平台支持相一致的。例如，2022 年年初，本已非常火热的舞剧《只此青绿》出品方——中国东方演艺集团宣布与竹叶青峨眉高山绿茶签订战略合作协议，3 月 3 日，联名茶品正式上市。《只此青绿》背后是国家级文艺创作团队对于文化"双创"（创造性转化、创新性发展）的践行，竹叶青身后是"匠心 + 创新"理念所秉持的传统茶文化事业。这种商业赞助是文化艺术组织拓展资源、寻求更多社会支持的典型体现。双方的跨界合作在文化与实体产业融合发展、产品创新、商业转化能力提升、文化价值引领等方面拥有无限潜能。

这就意味着募款工作要考虑获得更多社会资源的支持，尽可能产生更多社会效益。首先，那些我们试图说服的捐赠者有可能成为组织的志愿者，也有可能会引导他或她的朋友成为潜在的捐赠者。其次，在复杂的社会成员中，到底哪一类会是文化艺术组织的有力支持者，教师、医护工作者、律师、大学生、企业高管、退休人员，还是其他人群？不应局限在有艺术教育经历的一小部分群体。精准地寻找他们是筹款工作获得支持的保障，尤其是在移动互联网时代，大数据和人工智能技术让这项工作极具挑战。本书第十章所介绍的电影《大鱼海棠》网络众筹之路便是最好的例证，电影制作方通过网络众筹形式获得了社会的关注度，虽然众筹资金只有 158 万元，但是却得到了光线传媒公司的关注，并成为其重要的投资方。

二、本书讨论的内容

（一）筹款

顾名思义，筹款（fundraising）就是指资金筹措和募集。因为筹款的目的和方式不同，故会出现公益筹款、政治筹款、节事筹款、网络筹款等不同的表述。目前"筹款"一词在公共事业、社会组织等领域出现的频次较多。社会组织（多为第三部门①）是指介于国家和市场之间的非营利组织，如俱乐部、慈善组织、科研机构、艺术院团等，其开展的社会活动或提供的物品服务具有一定的准公共性②，故具备了向社会募款的正当性。

尽管各个国家的政治制度、经济体制、文化政策与艺术管理机制有所差异，但是大多数国家对于文化艺术组织的准公共性具有共识。我国对于文化艺术产品和服务的公共性尤为重视，这是因为"中国是一个典型的文化性民族，从古到今都重视文化的作用，重视核心价值观的培养，统一的文化意味着天下归心，意味着和平和谐。文化的公共性因此受到高度重视甚至超越了教育、医疗、国防等。在当代中国文化建设是国家四个建设的核心之一。我们需要加大对文化的投入，这是由中国特色的文化公共性所决定的"③。

文化行政管理者意识到文化产品和服务不仅能够因为受众消费带来直接的经济效益，其精神性文本在社会价值观导向、受众审美意识及文化传

---

① 第三部门（the third sector），即"通过志愿提供公益"的 NGO 或 NPO，从范围上讲是指不属于第一部门（政府）和第二部门（企业）的其他所有组织的集合，它是独立于政府和私人部门之外，以实现公共利益为目标，强调非营利性、志愿性的合法组织。
② 准公共性是指具有有限的非竞争性或有限的非排他性，具有准公共性的物品和服务一般是介于纯公共产品（如国防）和私人产品之间。
③ 魏鹏举. 公共财政扶持文化产业的合理性及政策选择 [J]. 中国行政管理，2009(05):45-46.

统等方面引发"社会外溢效应"。为了弥补这种正外部性①所产生的社会效益，各国结合各自现实国情依托艺术基金、艺术委员会以及艺术行业协会等机构来实现对于文化艺术组织的资助。如英国的大不列颠艺术委员会（ACGB）、美国国家艺术基金会（NEA）、日本文化艺术振兴基金会及我国的国家艺术基金（CNAF）等。政府资金成为很多文化艺术组织筹款的重要来源。此后，伴随着政府再造、新公共管理运动等公共行政改革的推进，社会组织、个人及商业机构资助和支持文化艺术发展的作用日益突出。

表 1-1　赞助、补贴、资助、融资、筹款及捐赠的概念

名称	概念
赞助 （patronage、sponsor）	支持和协助的含义，赞助是一种交换过程，其中包括有形的资源（如金钱、物质等）及无形的资源（地位、技术、服务），赞助者与被赞助者在彼此交换中形成互利关系②。Winner根据赞助对象的不同，将赞助分为体育赞助、娱乐活动赞助、公益事业赞助、节庆赞助和艺术赞助。③早期文化艺术领域的赞助多是指具有一定社会影响力的赞助人（家族）对于艺术家的援助和支持；现在的赞助更偏向是社会商业机构（赞助者）和文化艺术组织之间以支持和回报为等价交换的行为；如玛乔丽·嘉伯（Majorie Garber）撰写的《赞助艺术》一书
补贴、资助 （subsidies）	政府或公共机构提供的财政资助，对价格、收入的补助。如政府推出的惠民低价票补贴、演出补贴等
融资 （financing）	狭义概念为某个企业筹集资金的行为与过程，广义概念为货币资金的融通，即当事人通过各种方式到金融市场上筹措资金的行为。融资主体基本是营利性的商业机构。如大众化娱乐的电影制作公司往往会在股票市场进行上市融资或发行企业债券融资
筹款 （fundraising）	资金筹措和募集，多指慈善组织、科研机构及艺术院团等非营利性组织向社会开展的募款行为
捐赠 （contribution, gift）	捐赠者自愿无偿向公益性、非营性组织进行资产捐助

---

① 正外部性（positive externalities）是指一个经济主体的经济活动导致其他经济主体获得额外的经济利益，而受益者无须付出相关代价。

② McCarville R, Copeland B. Understanding sport sponsorship through exchange theory [J].Journal of Sport Management, 1994.

③ Gwinner K.A model of image creation and image transfer in event sponsorship[J].International Marketing Review,1997,14(3):145–158.

除了"筹款"的表述，很多艺术管理者们还会接触到"赞助""补贴""融资""资助""捐赠"等关于资金支持的词汇（见表1-1）。其中，筹款的使用语境多是指涉及非营利性组织的募款行为，融资则是针对营利性商业企业而言，较为偏重金融工具的使用。赞助的主体可以是社会机构或自然人，且会有明显的互利关系，而补贴则多是指政府的无偿行为。在对于文化艺术组织募集款项的表述中，经常会出现筹款、资助及赞助词汇之间的替代使用。由于本书讨论的多数文化艺术组织带有明显的"公益性""非营利性"特征，故统一使用"筹款"一词的表述，在阐述具体筹款方式的章节中会结合实际语境有所差异。

此外，在文化艺术组织筹款理论和实践中还会出现一些相近的概念，如慈善、公益。慈善在我国古代汉语中往往具有乐施好善、慈爱施舍等美好品质的含义。老子在《道德经》中说："上善若水，水利万物而不争。"《说文解字》一书中描述为："慈，爱也。"中华慈善总会创始人崔乃夫对于慈善较为形象地解释为"纵向层面家庭的慈爱和横向层面社会善举"。一般而言，慈善事业是公众自愿扶弱济贫和助人善举的社会事业。英语中经常用"charity"和"philanthropy"来表达慈善。近代英国在1601年颁发《慈善用益法》，列举诸如救济老弱贫困、援助贫民、救护残疾军人、兴办大学、资助学术机构等慈善行为。

一般而言，西方慈善事业主要涉及救济贫困、促进教育、服务社会公益以及践行宗教规范等内容。公益是公共利益事业的简称，是指关于社会公众的福祉和利益。葛伟军认为，"虽然两者都代表社会整体福利的渴望和诉求，但是公益事业的范畴大于慈善事业。公益是目标，慈善是一种手段。公益的实现并非一定依赖慈善"[1]。慈善行为较为突出集中资源的重点事件，而公益则是多元化、分散化地倡导社会福祉最大化。很多筹款活动

---

[1] 葛伟军.公司捐赠的法理基础与规则解构[M].北京:法律出版社,2015:46–48.

中，资助艺术也会被认为是一种慈善行为，是满足公众公共文化利益的社会行为。但是，必须清楚的一点是，相比较于贫困、教育及公众健康等领域，资助文化艺术的行为经常被称为是"次等排序"，即众多公益项目往往优先考虑民生议题，文化艺术组织所能获得资助数量和金额不多。

（二）相关概念及术语

正如本书序言所述，本书撰写的目的是服务艺术管理专业教学、服务我国文化艺术组织开展筹款实践，服务我国社会主义文艺事业繁荣。全书中还涉及一些筹款相关概念与术语，具体如下：

准公共产品（quasi-public goods）是指拥有有限的非竞争性或有限的非排他性的公共产品，它介于纯公共产品（如国防）和私人产品（如一般消费品）之间。免费或收费较低的博物馆展览、公益演出不具备显著的排他性，但因展演空间存在一定的竞争性。

第三部门（the third section）是指通过志愿提供公益的非营利组织（NPO）或非政府组织（NGO）。陈振明认为，第三部门是介于政府部门与营利性部门之间，依靠会员缴纳的会费、民间捐款或政府拨款等非营利性收入，从事上述两部门无力、无法或无意作为的社会公益事业，从而实现服务社会公众、促进社会稳定与发展为宗旨的社会公共部门。[①] 如文化艺术基金会、民办非文艺表演团体。

匹配捐赠（matching gifts，matching fund）意为配套式捐赠，多指企业为了履行社会责任意识，针对员工向非营利组织捐款时进行等比例匹配捐赠。

主要捐赠者（major donors）也可表达为高额捐赠者，非营利组织捐赠者中少量的引领者，捐赠金额具有较高比重。

---

① 陈振明，等 . 公共管理学 [M]. 第 2 版：北京：中国人民大学出版社，2017：28-29.

发展部（department of development）指非营利组织中负责筹款具体实务的部门，并依托筹款工作践行组织顶层战略设计，推动组织吸纳更多社会资源支持、丰富现有合作体系，提升组织的品牌价值。

实物捐赠（in-kind gifts）指捐赠者向非营利组织提供的有形物品，而非现金货币。

计划性捐赠（planned gift 或 legacy gift）多指针对捐赠人遗产分配的筹款行为，通过遗赠或信托基金形式进行预期性的捐赠安排。

年度基金（annual fund）是指非营利组织维系年度行政运营与项目推进所需要的正常费用。

资本筹款活动（capital campaign）是指在一段时间内筹集一定数额的资金以获得或改善资产的活动。最常见的是购买设备、建造或翻新非营利组织的固定资产。如美国演员山姆·沃纳梅克（Sam Wanamaker）牵头各界资源筹资重建英国莎士比亚环球剧院。

众筹（crowdfunding）指面向普通受众，多依托网络平台，以支持发起人或组织的行为的募款行为。文化艺术组织常利用捐赠型、回报型众筹方式。

CFRE（certified fund raising executive）是指国际注册筹款人认证体系，在拥有 5 年筹款工作经验基础上，可申请该筹款注册认证。

（三）文化艺术组织的在地化

卡罗琳·弗里德曼（Carolyn Friedman）和凯伦·霍普金斯（Karen Hopkins）在撰写《文化艺术组织成功筹款》一书时使用了"文化艺术组织"[1]（Arts and Cultural Organizations）的表述。该书也是美国众多高校艺术管理专业的重要教材。该书讨论了文化或艺术非营利组织中高级职员、志

---

[1] Hopkins K B, Friedman C S. Successful fundraising for arts and cultural organizations[M]. New York: Greenwood Publishing Group, 1997.

愿者和董事会在筹款方面的角色和职能，企业、基金会、个人和政府机构等各种筹款方式的具体内容，以及年度基金和资本筹款等筹款活动。在该书的描述中，很多文化艺术组织在筹款时很清晰自己的"非营利"身份许可，有一个相对较为清晰且统一的边界，同时那些经营性追求利润的文化艺术公司则是另辟商业融资的道路。

虽然笔者也采用了相同的表述，但是本书的文化艺术组织是一个偏复合型、有中国本土特色的概念，主要是指文化艺术领域的事业单位、社会团体、基金会及民办非企业等类型的"准非营利性"机构。之所以使用"准非营利性"这种不太精准的表述是考虑到在我国的制度语境下，文化艺术事业机构的分类无法直接按照是否营利性的标准"一刀切"。对于社会团体、基金会及民办非企业三类组织统一划分管理的新版《社会组织登记管理条例》依旧还在征询意见之中，文化事业单位的分类改革也产生了一类、二类公益组织，故文化艺术组织的表述是现实国情下的各种非营利性文艺机构的集合。

本书讨论的文化艺术组织在概念边界、内涵要素方面具有本土特色，其原因可能是，"中国不同于西方发达国家的一个特点，就是西方国家在'一臂之距'原则的约束下不存在一个国家统制化的文化行业，国家与社会及文化机构的权利义务边界清晰，但中国文化行业体制的存在，使文化体制改革必须面对文化行业体制这种结构化的巨大力量"[1]。例如，当前我国国有院团在完成转企改革之后，既包括部分事业制院团，也涉及大量企业制院团。事业制院团就是典型的非营利机构，建立理事会法人制度是该类组织发展的重要方向。而企业法人制度的国有院团往往会以公司或演艺集团的形式成为演出市场的主体，但其所从事的演出活动不仅仅只限于商业性演出，还会有大量政府委托或购买的公益性演出，属于营利机构的

① 傅才武，何璇．四十年来中国文化体制改革的历史进程与理论反思 [J]．山东大学学报（哲学社会科学版），2019(02):46．

"非营利"业务活动，故也会在本书讨论范围之内。笔者很希望能够将文化艺术组织的概念和范畴化繁为简，但由于文化、艺术本身所涉及的内涵要素较为广泛，加之中国文化艺术组织在社会体制改革的浪潮中一直处在不断演变之中，故笔者倾向用"文化艺术组织"这个宽泛概念进行论述。

必须明确的是，关于非营利组织（NPO）①的概念有不同的定义角度②，如美国从法律上对符合免税资质的组织进行身份界定、英国强调组织设立的公共利益和志愿服务、联合国依据非营利组织资金来源来定义，但是对于非营利组织的公共价值、依托志愿者、收益分配、吸收社会捐赠等内容具有较高的共识。约翰·霍普金斯大学非营利组织比较研究中心推荐的"结构运作定义"广受学界普遍的认同。他们认为凡符合组织性、私有性、非营利性、自治性和自愿性等五个特性的组织都可被视为非营利组织。③关于非营利组织研究的理论基础一直处于不断的发展之中，特别是组织的治理能力和治理体系研究是近年来各国学者关注的重点。20 世纪 80 年代中后期以来关于非营利组织治理涉及代理理论、管家理论、资源依赖理论、制度理论和利益相关者理论，基于中国场景的经验研究将有助于验证和发展这些理论。④

总体而言，非营利组织不以营利为目的，且多为民间独立性的社会团体，通常支持或处理个人关心或者公众关注的议题或事件，涉及的领域包括艺术、慈善、教育、政治、宗教、学术、环保等，其主要承担和弥补社

---

① 该概念界定是由美国约翰·霍普金斯大学非营利组织比较研究中心的莱斯特·萨拉蒙（Lester M. Salamon）与海尔姆特·安海尔（Helmut Anheier）在 1997 年提出，强调非营利性组织的组织性、非政府性、非营利性、自治性、志愿性 5 个特性。

② 美国税法第 501(c)(3) 条款指出，非营利组织必须是为了基金会、宗教、慈善、教育、文学和科学或者其他公众利益的目的；英国《慈善法》强调的是 13 类公共性服务组织。国内研究或实践时对于"非营利""非盈利""公益性"未能经常进行明确。本书按照我国相关政策规范用语，使用"非营利"的表述。

③ [美] 莱斯特·萨拉蒙. 全球公民社会：非营利部门视界 [M]. 贾西津，魏玉，译. 北京：社会科学文献出版社，2022：3-4.

④ 田凯. 西方非营利组织治理研究的主要理论述评 [J]. 经济社会体制比较，2012(06):201-210.

会公共需求和政府供给之间的空白，是较为典型的"第三部门"。国内文化艺术管理类很多研究中也会使用"非盈利"的表述。考虑到该类型组织的目标并不是为了追求利润，以及政府政策和法规规范用语，故笔者认为应统一使用"非营利"的规范更宜。此外，国际社会关于社会组织相对应的概念有很多，包括非营利组织、非政府组织、第三部门、独立部门、慈善组织、志愿组织等，另外还存在一些类似的概念，如我国台湾地区所使用的公益团体、社区组织、邻里组织、非商业组织，英国还有非营利企业一说。[1]

对于非营利组织的分类标准主要包括两类：一是联合国标准产业分类法将其分为 3 大类 15 个小类[2]；二是莱斯特·萨拉蒙的活动领域分类法，即按照活动领域、范围、方式、受益对象等将其分为 12 大类 24 小类[3]。我国非营利组织起步较晚，加之现实国情特点，故组织分类无法完全照搬国际标准。笔者更认同于可将非营利组织分为三大类：第一类是现有法律规范框架已明确的基金会、社会团体及民办非企业三种纯非营利性组织；第二类是已有事业单位改革中更倾向于"准非营利性"的公益一类事业单位，如事业制院团；第三类是未纳入现有社会组织管理体系，多以个人或其他形式发起的民间互助、公益性、非营利性色彩较浓的组织，如未注册的群众性文艺团体。

（四）我国文化艺术组织的类型

《民法典》中非营利法人[4]包括事业单位、社会团体、基金会、社会服务机构等。我国非营利文化艺术组织的类型主要涉及社会团体、民办非、

---

① 赵佳佳.社会组织相关概念的分析与界定 [J].行政与法 ,2017(06):27.
② 温艳萍.民间非营利组织的社会与经济效应研究 [M].上海：上海人民出版社，2008:11.
③ 程昉，马庆钰.关于非政府组织分类方法的分析 [J].政治学研究 ,2008(03):90–98.
④《民法典》第八十七条，为公益目的或者其他非营利目的成立，不向出资人、设立人或者会员分配所取得利润的法人，为非营利法人。

基金会和公益性文化事业单位四类，其中文化事业单位的分类和属性较为复杂。这四类文化艺术组织是本书的重点讨论对象，在具体组织形态上会强调以表演艺术组织为主。具体而言，这四类文化艺术组织分别如下：

1. 文化事业单位

"事业单位"，是特指受国家行政机关领导，没有生产收入，由国家经费开支，不实行经济核算，提供非物质生产和劳务服务的社会组织，主要包括科学、教育、文化、卫生、体育等部门和单位。[①] 事业单位是我国在提供公共服务和社会管理方面的历史产物，也一直是体制改革的重要对象。事业单位是中国特有的一种组织，从 1963 年开始，不同时期有过四次定义。[②] 目前，我国现有事业单位主要涉及承担行政职能、从事生产经营、从事公益服务三个领域（见图 1-1）。

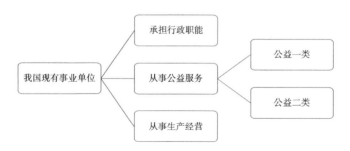

图 1-1　我国事业单位分类

《中共中央　国务院关于分类推进事业单位改革的指导意见》（2011 年 3 月 23 日）规定，"根据职责任务、服务对象和资源配置方式等情况，将从事公益服务的事业单位细分为两类：承担义务教育、基础性科研、公共文化、公共卫生及基层的基本医疗服务等基本公益服务，不能或不宜由市场配置资源的，划入公益一类；承担高等教育、非营利医疗等公益服务，

---

① 北京行政学院公共管理教研部，北京市领导科学学会.服务型政府：公共管理论评 [M].北京：中央编译出版社，2005:129.
② 宋大涵.事业单位改革与发展 [M].北京：中国法制出版社，2003:2-5.

可部分由市场配置资源的，划入公益二类。具体由各地结合实际研究确定。"①承担文化艺术管理行政职能的事业单位将归入政府政务系统，从事文化艺术生产经营，偏重营利性的文化艺术事业单位将实施转企改制。公共图书馆、档案馆、博物馆、纪念馆、美术馆、科技馆、群艺馆（文化馆）等提供公共文化服务的机构都属于公益一类事业单位。艺术表演团体中的保留事业制的院团则可以被划分至公益二类，转企改制后的企业制院团则超出了事业单位范畴，属于经营性文化单位。正如前文所述，这类经营性的文化艺术机构也会提供具有显著公共性的产品和服务，故在现实筹款活动中也会接受政府资金的补贴或资助。

2. 社会团体

社会团体，是指中国公民自愿组成，为实现会员共同意愿，按照其章程开展活动的非营利法人。②社会团体是一个政治法律概念，其与国家机关、武装力量、政党、企业、事业组织并列为六类组织体系之一。③国家机关以外的组织可以作为单位会员加入社会团体。文化艺术类的社会团体包括行业协会、促进会及研究会等。

3. 基金会

基金会，是指利用自然人、法人或者其他组织捐赠的财产，以从事公益事业为目的，按照《基金会管理条例》的规定成立的非营利性法人。④基金会可分为面向公众募捐的基金会（公募基金会）和不面向公众募捐的基金会（非公募基金会）。如中国文学艺术基金会、中国民族文化艺术基金会等机构都具有公开募资的资质。

---

① 中共中央、国务院关于分类推进事业单位改革的指导意见 [EB/OL].2011-03-23,人民政府网 .http://www.gov.cn/gongbao/content/2012/content_2121699.htm .
② 资料来源：参见《社会团体登记管理条例》（2016 年）第一章第二条。
③ 赵佳佳 . 社会组织相关概念的分析与界定 [J]. 行政与法，2017(06):27.
④ 资料来源：参见《基金会管理条例》（2004 年）第一章第二条。

4. 民办非企业单位

民办非企业单位，是指企业事业单位、社会团体和其他社会力量以及公民个人利用非国有资产举办的，从事非营利性社会服务活动的社会组织。①

截至 2019 年年底，全国共有社会团体 37.16 万个，占社会组织总量的 42.90%，48.71 万个民办非企业，7585 个基金会。②相比较文化事业单位而言，文化艺术类的社会团体、基金会及民办非企业单位的非营利性边界较为清晰。对于艺术管理者而言，可以通过民政部的中国社会组织政务服务平台③快速地查询到文化艺术组织的类型（见表 1-2）。

表 1-2　我国文化艺类社会团体组织（部分）

组织类型	组织名称	统一社会信用代码	登记日期	登记部门
基金会	韩美林艺术基金会	53100000717835427K	2013-03-07	民政部
	北京文化艺术基金会	53110000783951901A	2005-12-29	北京市民政局
	上海国际舞蹈中心发展基金会	533100003364371506	2015-7-30	上海市民政局
社会团体	中国电影表演艺术学会	511000005000093196	1992-03-09	民政部
	中国演出行业协会	5110000050000306T	1993-07-03	民政部
	江苏省演出行业协会	513200005091953 06L	1998-03-18	江苏省民政厅
民办非企业单位	东方文化艺术院	521000005230003 09P	2007-08-01	民政部
	北京市东城区孔雀歌舞团	52110101MJ01891806	2018-05-14	北京市东城区民政局

在当前中国文化体制改革持续性推进的过程语境下，既不能将西方非营利文化艺术组织直接与本书所讨论的对象完全等同起来，同时也要留意上述四类文艺组织之间的差异。而在日常使用中，还经常会出现将上述四类组织模糊归类使用的状况。更何况与这些组织相对应的法律《基金会管理条例》《社会团体登记管理条例》《民办非企业单位登记管理暂行条例》

---

① 资料来源：参见《民办非企业单位登记管理暂行条例》（1998 年）第一章第二条。
② 黄晓勇. 中国社会组织报告 [M]. 北京：社会科学文献出版社，2020:46-47.
③ 该平台是由民政部国家社会组织管理局主办的，为登记管理机关、社会组织以及社会公众提供信息服务和工作交流的政务网站，http://www.chinanpo.gov.cn/。

也已出台多年。近年已有大批学者呼吁在立法规范、行政管理、监督保障等方面将这些机构统筹考虑。不过有个很不错的消息，民政部于 2018 年 9 月就《社会组织登记管理条例（草案征求意见稿）》公开征求意见中将上述组织一并纳入该条例。2019 年，《民政部 2019 年立法工作计划》将《社会组织登记管理条例》的制定列入其中，进度则被描述为"拟提请国务院审议"。《国务院 2020 年立法工作计划》再次提出制定社会组织登记管理条例。

三、筹款面临的挑战

对于我国的文化艺术组织而言，一方面是在经济和文化体制改革不断深化的浪潮下，文化艺术组织的主体身份、组织架构都发生了变化。很多组织的事业法人身份转换为企业法人后，对于如何获得扩大资金投入提出了新的挑战。2012 年年底数据显示，全国承担改革任务的 580 多家出版社、3000 多家新华书店、850 家电影制作发行放映单位、57 家广电系统所属电视剧制作机构、38 家党报党刊发行单位等已全部完成转企改制；全国2103 家承担改革任务的国有文艺院团完成改革比例为 99.86%。[①] 另一方面是移动互联网、在线社交、视频平台及大数据应用等技术对于传统文化艺术组织在培养观众、开拓在线筹款、维护媒介公共关系等方面也提出了新的挑战。以国有文艺院团为例，转企改制之后很多事业型院团面临着如何发挥"事业身份"获得社会资源的支持，创新组织筹款方式；事业型院团还面临着线上演出、网络直播等数字化演出业态的挑战，观众上座率、演出场次、票房收入及商业赞助等受到数字文娱产品冲击，资金瓶颈问题日益凸显。

---

① 我国国有经营性文化单位转企改制任务全面完成 [EB/OL]. 中国政府网 ,2012–10–24,http://www.gov.cn/jrzg/2012–10/24/content_2250488.htm.

（一）筹款环境

文化艺术组织的筹款环境主要涉及法制建设、政府管理、社会氛围、公民意识等方面。首先，在法制建设方面，近年来中国非营利性组织的筹款规范取得了一定的成绩，出台了诸如《慈善法》《公益事业捐赠法》《基金会管理条例》《民办非企业单位登记管理暂行条例》等系列的法规政策。但是在筹款细则、执行过程、信息公开、保障监督方面依旧存在着一些真空区间，需要不断完善。蓝煜昕借助约翰·霍普金斯大学萨拉蒙研究团队构建的非营利部门国际比较研究（CNPLEI）指标体系，从需求、供给两个维度分析得出中国非营利部门法制环境指数为34.4，位列第28位，名次并不理想。[①] 又如，涉及与筹款直接关联的免税资格认定、筹款主体管理费用和盈余分配的监督都需要进一步细化。2018年8月3日，民政部公布了《社会组织登记管理条例（草案征求意见稿）》全文，征求社会各界意见。今后新条例正式施行后，《社会团体登记管理条例》《基金会管理条例》《民办非企业单位登记管理暂行条例》三大条例同时废止，这样对于我国非营利组织的认定也将会更为统一。

其次，现有管理机制对于文化艺术组织开展筹款活动依旧存在优化提升空间。例如，我国非营利组织实行双重管理，即由登记管理机关和业务主管单位对非政府组织分别行使监督和管理职能。在开展筹款活动时，也必须取得所有管理部门的同意批复，提高了行政程序的沟通成本。又如，政府对于社会团体设立分支机构设置的门槛较高，对于组织扩大筹款规模也是一种挑战。很多民营表演艺术团体若想获得"非营利"身份并非易事。

社会氛围和公众意识对于文化艺术组织进行筹款更是会产生非常明显的影响。我国很多非营利性文化艺术组织发展时间短，内部管理制度不健

[①]　蓝煜昕.试论我国非营利部门的法制环境指数[J].中国非营利评论,2009,4(01):79–96.

全，信息公布不够及时和透明。这就使得公众对于其公信力评价非常低，再加之近年来在公益、医疗及教育等领域出现的一些捐款负面消息，更是加剧了筹款的难度。例如，2018年，"一元购画"引发的艺术募款营销争议，引发了众多网友对于艺术机构公益行为的信任危机。目前我国的捐赠主体仍以企业、基金会为主，公众和个体捐赠依旧是亟待建设和推广。

（二）筹款能力

从整体发展趋势看，近十年中国非营利、公益性组织的筹款规模保持了较为稳定的发展，然而从筹款金额占国内生产总值（GDP）、人均捐款指标看，筹款能力和规模依旧有着较大的提升空间。其中，我国文化艺术组织在公益筹款中的比重依旧很低，大量的社会资助往往更倾向于医疗健康、基础教育及扶贫等方面。根据中国慈善联合会发布的《2018年度中国慈善捐助报告》数据，2018年中国内地接收国内外款物捐赠1439.15亿元人民币，捐赠额占GDP总量比例为0.16%，人均捐赠103.14元。其中，医疗、教育及贫困三方面的捐赠占据了将近七成的比例，文化艺术体育领域的捐赠占比为3.28%，文化艺术组织的筹款能力依旧会有一场艰巨的考验。此外，目前我国很多的文化艺术组织还没有设立专门负责筹款的"发展规划部"或"战略规划部"。筹款业务往往也很随机，只会为了个别具体项目才会开展赞助或申请资助，缺乏系统性的思考和顶层设计的建设思路。在筹款策略方面，目前我国文化艺术组织所采取的策略和方式基本上都是参考西方国家的成功经验，本土化创新的筹款方式依旧较为匮乏。

（三）筹款竞争

尽管很多文化艺术项目的出发点是表达更多的创作主张、拓展公民文化权利、提升公众艺术审美等美好愿景，但是在实际发展中组织的筹款业务竞争确实格外激烈。稍具规模的组织，便会着眼于成立专门的"发展规划部"将筹款业务放上正轨。尤其是对于地方性的文化艺术组织，本地的政府、商业公司、基金会的资源相对有限，很多捐赠方更愿意让手中的资金分配给多个组织或项目。"僧多粥少"的局面很好地反映了同业竞争。竞争对于组织而言，利弊兼具。很多传统艺术组织在竞争中会被时代和大众所遗忘。每天新增的那些雄心勃勃的文化艺术组织会让大家重新审视，更新自己的筹款规划和策略。

（四）公信力

公信力这个议题就好似《狼来了》的寓言故事。公众投入公益事业的热情和资金，无论是在医疗、教育、文化艺术或其他领域，一旦因为各种原因而发生了影响或损害公信力的事件，挽回重构成本可谓是无法估量。可以说，公信力是非营利性组织存在的隐形灵魂。随着互联网技术的广泛应用，文化艺术组织的网络信息平台是捐赠者获得信息、进行评价及互动沟通的重要平台。公信力的建设要非常重视公众的社交平台和网络传播。很多筹款将大量重心放在了前期的网络筹款上，对于关乎公信力的信息公开、问题反馈不够重视。钟智锦针对新浪微公益研究抽样的 1257 个公益众筹项目研究发现，仅有 26.4% 的项目提供了财务反馈报告，其余没有任何资金使用反馈。[①]

公信力负面事件往往是非常棘手的，甚至也会给很多无辜的组织带来影响。作为需要面向社会公众筹款的文化艺术组织，更应清晰认识到组织的公信力建设是个系统性的工程，需要长期建设。政府在这方面需要实施"胡萝卜加大棒"的政策规范，既要对组织筹款行为进行道德伦理引导，提升组织内部治理和信息公开，更重要的是进行法制管理，推进第三方评估和监管，提高违约成本。

[①] 钟智锦 . 社交媒体中的公益众筹：微公益的筹款能力和信息透明研究 [J]. 新闻与传播研究 ,2015,22 (08): 68–83.

【新闻摘录】接受"脏钱"赞助遭抗议，艺术机构如何维持？ ①

根据英国《卫报》报道，2019 年 10 月 21 日，纽约现代艺术美术馆（MoMA）遭到抗议者堵塞入口，抗议者们要求现代艺术美术馆的受托人史蒂文·坦恩鲍姆（Steven Tananbaum）下台，并有至少七名示威者被捕。示威者认为史蒂文从波多黎各的金融危机中获利，他的金树资产管理公司（Golden Tree Asset Management）拥有波多黎各政府的 25 亿美元的债务。而这座著名的美术馆在耗资 4.5 亿美元、历经四个月的扩建翻新工程完成后，刚刚才重新开放。

近年来，抗议艺术机构接受"脏钱"赞助，成为西方国家社会活动中的潮流。随着西方政治极化的趋势愈演愈烈，抗议艺术机构接受来自"右翼"公司的赞助，也成了西方左翼阻击右翼的一种常规的抗议手段。在英国，抗议石油公司赞助艺术机构的抗议活动愈演愈烈。10 月 20 日，在今年英国国家肖像馆的年度获奖作品展结束的时候，就有三名激进的环保主义者在英国国家肖像馆中把身上涂满假油、半裸着装，抗议英国国家肖像馆接受英国石油公司的赞助。

实际上，在今年英国国家肖像馆的年度奖项开奖前夕，就已受到艺术家的抗议。而在 2018 年，英国国家肖像馆的年度获奖者中，有艺术家就将奖金捐给了绿色和平组织以示对来自石油公司肮脏的"赞助金"的抗议。今年 2 月，数百人曾占领大英博物馆，抗议他们接受英国石油公司的赞助，而 6 月，著名演员马克·里朗斯宣布退出英国皇家莎士比亚剧团，以抗议英国石油公司对该剧团的赞助。这举动也使得皇家莎士比亚剧团迫于舆论压力，终止了接受英国石油公司的赞助。

---

① 资料来源：徐悦东. 接受"脏钱"赞助遭抗议，艺术机构如何维持？[EB/OL]. 新京报，2019–10–28. https://www.bjnews.com.cn/detail/157223757414191.html。作者有所编辑删减。

在美国，现代艺术美术馆早在半个月前就遭到示威抗议。示威抗议者抗议受托人 Larry Fink 曾投资私人监狱，其资金来源并不"干净"。今年 6 月，200 多名抗议者就曾闯入第 79 届惠特尼双年展（Whitney Biennial）抗议惠特尼美术馆董事会副主席沃伦·坎德斯（Warren Kanders）持有并经营的公司沙法利兰（Safariland）。这是一家催泪瓦斯制造商，而美国边境巡逻人员和军队正是用该公司制造的产品，攻击从美国南部边境越境过来的难民。

古根海姆美术馆也曾遭到抗议。在今年 2 月，摄影师南·戈尔丁（Nan Goldin）领导了一起抗议活动，数十人在古根海姆美术馆散发类似处方药的传单，抗议古根海姆美术馆接受萨克勒（Sackler）家族的捐赠，这是因为萨克勒家族拥有的普渡制药深陷阿片类药物泛滥的丑闻。

自美第奇家族以来，艺术似乎是有钱人装点门面的东西。有钱人往往乐于以赞助、收藏、投资等形式，来介入艺术生产，并换取其文化资本。塑料大亨、收藏家史蒂芬·艾德立思（Stefan Edlis）就曾向芝加哥艺术学院捐赠共 42 件当代艺术作品，包括安迪·沃霍尔（Andy Warhol）、贾斯培·琼斯（Jasper Johns）、罗伊·利希滕斯坦（Roy Lichtenstein）、格哈德·里希特（Gerhard Richter）、赛·托姆布雷（Cy Twombly）的作品。因此，许多艺术媒体赞扬他的慷慨捐赠，而忘记了他公司生产的不可降解的塑料正在污染着地球。

许多人很容易认为，资本主义的每一个毛孔都渗出肮脏的鲜血，哪有什么钱是完全"一干二净"的？将捐赠者道德化，其实也道德绑架了许多艺术机构和许多艺术家的活路。接受捐赠本身并不意味着受捐赠的艺术机构所展出的内容，一定会全被捐赠者的意识形态收编，许多立场不同的艺术作品和具有强烈批判性质的作品依然能够被展出。英国皇家莎士比亚剧团接受政府的资助，但也不妨碍他们演出具有批判性质的作品。艺术机构为什么要比其他机构更加的"纯洁"？可能达到绝对的"纯洁"吗？杰莎·克里斯潘（Jessa Crispin）认为，为了摆脱这些争议，由国家资助这些艺术机构，似乎是一个最好的解决方案。

思考： 为什么说公信力是文化艺术组织开展筹款业务的基石和底线？文化艺术组织应该如何建立防范公信力受损的管理机制呢？

四、谁应该是本书的读者

关注、学习及从事文化艺术组织管理工作和筹款活动的人都可以是本书的读者，具体包括：

文化艺术管理专业教师和学生。他们需要讲授和学习艺术筹款及相关知识。艺术筹款能力也是一名艺术管理从业人员的重要专业技能。在他们启动、步入真正的筹款实践前，希望本书能够有所帮助。

政府文化管理部门人员。他们应该希望知晓一般文化艺术组织从事筹款活动的初衷、流程及方式，进而从文化政策视角考虑筹措资金的使用效率、效果和公平性。

文化艺术组织理事会成员和高管。他们面临着组建一支高效、有竞争力的筹款队伍，以及如何一起制定符合组织目标的筹款计划和策略。他们可能还要去协调筹款部门和其他业务部门之间的合作问题。

文化艺术志愿者。作为文化艺术组织中的重要支撑力量，志愿者往往肩负着拓展组织资源、执行各类项目以及践行组织宗旨的使命。他们会从这本书中了解筹款的准备工作、策略及方式等内容。

文化艺术类培训、咨询者。稍具规模的文化艺术组织在进行员工培训或进行相关筹款咨询业务时，他们可以选择这本书。

文化艺术爱好者。除了欣赏感兴趣的文艺作品外，如果文化艺术爱好者想了解组织资金的筹措和运营，也可以是本书的读者。

五、本书的结构

本书一共分十二章，第一章导论对筹款、文化艺术组织等研究对象进行了概念界定，并阐述了当前文化艺术组织筹款面临的困境。第二章从国家文化艺术管理体制视角阐述了西方国家艺术资助机制变迁，并对我国文化体制改革背景下的组织治理和筹款工作进行了研析。第三章对筹款工作的误区、内涵及技能进行了系统性梳理。第四章至第十章分别从年度基金、企业赞助、个人捐赠、基金会筹款、政府资助、艺术节事筹款及网络筹款方面阐述了具体的筹款方式和相关内容，第十一、十二章再次聚焦筹款实务，在介绍筹款具体实践活动中进一步明晰了筹款理论与实践之间的互动关系，并对于筹款活动的道德规范进行了论述（见图1-2）。

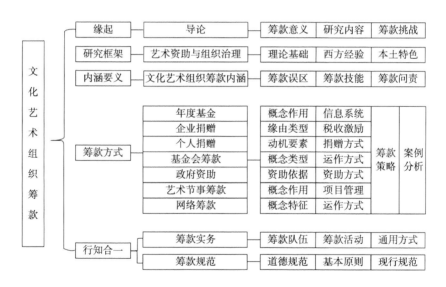

图1-2 本书研究思路与内容结构

第二章　艺术资助与组织治理

　　文化艺术组织筹款是一国文化政策和艺术资助机制的映射，已成为文化经济学、艺术管理学及艺术社会学部分研究者的关注重点。各个学科都从自身理论视角对于资助文化艺术的必要性和重要性进行了阐述。开展筹款活动时若存在"理念"差异，资金筹措的效率、公平及资助配置都会有所不同。对于中国文化艺术组织而言，在文化体制改革不断深化的进程中，组织类型不是简单"营利""非营利"两分法就能清晰地阐述，需要从组织本身去厘清其改革历程、关注现状及今后发展趋势，进而更好地明确组织的筹款活动。

　　政策创新是我国文化事业健康发展的基本动力，政府扶持是我国文化特别是艺术发展的基本保障。作为公共政策、文化政策的一部分，现代文明国家的政府大多有资助或补贴文化特别是艺术的政策。[①] 丹麦文化学者彼得·杜伦德（Peter Duelund）认为，狭义的文化政策是指对艺术的资助，即决定哪种艺术是最好的，值得在民众中推广。[②] 所以，文化政策成为影响一国文化艺术组织筹款的重要因素。然而各个国家因为政治体制、文化政策、风俗习惯及历史传统等诸多因素差异，所以在资助文化艺术组织方面也呈现出了较为多元的特色。本章将从文化政策、组织治理视角对于筹款活动的生态环境和治理模式展开论述。

---

① 单世联，刘述良. 政府资助艺术：支持与反对 [J]. 上海财经大学学报,2016,18(01):11-24+128.

② Peter Duelund.Culture policy:an overview,the nordic cultural model[D].Nodic Cultural Institute,2003：13-14.

一、理论基础与分析框架

（一）文化经济学视角的艺术资助

现代国家、政府不仅要为促进艺术民主和培育文化创造力提供资金，而且持续在建构一个社会各界支持文化艺术发展的制度体系。西方学界对艺术资助的研究主要立足于社会科学理论分析及应用性政策研究。前者重在解释，后者旨在应用，它们共同推动了艺术资助政策理论与实践的发展。从历史变迁角度看，当代西方艺术资助政策在范围上扩大艺术使用权的导向，建构了政府津贴结合慈善捐助、商业赞助的艺术资助体系。[①]事实上，从学科研究视角来看，对于文化艺术资助、补贴的讨论往往主要是经济学和美学分歧视角的弥合，而对于文化艺术产品的价值分析是该议题跨学科研究的重要渠道。

艺术资助是文化经济学[②]研究的重要内容，属于跨学科复合型的议题。自从 1966 年鲍莫尔（Baumol）和鲍恩（Bowen）以《表演艺术：经济的窘境》[③]开启文化经济学以来，皮科克（Peacock）、索斯比（Throsby）、海尔布伦（Hellbrunn）、弗雷（Frey）、陶斯（Towse）等多位学者[④]对于政府财政资金资助文化艺术的可行性和重要性形成了共识。

很多文化经济学者通过对于文化或艺术产品的正外部性[⑤]、市场失灵进行了充分的论证，提出国家和政府对于艺术支持的必要性。例如，露

---

① 任珺. 艺术资助政策：关于资源配置及可持续性发展议题 [J]. 福建论坛 (人文社会科学版),2017(04): 21–27.

② 关于文化经济学的缘起内容，可参看露丝·陶斯（Ruth Towse）撰写的《文化经济学》第一章。

③ Baumol W, Bowen W. Performing Arts: The Economic Dilemma[R]. Twentieth Century Fund,1966.

④ 关于主要文化经济学者关于艺术资助的著作可参看布鲁诺·弗雷（Bruno Frey）. 艺术与经济学：分析与文化政策 [M]. 易晔，郝青青，译. 北京：商务印书馆，2017:1–5.

⑤ 正外部性是某个经济行为个体的活动使他人或社会受益，而受益者无须花费成本。负外部性是某个经济行为个体的活动使他人或社会受损，而却没有为此承担代价。

丝·陶斯（Ruth Towse）认为，"艺术与文化公共资助合法性的根基在于市场失灵确实存在，其形式要么是市场价格不能全部反映外部收益，要么是存在市场激励失效的公共产品。在上述两种情况下，都无法直接反映社会收益。价格只能反映人们基于自身收益或愉悦所愿意支付的水平，而不是社会其他成员可能获得的收益。当社会收益超出私人收益（需求）时，就需要资助来弥补差距，其数量由两者之差来决定"[①]。简单而言，大部分文化艺术产品属于公共物品或准公共物品，其市场价格无法全面地反映其真实价值。在经济学分析框架下，艺术领域应当得到补贴资助的情况只有一种，即当艺术领域在相关边际产生巨大的"正外部性"。产生正外部性的意思是说，艺术生产使得付费消费者以外的个体获益。[②] 例如，观众在观看了一部优秀的戏剧演出支付了180元，然而其本人从这部作品中获得的精神性消费价值[③]（审美价值、精神价值、社会价值、历史价值、象征价值、真实价值）远远超过票面价值，综合所有观众的集体收益（社会收益）与私人需求之间的差额就需要进行补贴，以实现行业的可持续性发展。文化价值的外溢性虽然不易量化，但却是说服政府、第三方组织进行资助的关键。

大部分情况下，文化艺术产品的生产往往很少涉及外部成本[④]，多存在正外部性的额外收益。国民的艺术教育问题往往会是较为典型的正外部性案例，每一个自然人艺术教育的收益会产生外溢，增加社会的利益集合。海尔布伦（Heilbrun）和格雷（Gray）研究指出，"个人教育收益会增加整个社会的集体收益（见图2-1）。横轴表示上学的年数，纵轴表示每年的

---

① [英]露丝·陶斯. 文化经济学 [M]. 周正兵，译. 沈阳：东北财经大学出版社，2016:22.
② [美]泰勒·考恩. 优良而丰盛美国在艺术资助体系上的创造性成就 [M]. 魏鹏举，译. 沈阳：东北财经大学出版社，2018:3.
③ 关于文化艺术产品的文化价值参见戴维·思罗斯比（David Throsby）所著《经济学与文化》一书第2章价值理论。
④ 外部成本是由于生产的外部效应（主要是负的外部效应）所引起的成本，也指某人的行为带给他人或社会的经济损失，并且行为人对其行为造成的损失没有进行补偿。

成本和收益，假设随着受教育年数的增加获得的边际收益递减。曲线 D_P 表示每多上一年学所得到的边际私人收益，曲线 MC 表示上学的边际成本，每年的边际成本会有一个定值 C_1。如果这个人需要支付上学的市场价格，他所支付的数量将达到 Q_1 的水平，即价格等于边际私人收益时的水平。虽然这个结果对个人来说是最优的选择，但是对整个社会而言，却是一个次优的选择，因为没有考虑到整体的收益。这个学生对整个社会产生的集体收益可用 D_E 曲线来衡量，故 $D_S=D_E+D_P$。从整体社会发展的角度来看，个人受教育的最佳年限应该是 Q_2，自由市场的 Q_1 不是最佳的选择，在这种情况下就出现市场失灵引发的正外部效应，故需要借助提供一定的资助来弥补外部效应的边际价值，以鼓励更多的教育投入和生产"[①]。

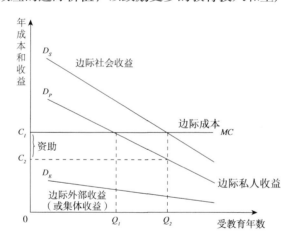

图 2-1　教育的私人、外部及社会收益[②]

关于政府是否资助艺术生产的议题，海尔布伦（Heilbrun）和格雷（Gray）在《艺术文化经济学》一书的第 11 章中进行了较为翔实的论述。他们认为，文化艺术产品的外部收益可能是分散的，难以察觉，并且通

---

① [美] 詹姆斯·海尔布伦，查尔斯·M. 格雷. 艺术文化经济 [M]. 第 2 版. 詹正茂，译. 北京：中国人民大学出版社，2007:226–227.

② [美] 詹姆斯·海尔布伦，查尔斯·M. 格雷. 艺术文化经济学 [M]. 第 2 版. 詹正茂，译. 北京：中国人民大学出版社，2007:226.

过对部分文化经济学家研究成果的梳理，总结出了六个方面的正外部性。第一，留给后代的文化遗产。这一观点不仅被应用于保存书本和乐谱，具有纪念意义的建筑物，以及博物馆里的艺术作品，而且还被用于维持那些能够使表演艺术继续保持其卓越性的技术、品位及传统。第二，民族认同及威望。大部分人会因为自己国家的艺术家或表演家得到国际的认可而感到自豪。这种观点往往是一种文化身份的认同。第三，有利于推动地方经济的发展。艺术活动往往会为地方的经济带来较为明显的溢出效应。看一看身边的文化产业园区或艺术园区，就会发现这些地标性的文化旅游地往往会是一个地方经济发展的潜在动力。第四，有利于艺术教育。关于教育集体收益的重要性，已经得到了广泛的认可。这一点在艺术教育层面也产生了较为明显的作用。政府对文化艺术的资助，往往会推动全民艺术审美水平和文化治理能力的提升。第五，艺术参与者的社会进步。虽然关于这一论点，依旧在文化经济学研究领域有所争议。但是不得不承认，参与艺术活动、艺术教育、观众拓展确实有助于一些社会问题的解决，对缓解社会阶层的矛盾有很明显的作用。第六，鼓励艺术创新。很多艺术创新活动往往无法落地的重要原因就在于没有引导或政策激励。在创意、创新成为当前社会经济发展的一个重要驱动因素时，艺术资助所产生的创新会催发更多创意。①

此外，还有一些观点是从经济发展的角度对于资助艺术的必要性进行了阐述，类似政府在文化艺术领域所奉行的产业保护政策。活跃的文化艺术活动可以推动地方经济的增长、推动就业及促进税收。诸如爱丁堡艺术节、法国阿维尼翁戏剧节及纽约百老汇演艺集聚区等往往被作为推动区域经济发展的重要案例。以 2014—2015 年度演出季为例，百老汇为纽约经济贡献了 125.7 亿美元，超过 98 亿美元是百老汇游客的各种消费支出，并

---

① [英]詹姆斯·海尔布伦，查尔斯·M.格雷.艺术文化经济学[M].第2版.詹正茂，译.北京:中国人民大学出版社,2007:221–249.

为纽约提供了包括制作人、经理人员、导演、演员、舞台技工、票务、引座员、促销宣传、设计师、建筑工人以及与百老汇相关的食宿、交通、购物等相关工作岗位 9 万个左右。每投入剧院表演艺术 1 美元，就能带来 4.3 倍的附加值。这 4.3 倍的附加值包括了游客在纽约的其他连带消费和随机消费、在纽约的食宿交通、购买纪念品及服装饰品等衍生品消费。2015 年，纽约市常住人口约为 850 万人，游客却连续 6 年创新高，2015 年增至约 6000 万人。由百老汇剧院表演艺术增加的大量就业岗位和其对纽约市的经济发展及城市的文化内涵与品质的提升，无疑已使其成为纽约乃至美国经济发展的直接贡献者。①

当然，对于政府资助文化艺术或是对其进行补贴，也存在着一些较为激烈的反对的声音。例如，社会哲学家欧内斯特·哈格（Ernest Haag）和政治社会学家爱德华·班菲尔德（Edward Banfield）。他们对于政府所资助的艺术作品是否能够代表公众的文化需求提出了质疑，并且认为补贴行为的本身弊大于利。在现实实践中显然也存在着否定的做法。政府类艺术基金在国家公共行政管理体制中的发展并非一帆风顺。即使在文化艺术活动和氛围较为活跃的美国，也曾被质疑甚至提案被废除。在国家财政运行状况不理想的情况下，艺术基金的引导性和公共性效能往往是无法被正面肯定的。1981 年，罗纳德·里根（Ronald Reagan）成为首任正式提议取消美国国家艺术基金会的总统，该项提案最终由于共和党内艺术和人文领域顾问反对未能通过。

20 世纪八九十年代美国国家艺术基金会资助一系列有争议的艺术家所引发的"文化战争"成为反对政府资助艺术领域的重要佐证案例。2017 年 5 月，时任美国总统特朗普发布的 2018 年联邦预算中再次提出关闭美国国家艺术与人文基金会。然而正如泰勒·考恩（Tyler Cowen）所指出的，

---

① 李怀亮，葛欣航 . 美国文化全球扩张和渗透背景下的百老汇 [J]. 红旗文稿 ,2016(13):34–37.

"即使在 1994 年所谓的金里奇革命之后，我们甚至都无法废除国家艺术基金（NEA）"①。争议的产生并未能否定政府资助艺术的正当性，反而是在国际文化市场竞争的宏观背景下，各国都在尽可能发挥自身制度优势，以政府、社会组织的资助和补贴，推动文化艺术的繁荣。

可见，虽然存在着一些质疑的声音，但是对于文化经济学者和政府文化管理人员而言，文化艺术的资助始终是一项极其重要的工作。由于存在着文化市场的失灵，加之文化艺术产品具有明显的意识形态属性、公共性和外部性等特点，故政府对于文化艺术的资助往往是一种公共价值导向的体现。除了政府本身使用财政资金进行资助之外，政府还积极鼓励众多的第三方组织、非营利性组织等社会力量对于文化艺术活动进行扶持和资助。

（二）艺术委托与资助博弈

文化艺术组织筹款主体包括赞助者、艺术组织（家）和受众，三者之间的关系既涉及典型的委托代理②，又不乏为了利益的博弈。无论是古代特权阶层资助艺术家，还是今天普通公众捐赠艺术组织，都是一种委托代理关系，只是所代理的利益标的有所不同。例如，拉斐尔（Raffaello）名作《雅典学院》（*the School of Athens*）就是由利奥十世出资赞助。贵族资助诗人或画家，往往含有较大比重的个人利益；现在的非营利艺术组织为了更好地履行和扩大公共利益，让更多的公众享有充分的文化权利，成为"集体利益"的代理人。代理人一般是指艺术家或艺术组织，他们为委托

---

① ［美］泰勒·考恩. 优良而丰盛：美国在艺术资助体系上的创造性成就 [M]. 魏鹏举，译. 沈阳：东北财经大学出版社，2018:3.

② 委托代理理论（Principal-agent Theory）是美国经济学家伯利和米恩斯因为洞悉企业所有者兼具经营者的做法存在着极大的弊端所提出，倡导所有权和经营权分离，企业所有者保留剩余索取权，而将经营权利让渡。一些艺术管理研究者认为，公共文化利益可以被委托给非营利文化艺术组织进行更好的运营。

人（赞助人）而工作，两者之间是一种协同共生的关系。正如理查德和乔纳森所指出的，"赞助人与艺术家之间的关系，像是博弈游戏。每一位参与者获得的回报都取决于其他参与者的行为，正是这样的相互影响，创造了一件件艺术珍品"[①]。赞助人的审美与偏好往往会影响其赞助艺术的方式、程度和效果。

艺术赞助内含的委托代理关系充分地说明了赞助者与艺术家之间的微妙关系，即恩威并施与共生互补。例如，在文艺复兴时期，很多艺术赞助是通过委托协议（合同）而实现的，在赞助者与艺术家之间还有比较活跃的中间人，功能类似今天的艺术经纪人。赵德阳的研究指出，"赞助人给艺术家提供资金并签订详细的合同，很大程度上决定了作品的主题和风格；不过艺术赞助人并非随心所欲，而会受到自身的政治、经济和宗教等背景的约束"[②]。赞助人往往也会被艺术家所提出的某些建议所影响，双方之间存在一种协商的沟通。此外，赞助人往往相对会主动些，奖励与惩罚的激励是经常性的委托策略。奥马利认为，"文艺复兴时期，赞助人与艺术家之间的合同有明显的恩威并施的策略，一些合同中的酬金是有限制的，作品完成的越好，艺术家的酬劳就会越高"[③]。一旦赞助者对于艺术作品提出了"差评"，作为代理人的艺术家所获得酬金就会减少，声誉也会受到影响。

赞助者与艺术家之间也是一种博弈关系，参与者所取得的利益回报往往很容易受到其他参与者的行为影响。艺术家的影响力也会改变赞助者的参与状况。对于已经具备一定知名度的艺术家而言，赞助者之间也会存在一种沉默的竞争。博弈的主动权并非是一成不变的。此外，受资助的艺术

---

① [美]理查德·泽克豪泽，[美]乔纳森·纳尔逊. 赞助人的回报：艺术品投资的几个问题[M]. 蔡玉斌，周殿伦，雷璇，译. 桂林：广西师范大学出版社，2018:3.

② 赵德阳. 意大利文艺复兴时期的艺术赞助之争：以方济各会为例[J]. 艺术评论，2022(01):124–138.

③ O'Malley M. The business of art: contracts and the commissioning process in Renaissance Italy[M]. New Haven: Yale University Press, 2005：122–125.

作品在受众群体的反响，会让这种博弈行为更为复杂，共同利益和利益冲突并存。赞助者所委托艺术作品的重要回报就是受众的评价与反应。即使是很多出于私人爱好或收藏目的的委托作品，一样会在展示过程中接受公共舆论的评价。正如德里克（Derrick）所述，"艺术机构需要考虑三个相互支持的承诺：追求卓越和艺术的真诚，可及性和观众拓展，对公众的责任及成本效益"[①]。文化艺术组织筹款就是在组织目标、公众利益与受众之间所进行的权衡取舍。

【新闻摘录】上海双年展的多重博弈——看双年展的赞助情势[②]

当上海双年展与瑞士著名私人银行机构嘉盛莱宝签立长达9年5届的合作协议的时候，令上海双年展自创办以来的一块心病迎刃而解。这次合作可谓飞来横福，从此，双年展可以在资金问题上高枕无忧，可能甚至连上海双年展本身都还在梦中偷笑，毕竟这一切来得没有预兆。

从双年展创办伊始，办展资金问题便一直困扰着双年展的有效实现，虽然每届办展政府都有一定数目的拨款，但三四百万元的金额无法满足双年展逐渐趋于规模化、国际化、精致化的发展需求。于是双年展本体不得不以压低策展人薪资，搁浅高制作费用作品，简化高技术需求计划为代价。

资金问题一直是困扰中国艺术，特别是中国当代艺术的一大问题，其中整个资金博弈结构相对于当代艺术的先天不利结构，直接在每个外向型生存维度上，锁定着当代艺术的发展空间。对于当代艺术，赞助主体的利益立场截然不同，也决定它们做法的差异。赞助主体可分为四个层次：第一层次，政府、国企；第二层次，境内中大型企业、公关公司；第三层

---

① [加]德里克·张.艺术管理[M].方华，译.上海：上海书店出版社，2017：33.
② 资料来源：汪嫊阳.上海双年展的多重博弈：看双年展的赞助情势[J].艺术与投资，2008(5)：43–45.作者有所编辑修订。

次，艺术机构；第四层次，境外企业。

2004 年、2006 年的上海双年展，虽然试图通过各种渠道寻求赞助，但收效并不理想，有出于固定博弈格局的无奈，也有计划经验方面的缺乏。正如前面所说的，失去了政府的进一步支持，国有企业也失去了赞助的兴趣。双年展整体工作每年启动较晚，决定了不可能在大企业制定年度财务预算前商榷大额赞助事宜。在公关公司的聘请方面，虽然与公关公司有广泛的接触，但大公司的高额公关费用以及小公司过度的自我利益介入，使双年展在寻找中介过程中遇到困难，同时对于本身媒体价值的估算不利，导致双年展自我价值计算模糊，为中型资金的介入设置了风险障碍。

国际资金的介入，使得双年展的赞助市场有了多重获利维度，国外企业通过中国双年展吸引国外客户，或者确立艺术机构在宗主国的定位，进而参与当代艺术的定价，当然这种循环可以说是一种国际化，但是这种国际化究竟受到哪一种国际化的影响，即思维一体化的国际化，还是面对国际的国际化？站在这个立场上讲，后者几乎站不住脚。

当中国当代艺术单幅作品的最高纪录在海外屡屡被刷新，当更多资金看好中国艺术市场的时候，当中国的艺术家变得越来越富有的时候，中国艺术的学术性和探索性领域却产生了前所未有的荒凉。中国艺术本土赞助的缺乏，迫使虚弱不堪的中国艺术为了生存或蓄意或近乎被催眠般被迫离开自己的根基。

思考：从博弈的视角谈谈文化艺术组织筹款中筹款方、资助方、受众之间的关系，以及博弈的过程与可能的结果。

（三）分析框架

由于学科知识体系的差异，经济学、社会学及心理学关于筹款过程中的捐赠、赞助等议题往往会存在不同视角的分析框架，包括正外部性的内在化、委托代理、博弈竞争、亲社会行为、利他主义、成本与收益、目标与意愿、激励与成本等。

传统文化经济学研究会从艺术作品的正外部性、准公共性强调文化艺术组织所创造的社会收益大于实际收益，故需要政府、社会组织及个人的资助补贴。如舒斯特（Schuster，2006）所指出的，文化政策议程主要集中在税收激励上，以降低捐赠的成本，从而刺激人们自愿为集体利益贡献资源。成本与收益的分析框架会较为关注艺术赞助中的社会效益和经济效益、经济成本和社会成本。理查德和乔纳森关于艺术赞助的成本收益分析指出，效益、成本与限制条件形成了该框架的三大要素。

然而，近年来更多文化经济学家，如弗雷、罗兰德和蒂罗尔（Roland、Tirole，2006）也开始意识到亲社会行为（prosocial behaviour）对于捐赠资助产生了重要决定作用，而不是简单纯粹的价格激励。在筹款中的声誉提升、履行公民责任以及道德规范等亲社会行为可以替代捐赠的物质激励。贝内代蒂尼等（Bertacchini et al.，2011）关于意大利文化遗产的捐赠研究表明，"内在动机作为捐赠决定的主要决定因素发挥了战略作用。考虑到赞助选择问题，捐赠问责是调动潜在捐赠者增加捐赠的关键因素"[1]。艺术社会学视角的筹款分析框架可以从外部条件和内部激励两个方面展开，外部条件包括了筹款文化、道德规范、社会发展及政策引导等，内部激励往往聚焦货币激励、声誉激励、问责激励等。

总体来看，目前关于文化艺术组织筹款捐赠的分析框架主要涉及三个方面：（1）公共资助。非营利文化艺术组织通过提供公共物品和服务，让社会公众受益，间接减轻了政府的职能负担。这些组织受制于"禁止分配利润"，故政府资助和税收优惠会惠及公众。（2）利他主义与亲社会行为。理性社会人或组织出于社会责任、个人爱好、道德约束及声誉激励等原因，对于文化艺术组织的资助，既能够解决政府在公共物品方面的失灵问

[1] Bertacchini E, Santagata W, Signorello G. Individual giving to support cultural heritage[J]. International Journal of Arts Management, 2011, 13(3).

题，又能实现社会多元价值与和谐氛围。（3）成本与收益。理性经济人对于赞助文化艺术行为结果进行社会效益与经济成本的分析，实现收益大于成本的正向效果。

二、西方国家艺术资助机制变迁

对于艺术家、艺术创作者而言，时至今日，一直存在一种"尴尬"的局面，从事文化艺术活动的主体在社会经济独立性方面愈加黯然失色，很多艺术作品的价值得不到现实社会的认可，导致了艺术家不得不依靠外部力量的支持，这也是资助艺术的雏形。有些评论者会比较梵高（Van Gogh）和毕加索（Picasso）的艺术成就，也会提及两人生前截然相反的境遇。在经济拮据贫困中离开世界的伟大艺术家又岂止是梵高、塞万提斯（Cervantes）、莫奈（Monet）等。很多伟大的杰出作品无法获取等值的经济回报，间接也会影响艺术的繁荣。当然，纯粹性的逐利创作也会受到批评，法国路易十四时代的布瓦洛（Boileau）直接批判了为金钱而创作、讴歌的拜金主义，并在艺术与商业之间勾勒一条界限："如果你的心目中一味地只爱金钱，那么赶快离开这白美斯幽雅之区，因为这河的两岸绝没有财神庙宇。对最渊博的作家正如对伟大战士，阿波罗只许给了一些荣誉和桂枝"①。时至今日，我们依旧倡导艺术筹款、艺术赞助是价值认同的重要体现，是文化艺术作品外溢效益的补贴，而不仅仅是商业利润的单向追逐。

---

① [法]布瓦洛.诗的艺术[M].任典，译.北京：人民文学出版社，2009:67."白美斯"（Permesse）与"巴那斯"（Parnasse）是古希腊神话中诗神阿波罗（Apollon）手下各司一种文艺的九个缪斯（muses）的徜徉之地，此处分别代表诗坛、文坛。转引自单世联，刘述良.政府资助艺术：支持与反对[J].上海财经大学学报（哲学社会科学版），2016, 18(1): 12.

（一）艺术资助历程

英国艺术社会学家奥斯汀·哈灵顿（Austin Harrington）曾指出，在西方艺术史上，支持艺术的经济体制主要有三种类型：（1）教堂、君主、贵族组成的私人赞助体制，从中世纪持续到18世纪前后；（2）艺术品自由买卖的开放性市场体制，17世纪、18世纪、19世纪在不同欧洲国家相继开始的；（3）政府津贴结合慈善捐助、商业赞助的艺术体制，开始于20世纪。①奥斯汀对于西方艺术资助机制的类型划分基本厘清了历史发展脉络，但是聚焦到具体每个国家，艺术资助的机制依旧存在着差异。可以说，西方从中世纪到工业革命出现资产阶级这一阶段，宗教特权、贵族阶层及君王是主要的艺术赞助方。如意大利文艺复兴时期的美第奇（Medici）家族承担制作了所有委托艺术品的一半，被历史学家归类为美第奇式资助或非美第奇式资助。林大梓在《美第奇家族的艺术赞助传统》一文中认为，美第奇家族长期赞助艺术的原因包括政治扩张和控制方式、宗教救赎和良心慰藉、个人荣耀和兴趣。②

（二）资助机制的现代化

玛乔丽·嘉伯（Marjorie Garber）在《赞助艺术》（*Patronizing the Arts*）一书开篇对于赞助以现代性为分割点，将西方艺术资助机制进行传统赞助、现代性赞助、后现代资助的划分。中世纪与文艺复兴时期，赞助者往往是艺术家的保护人，并充当他们的顾问、担保人和代理人。很多艺术家、宫廷画师会拿到固定的薪酬，会专职服务于某一个权势显赫的赞助人。

19世纪末工业化时代初显效应，经济结构的转变推动了赞助阶层的

---

① ［英］奥斯汀·哈灵顿. 艺术与社会理论：美学中的社会学论争 [M]. 周计武，周雪娉，译. 南京：南京大学出版社，2010:65—66.

② 林大梓. 美第奇家族的艺术赞助传统 [J]. 美术，2010(12):122.

变化，捐赠者不再是贵族，皇家或绅士，更多的中产阶级成为赞助人。艺术作品不是直接售卖给公众，而是在分工细化的背景下，产生了很多的艺术中介商。艺术家开始独自与人签订协议，承认了销售或展览其作品的需要，于是赞助的模式和特点逐渐发生了变化。这一转变确确实实为现代制度打下了基础，使艺术家之间形成了一个社会和资金关系网。[1]玛乔丽·嘉伯（Marjorie Garber）也很敏锐地指出，除了特权阶级的赞助之外，很多艺术经纪人、中间商也成为赞助方，甚至出现了不向艺术活动或作品赞助，而特定向某些表演者的赞助。如《纽约时报》艾瑞卡·基内茨（Erik Kinetz）的报道指出，美国芭蕾舞团决定捐赠人可以直接资助舞者个人，资金数额从每年的 2500 美元到 10 万美元不等。[2]

随着现代性在政府公共事务管理方面的深入，西方国家艺术资助机制也从传统向现代开始转变，特别是国家资助、社会组织资助的形式逐步显露头角，拉开了多元化资助机制的大幕。第二次世界大战前后，部分文化研究学者、文化经济学家开始关注并肯定财政资金支持艺术发展的方式。以 1946 年成立的英国大不列颠艺术委员会（ACGB）和 1965 年成立的美国国家艺术基金会（NEA）为例，西方国家开始探索财政资金支持艺术发展的路径和模式。由于现实国情、经济体制以及文化传统等因素差异，各国在支持方式上大相径庭。ACGB 成为全球政府以"一臂之距"方式支持艺术发展的楷模；NEA 则坚持政府"不积极干预"的引导模式，更多鼓励私营企业、个人、基金会为代表的社会第三方进行支持。从西方国家来看，法国有以艺术荣耀国家和政体的历史，这直接影响了政府积极干预的现代公共资助制度的建立。英国有重商主义传统，艺术事务通常是社会共

---

① ［美］玛乔丽·嘉伯. 赞助艺术 [M]. 张志超，译. 北京：中国青年出版社，2013:16–18.

② ［美］玛乔丽·嘉伯. 赞助艺术 [M]. 张志超，译. 北京：中国青年出版社，2013:26.

建。德国①历史上长期处于封建割据状态，最终完成的是分权型联邦制国家，形成的是多级多元的艺术治理传统。美国的社会集体互助传统则促进国家建构了依靠税收激励社会捐赠和艺术赞助的制度。②

也有学者根据资助的差异将西方艺术资助模式大致分为三种类型：以美国和澳大利亚为主的民众主导型，以法国、德国和俄罗斯为主的政府主导型，以英国、芬兰为主的中介主导型。③饶有趣味的是，欧洲大陆国家向来都有政府资助艺术的传统，在现代国家形成之前，这种资助多来自王公贵族，艺术资助多以"家事"的形式呈现。而现代国家形成之后，艺术资助就顺利过渡为"国事"，其资金也大都来源于财政。但是，英美与德法等大陆国家不同，它们向来缺乏文化领域国家资助的传统。④

20世纪末，"新公共管理"④的潮流也冲击了西方国家艺术资助机制，政府为了摆脱更多的财政负担，开始探索新的资助方式。有些国家开始压缩政府类艺术基金的预算，并主张让更多的私营企业、社会组织参会到艺术资助的活动中，鼓励非营利性文化艺术组织采用商业企业的运作模式。如美国国家艺术基金会（NEA）资助问题引发的"文化战争"⑤，使得政府削减了财政预算。英国则从国家彩票公益基金中划一定比例资金为文化艺术提供专项资助。德国对文化发展筹资机制进行重新定位，调整政府、市

---

① 由于历史原因，德国内部仍有差异。经过第三部门管理文化资金的模式主要在德国西部各州实行，原属前东德地区的各州则建立有相对比较统一的文化机构和政策，由政府直接资助各类文化活动。转引自樊鹏.文化与强国：德国札记[M].北京：清华大学出版社,2015:11.

② 任珺.艺术资助政策：关于资源配置及可持续性发展议题[J].福建论坛（人文社会科学版），2017(04):21-27.

③ 刘洋，董峰.论西方艺术资助的基本模式[J].吉林艺术学院学报，2014(04):49-54.

④ 周正兵.英国非营利艺术机构管理经验及其启示：以经常性资助机构为例[J].戏剧，2012(03):52.

④ 新公共管理（New Public Management,NPM）是20世纪80年代以来兴盛于英、美等西方国家的新型公共行政理论和管理模式。它以现代经济学为自己的理论基础，主张在公共部门广泛采用私营部门成功的管理方法和竞争机制。

⑤ 关于美国文化战争可看см：段运冬.资金支持到政策转型：美国国家艺术基金会执行力的挫折与重构[J].文艺研究，2014（10）.

场和各类第三部门之间的关系。①21 世纪前 20 年，西方国家对于文化艺术的资助研究呈现了较为明显的多元化特点，并且在移动互联网的加持下，出现了诸如网络众筹、艺术银行等形式。

从西方国家资助艺术的历史沿革来看，文化艺术的繁荣离不开经济力量的支持。不同的时代，各个国家受制于宏观国际格局、文化政策、风俗习惯等诸多因素的影响，在资助艺术方面存在着很明显的差异（见表 2-1）。总体而言，对于艺术的资助，主要包括两方面的力量：一方面是以财政资金为主导的政府力量；另一方面是以个人、基金会及社会团体为代表的社会力量。这些差异化的文化艺术资助模式对于本书提出了两方面的启示：一方面，国家和政府成为公共性的资助方，这使得在推进我国财政资金支持艺术发展方面可以向很多国家进行经验借鉴；另一方面，更重要的是，在中国特色社会主义制度语境下对自身文化艺术组织筹款方式进行一些探索。从这一点上来看，关于文化艺术组织的筹款议题的研究，并不仅仅是对于各个微观组织实际经营业务的深入分析，更重要的是能够以此为一个支点拓展至国家文化治理能力和治理水平层面的提升。

表 2-1　西方国家资助艺术的方式②

资助类型	受众	艺术家自由的决定因素	艺术品属性
恩主制	上层阶级	恩主的性格	恩主趣味的反映
艺术市场	中产阶级	市场的规模与可变性	商品
社会组织	官僚	组织制定的规范	公共关系
政府机构	官僚与公众	政府制度的规范	政治工具

① 樊鹏. 文化与强国：德国札记 [M]. 北京：清华大学出版社，2015:17.
② [美] 戴安娜·克兰. 文化生产媒体与都市艺术 [M]. 赵国新，译. 南京：译林出版社，2001:148.

三、我国文化体制改革

（一）没有终点的改革

"我将长眠，祝福中国！"

2013 年 9 月，长期关注中国改革和经济发展的诺贝尔经济学奖得主罗纳德·科斯（Ronald Coase）仙逝。科斯曾说，"我是一个出生于 1910 年的老人，经历过两次世界大战和许多事情，深知中国前途远大，深知中国的奋斗就是全人类的奋斗！中国的经验对全人类非常重要！"科斯被誉为新制度经济学的鼻祖、产权理论的奠基人，他的理论对中国经济、社会变革产生了重要影响。

1978 年实施改革开放之后，在 40 多年的时间里，包含文化艺术、社会、经济等多个领域一直处于"变革"和"创新"之中。解决旧的存量问题，同时也面临改革中出现的新难题。对于很多成长于 20 世纪七八十年代的人来说，生活中耳熟能详的很多文化艺术组织也一直处于改革之中。正如下文所描述的这些情景：

生活在北京市东城区菊儿胡同的老住户们都知道，这个巷子里面有一家剧团——北京市儿童艺术剧院。成立于 1986 年的北京市儿童艺术剧团在 2004 年 1 月 16 日改名为北京儿童艺术剧院股份有限公司。

位于吉林省长春市、被誉为"新中国电影的摇篮"的长春电影制片厂，曾经出品过《白毛女》《上甘岭》《甲午风云》等经典电影。在 1999 年 12 月，长春电影制片厂改制成立长影集团有限责任公司。

2004 年 3 月 28 日，河南出版集团正式挂牌成立，旗下 21 个成员单位，如河南人民出版社、河南文艺出版社、河南美术出版社等。2007 年 12 月 28 日，在河南出版集团的基础上成立了中原出版传媒投资控股集团公司。

隶属于上海文广新闻传媒集团的上海炫动卡通频道于 2004 年 12 月在

开通炫动卡通频道的同时，组建了由集团控股的节目制作公司上海炫动卡通卫视传媒娱乐有限公司，开始探索实行"制播分离"的管理体制。

2003年，深圳在全国率先提出建设图书馆之城。2010年，深圳市的街头出现了很多"城市街区24小时自助图书馆"系统。通过一台服务终端，市民可以零门槛地享受自助申办借书证、自助借书、还书、查询等五大功能。

湖南省石门县397个村在2004年5月之后，基本上每个月都能够观看一场电影。而这种变化直接来自于石门县电影公司的转制和当地财政部门的积极投入。

很多"80后"的文艺青年，小时候都是去新华书店购买图书。但是在1999年11月，当当网（www.dangdang.com）正式开通后，网络成为一种新的图书营销渠道。2015年，读者还可以在京东商城（www.jd.com）网站购买到亨德里克·房龙（Hendrix Van Loon）所著的《西方美术简史》一书电子版，价格仅为2.99元。

事实上，当你开始阅读这本书时，中国的文化艺术组织依旧处于持续的变革中。你会在报纸头版、电视新闻及手机客户端看到文化艺术机构的大量改革资讯。回顾这些变化，我们身边很多的文化艺术团体和单位开始变更组织名称，很多剧院团名称后缀多了"有限公司"几个字，很多演出机构开始被整合入当地文化传媒集团，也涌现了一批政府类的文化艺术基金会。

这场变革是关于"所有权"和"经营权"的变化，是关于归属和定位的转变，是继续优化合理配置文化资源的结果，对于文化艺术组织筹款和资助机制产生了巨大的影响。改革只有起点没有终点，改革也让文化艺术组织主体构成、客观环境都发生了变化。事实上，文化艺术组织的变化是国家文化体制改革的重要内容，文化体制改革则是国家制度变迁的真实写照。正如科斯在他和王宁合著的《变革中国：市场经济的中国之路》中提到的政府主导和边缘革命一样。文化艺术领域的制度变迁也是先从一般经营机制、人事薪酬绩效管理、内部治理等外围性制度逐步深入。

在文化体制改革的进程中，对于政府文化管理职能部门、社会科研机构、行业从业人员而言面临着如何明确发展定位、合理整合资源、规划改革路线及实施改革方案等系统性问题。政府的文化管理部门开始调整职责重心，从过去的"办文化"逐渐松绑减负到"管文化"。众多文化艺术组织从过去政府直接管理开始逐渐走向社会和市场，与之相关联的政府财政资金支持、人事编制以及组织管理决策都发生了质的变化。这种变化的趋势会如何影响文化艺术组织？对于他们的筹款活动会产生什么变化呢？

（二）文化体制改革与艺术资助

关于文化体制改革的研究和论述，其中的艰难与曲折、经验与教训在不同时期都得到了政府、学者及文化艺术管理者们的关注。这场改革对于文化艺术组织的影响可以从改革进程、主体属性、管理体制及配套机制方面综合而看。可以说，在这场改革中，我国文化艺术组织的筹款机制发生了较为深刻的变化。

首先，对文化体制改革进程的区分虽存在着不同的解读视角，但基本都能够反映文化艺术组织的转型趋势。例如，武汉大学傅才武教授提出的改革试点（1978—2005 年）、推进重塑（2006—2013 年）及继续深化（2014 年至今）。[①]原文化部蔡武部长提出从 2002 年至 2014 年年底可以划分为五个阶段。[②]这场改革由浅入深、先边缘后内核的逻辑；先以文化艺术组织内部治理为突破口，再拓展至以产权制度为核心的宏观机制。

其次，文化艺术组织在体制改革中面临的重要难题就是治理方式的调

---

① 傅才武，何璇.四十年来中国文化体制改革的历史进程与理论反思 [J].山东大学学报（哲学社会科学版），2019(02):43–56.
② 蔡武.我国文化体制改革的历史进程及理论创新 [J].中共党史研究是，2014(10):5–13.

整。例如，20 世纪 80 年代，在文艺院团内部试行的演出责任承包制，推进双轨制的运行。2002 年明确大力发展公益性文化事业和经营性文化产业，文化艺术的市场化、产业化开始备受重视，在涌现了一批营利性的文化艺术公司的同时，传统文化事业单位进入了试点改革，可以说是"两条腿"同时在走路。从 2003 年试点到 2012 年年底，以分类指导的原则，需要"转企改制"的文化艺术机构基本完成任务，仍需保持事业单位身份（非营利性）的机构逐步被列入公益一类，边界日趋明朗。2011 年，以设立"中央国有文化资产监督管理领导小组办公室"为标志，意味着文化体制改革已经全面进入了产权制度改革的阶段。为了让读者对于文化体制改革背景下的组织变革能够有较为清晰的了解，笔者以文艺院团为例，从主体属性、管理机制视角阐述其自 1978 年至今的发展历程（见表 2-2）。

表 2-2　我国文化体制改革进程

改革进程	改革思路	政策法规依据	改革主体（文艺院团）
自发性改革阶段（1978—1992）	①调动文艺组织积极性，处理好社会效益与经济效益之间的关系；②实施文艺事业探索"承包经营""以文补文、多业助文"及"双轨制①"；③文艺组织结构布局调整；④文化市场的合法性地位得以确立；⑤在缩减文化事业单位财政拨款基础上，允许其在社会经营中获得收入	①《关于艺术表演团体调整事业、改革体制及改进领导管理工作的意见》(1979)；②《关于艺术表演团体的改革意见》(1985)；③《关于加快和深化艺术表演团体体制改革的意见》(1988)；④《关于加强文化市场管理工作的通知》(1988)	①国有、集体文艺演出团体具有了一定的自主性演出；②少数代表国家和民族艺术水平的团体维持全民所有，大部分院团探索"社会主办"；③"个体所有制""社会主办"等无规范的民间职业剧团(业余剧团)出现

---

① 这一时期文艺院团"双轨制"是指，少数代表国家和民族艺术水平的，或带有实验性，或具有特殊历史保留价值的艺术表演团体，实行全民所有制形式，由政府文化主管部门主办；其他大多数艺术表演团体，规模较小，且分布分散，由社会力量主办，自主经营，实行多种所有制形式。

续表

改革进程	改革思路	政策法规依据	改革主体（文艺院团）
分类改革探索阶段（1993—2002）	①探索适应社会主义市场经济的文化管理运行机制；②文化事业、文化产业的分类改革思路出现；③公共文化服务和经营性文化企业轮廓日渐清晰；④文化公司的重组改革出现	①《关于进一步加快和深化艺术表演团体体制改革的通知》（1993）；②《关于继续做好艺术表演团体体制改革工作的意见》（1994）；③《关于继续深化艺术表演团体体制改革的意见》（1997）	①实行文艺院团法人代表负责制；②改革劳动人事制度，引入合同聘任制；③改变拨款模式，实行演出补贴制；④实行考评制度，激励文艺院团重视创作、重视演出；⑤中直院团整合，重组合并出现了演艺集团（2001）；⑥提倡和鼓励社会办团，民间剧团发展迅速
试点及全面推进阶段（2003—2012）	①改革试点会议明确政事开放、事产分立、管办分开，推进分类改革；②公益性文化事业采取公共财政引导（转移支付、专项等）支持；文化产业改革全面铺开，转企改制成为重点工作	①《文化体制改革试点中支持文化产业发展和经营性文化事业单位转制为企业的两个规定的通知》（2003）；②《营业性演出条例》（2005）；③《关于深化国有文艺演出团体体制改革的若干意见》（2009）；④《关于促进民营文艺表演团体发展的若干意见》（2009）；⑤《关于加快国有文艺院团体制改革的通知》（2011）	①国有院团转企改制工作基本完成；②扶持规范民营剧团的发展，民间职业剧团、个体所有制剧团得到认可，进入繁荣发展期；③民营文艺表演团体概念首次被使用，放宽市场准入门槛，亦可成立"民办非"机构（2005）
深化及调整阶段（2013年至今）	①统筹文化宏观管理体制与微观运行机制改革，坚持社会效益放在首位、社会效益和经济效益相统一的体制机制；②坚定文化自信与对外文化交流传播；③文化领域立法工作加快；④推进公共文化服务均等化、标准化	①《深化文化体制改革实施方案》（2014）；②《关于推动国有文化企业把社会效益放在首位、实现社会效益和经济效益相统一的指导意见》（2015）；③《关于印发文化体制改革中经营性文化事业单位转制为企业和进一步支持文化企业发展两个规定的通知》（2018）；④《国有文艺院团社会效益评价考核试行办法》（2019）	①各级国有文艺院团提高政治站位，贯彻以人民为中心的发展思想，把培育和弘扬社会主义核心价值观作为根本任务；②事业院团在突出公益属性基础上，着力完善内部运行机制；③企业院团注重建立健全法人治理结构

纵观已经持续了 40 余年的文化体制改革，改革背景和进程反映了下述三个明显的特征：第一，由流程改革延伸至结构改革。① 流程改革以文化艺术组织的内部治理、政府文化管理机制为主要内容。结构改革则是以文化艺术组织的所有权、社会身份、效益效果为主要内容。第二，政府由全能型向公共服务转型。政府从办文化、管文化的全包全揽，向提供公共文化产品和服务的角色进行转变。第三，由单一主体开始向多元主体的供给机制转变。在改革初期，文化产品和服务基本上都是国家文化事业单位提供，后续各类社会团体、非营利组织都开始参与了文化供给机制。随着 21 世纪初期文化单位"边缘改革"的逐步完成，文化体制改革进入以党政关系、政府与文化单位关系模式调整为核心的改革攻坚期，改革全面进入"深水区"，我国文化体制改革同时也进入到必须与国家政治经济体制改革进程保持最低限度一致性的历史新阶段。②

上文所述的文化体制改革在宏观层面为改革思路、方式、机制的转变，而对于微观层面的每一个文化艺术组织而言，更多是组织属性、类型、人员、业务及社会活动等方面的变化。改革让各类文化艺术组织在机遇和挑战中徘徊发展。没有风平浪静的改革。笔者认为，随着事业单位改革的不断深化和完善，原隶属文化主管部门的基金会、图书馆、博物馆、文艺院团、协会等公共文化服务机构的"公益性""非营利性"边界将日趋清晰，更有利于推进这类组织的筹款活动。我国文化事业单位的改革思路主要就是分类分步骤同步推进。经营性的文化事业单位回归文化企业身份，参与市场经济竞争；具有公益性的文化事业单位回归非营利组织体系，参与提供公共文化服务和产品。宏观文化体制的改革对于微观层面的文化艺术组织而言带来了很多的影响，其中特别是关于组织的属性、资金

---

① 竺乾威. 文化体制改革的新制度经济学分析：以国有文艺院团转企改制为例 [J]. 江苏行政学院学报，2012(05):93–99.

② 傅才武，何璇. 四十年来中国文化体制改革的历史进程与理论反思 [J]. 山东大学学报 (哲学社会科学版)，2019(02):43–56.

来源及运营方式等。可以说，持续推进的文化体制改革，让各种类型的文化艺术组织在资金筹措方面都进入了一个前所未有的挑战期。

文化体制改革对于文化艺术组织的筹款机制产生了较为深刻的影响，具体表现在以下四个方面。第一，结构性的体制改革进一步优化了文化艺术组织的筹款生态环境。筹款环境涉及国家宏观文化政策、社会微观文化主体、具体筹款方式和对象以及筹款流程等诸多要素。得益于文化体制改革的不断深化，很多文化艺术组织的社会地位和经济身份得到了进一步明晰，与筹款相关的税收优惠、金融创新得到了落实。第二，政府管理文化职能的转变推动了多元化筹款机制的建设，从只有政府单一性的资助模式到个人、社会组织（团体）投入文化艺术组织建设之中。文化体制改革激发了各类社会力量资助文化艺术组织的动能。第三，文化体制改革客观上推动了建设中国特色的文化艺术筹款模式的道路。在这场改革过程当中，也出现了很多新型资助方式和机制，如文化艺术专项资金、文化艺术类基金会、民办非文化企业等。改革的初心就是要解决中国文化组织所遇到的问题和挑战，所以说改革的成果也逐步形成了我国特色的筹款模式。

【新闻摘录】北京儿童艺术剧团的改制之路 [①]

北京儿童艺术剧院股份有限公司（简称"北京儿艺"）是全国第一家转企改制的文化院团，于 2004 年 1 月 16 日挂牌成立，其前身是 1986 年成立的北京市儿童艺术剧团。北京市儿童艺术剧团曾创作并演出了《雪童》《想变蜜蜂的孩子》《红领巾》《和月亮交谈的六个晚上》《怪物的眼泪》等多部儿童剧，分别获中宣部"五个一工程"奖、文华大奖、文华新剧目奖、北京市文学艺术奖等多种奖项。自 2009 年起，北京儿艺并入北京市文化演出市场上的旗舰企业——北京演艺集团旗下。

---

① 资料来源：严桦 . 水多才好多和泥：北京市儿童艺术剧团改制纪实 [N/OL]. 中国青年报，2004–7–6. http://zqb.cyol.com/content/2004–07/06/content_902226.htm. 作者有所删减修改。

北京儿艺的发展主要有三个阶段，1986 年至 2003 年是成立和初步发展阶段，是典型的国有文艺院团，属于差额拨款事业单位；2004 年至 2009 年是试点改革和股份制改革阶段，从公益性文化事业单位改为股份公司。虽然依旧是国有文化单位，但是需要在社会和市场中自谋生路。2010 年至今是继续深化发展阶段。

在从事业单位改革为文化企业的过程中，北京儿艺的事业法人身份转换为企业法人，由北京青年报社等 5 家单位共同参股。改制前，北京儿艺的全年票房收入只有 70 多万元，一场演出的票价在北京是 18 元，到郊区或外地演出票价只有 4~5 元。剧团资金的自给率只有 32%，国家每年要拨款 200 万元作为政策性补贴。一名专业编剧平均每两年才出一部新剧目。改制初期，依靠股东资金支撑，启动 20 万元征集剧本活动，效果超出预期。改制后上演的第一部儿童剧《迷宫》，票价定在 80~380 元之间，第一轮 16 场演出票房收入就达 262 万元。《迷宫》演出时，与其相关的 T 恤衫、钥匙链、贴画等衍生产品多达 12 种，同时在剧场发售，创收 63 万元。剧团改制后，北京儿艺原 82 位演职员中没有一人下岗，薪酬待遇不减，排练费由每天的 10 元提高到 50 元，演出费也大幅度提高，精品剧目的排练费和演出费与一般剧目拉开档次。

改制后的几年里，北京儿艺还先后举办了演艺竞技大赛、儿童戏剧周等大型活动，并将商业赞助和公益演出结合起来，坚持送戏到基层学校和社区，让低收入家庭、贫困儿童都能免费观看演出，接受艺术教育。通过全面参与各项社会活动，北京儿艺从儿童剧生产的一船独大，到多元化产业的百舸争流，扩大了品牌影响，使自身在市场上的生存能力逐渐强大起来。

2009 年 9 月，北京儿艺推出了全国儿童剧联盟项目。全国儿童剧联盟项目，是北京儿艺实施品牌战略后的再次飞跃，既延续了改制后的优秀成果，又拓展了视野，以新的市场眼光面对未来，搭建起儿童文化产业跨地区、跨领域发展的新平台。从 2010 年始，北京儿艺分别在长春、太原、乌鲁木齐、鞍山四地联合主流媒体或演出机构合资设立儿童剧联盟子公司。北京儿艺通过无偿输出儿童剧版权，派出飞行导演指导子公司排演剧目，派遣专业业务人才到当地进行考察和做出针对性指导帮助，目前上述四地已经具备了同步上演北京儿艺同一精品剧目的条件。

思考：对于转企改制的国有院团而言，你认为其资金来源会发生什么变化？如果你是北京儿童艺术剧团的负责人，你会怎么开展筹款活动？

四、文化艺术组织建设

在简单梳理资助文化艺术的理论框架、西方国家资助文化艺术的历史沿革以及我国文化体制改革对于文化艺术组织筹款机制的影响之后，我们将回归到文化艺术组织本身的建设，从组织概念、范畴、宗旨、使命及架构的视角来看看筹款活动。虽然筹款活动貌似是文化艺术组织主体与外部环境之间的社会活动，然而决定、影响筹款机制的因素往往源于组织的内部控制，故回归到文化艺术组织内部制度建设，有助于我们更好地剖视筹款活动。

（一）推进制度建设

组织的突出特色就是有着明确的目标导向。所谓组织是指具有明确目标导向和结构设计的有机系统，且与外部环境保持着紧密联系。管理学大师德鲁克（Drucker）认为，组织是过程性的演化体系，是指事物朝着空间、时间上或功能上的有序组织结构方向演化的过程体系。[1]虽然不同的学者对于组织的概念都有着自己的理解，对于组织的构成要素有着普遍

---

① Drucker P F.The coming of new organizations[J].Harvard Business Review,1988,1(2):45–55.

的共识，即一个组织的形成必须包括组织成员（人）、组织环境、组织目标及组织结构。若用专业术语来表示则是，组织成员通过遵守共同的价值观表现出来的组织惯例、组织成员通过整合和利用知识表现出来的组织能力、组织成员的共同目标、组织结构①。文化艺术组织是指在社会环境下致力于共同文化目标的组织成员所构建的结构形态，并始终致力于成为社会系统中的一部分。

制度可使组织的所有成员共同遵守制度约定，从而为完成任务或目标提供保证。内部控制是为实现组织目标而实施控制活动的过程，是一个由目标、要素和结构等层面构成的整合框架，而不仅仅是文件化的流程和制度。② 制度建设（institution building）是一个有机的发展过程，使得组织得以从萌发、培育到成熟阶段。对于文化艺术组织而言，制度建设并不是只涉及具有百年历史的博物馆、交响乐团、芭蕾舞团、文化艺术中心等。无论组织规模大小、业务特色、历史传统差异，制度建设始终围绕着文化艺术组织从无到有、从有到优、从优到强的生命发展周期。文化艺术组织的制度建设水平往往与其筹款能力成正比，制度建设与内部控制水平高，筹款能力就会强。

文化艺术组织的制度建设始于机构成立（注册），包括确定组织的宗旨、发展目标和实施规划方案，在不断的发展过程当中将组织的发展愿景传递给更多的组织成员和关注组织的人。这就好似修建一个剧院，首先需要明确建设的初衷目标、组建有共识的团队、制定方案计划及获得更多的内外部资源支持。因此，准备筹款的第一步是从组织的制度建设明确发展目标，设立有效的筹款领导机构，有组织高层和管理层对于长期战略、中短期目标制定筹款目标、方式及相关任务清单。例如，通常对于一个刚刚

---

① 屠兴勇 . 知识视角的组织：概念、边界及研究主题 [J]. 科学学研究，2012,30(09):1378–1387.
② 王清刚 . 论企业内部控制的灵魂：从制度建设到道德与文化建设 [J]. 中南财经政法大学学报，2014(01):119–125.

成立的中小型文化艺术组织而言，从地方政府、社会团体及个人获得资金的可行性较高。

对于刚刚起步或是准备开展筹款业务的文化艺术组织而言，就是根据当前我国现行组织管理政策法规明确好组织的属性。正如导论章节所述，本书重点围绕社会团体、民办非、基金会和公益性文化事业单位四类非营利文化艺术组织①展开。

（二）明确组织使命

任何一个组织都是为完成一定的使命而建立和发展的，所以组织使命是一个组织存在和发展的根本动因和前提条件。组织的使命可以通过愿景来描述，而组织的愿景又可以用一系列的组织目标来予以规定。战略则是实现组织目标的规划和安排。因此，组织战略是实现组织使命、愿景和目标而做出的一定时期的任务规划和安排。②文化艺术组织的使命往往会在组织章程中进行精准的阐述，至少应该包括以下问题：（1）组织的发展目标和服务内容是什么？（2）组织的属性和业务内容是什么？（3）组织的服务对象和范围是谁？（4）组织的工作原则和运行机制是什么？

以国家艺术基金（China National Arts Fund，CNAF）为例，在其章程中就明确指出，"（1）国家艺术基金是由国家设立，旨在繁荣艺术创作、打造和推广精品力作、培养艺术人才、推进国家艺术事业健康发展的公益性基金；（2）国家艺术基金的资金，主要来自中央财政拨款，同时依法接受国（境）内外自然人、法人或者其他组织的捐赠；（3）国家艺术基金以习近平新时代中国特色社会主义思想为指导，始终坚持党对文艺工作的领导，坚持文艺为人民服务、为社会主义服务，坚持百花齐放、百家争鸣，

① 四类非营利文化艺术组织的概念参看前文导论章节，此处不再赘述。
② 戚安邦.论组织使命、战略、项目和运营的全面集成管理[J].科学学与科学技术管理，2004(03):110–113.

坚持创造性转化、创新性发展，坚持与时代同步伐、以人民为中心、以精品奉献人民、用明德引领风尚，培育和践行社会主义核心价值观，坚定文化自信，尊重艺术规律，实行'面向社会、公开透明、统筹兼顾、突出重点'的工作原则，激发全民族文化创新创造活力；（4）国家艺术基金依法依规运行，自觉接受国家立法机关和国家财政、审计、纪检监察、文化和旅游等相关部门监督检查，并接受社会监督"。①

作为我国文化体制改革中事业性院团的代表——中国国家话剧院也在其组织介绍中明确了组织使命，"中国国家话剧院以创作和演出高质量、高品位的古今中外优秀戏剧作品为己任；致力创造精品、重视人才培养、锐意开拓市场；是一片创建中国民族话剧的沃土，是一方驰骋戏剧梦想的舞台，是无数生生不息、辛勤耕耘的戏剧人的家园！坚持中国原创、世界经典、实验探索的创作理念，树立崇高艺术理想，担当戏剧文化责任，坚定时代美学追求和科学经营理念，塑造国家艺术形象，努力发挥国家艺术院团的代表作用、示范作用和导向作用"②。

假设新成立的一家儿童剧制作公司，那么高层管理者该如何制定组织使命呢？联系上文提及的四个问题，这个新组织设立目标可以是这样，"摇篮儿童戏剧公司专注优质的儿童剧，为北京（或某个城市）地区的儿童、家长和艺术爱好者创作经典童话故事、寓言及优秀的当代戏剧，坚持本土原创、实验探索的理念，承担青少年艺术教育责任……"如果你是这个组织的高层管理者，你会如何撰写使命宣言呢？文化艺术组织的使命宣言应该保持一个相对的战略稳定性，应避免随意修改。组织使命简明扼要地界定组织的宗旨和计划，也是组建团队、招募成员、筹集资源和对外开展公共关系的重要工具。组织的高层必须充分地了解使命宗旨。对于筹款

---

① 戚安邦.论组织使命、战略、项目和运营的全面集成管理[J].科学学与科学技术管理，2004(03):110–113.

② 国家话剧院.剧院简介[EB/OL].http://www.ntcc.com.cn/zggjhjy/jyjs/lmtt.shtml.

部门而言，组织使命是开展筹款活动的导向标。

当然，为了更好凸显文化艺术组织的特色，还可以在筹款活动中将组织历史、已有成绩、重要事件及发展目标进行简单的修饰，让潜在的捐赠者能够快速了解组织的发展宗旨和目标。例如，中央芭蕾舞团在其介绍中指出，"中央芭蕾舞团成立于 1959 年 12 月，剧团在俄罗斯学派的坚实基础之上，不断汲取各不同流派不同风格之特长，在引进排演了《天鹅湖》《堂·吉诃德》《吉赛尔》《卡门》《奥涅金》《火鸟》《小美人鱼》《舞姬》《灰姑娘》《珠宝》等大量的世界经典名作外，自创了《红色娘子军》《祝福》《黄河》《大红灯笼高高挂》《牡丹亭》《过年》《鹤魂》《敦煌》《九色鹿》等一大批极具鲜明民族特色的精品佳作，成功探索出一条古典与现代、民族与世界完美融合的中国芭蕾艺术发展创作之路。中央芭蕾舞团一方面作为对外文化交流的使者和彰显中华人文情怀的窗口发挥着重要作用，另一方面为国内展示更高水准演绎和更好艺术普及'走进校园''走进社区''走进少年儿童'并重的目标积极努力"。[①]

（三）制订战略计划

任何一个组织的战略都是为实现组织使命、愿景和目标而开展一项长期、中期及短期的计划（见图 2-2）。各类文化艺术组织都在致力于组织的长久健康发展，那么对于资助者和捐赠者而言，其将资金投入具有可行性的方向是一件值得肯定的决策。对于组织的管理者而言，其募集资金的时候也极希望与组织战略能够契合。文化艺术组织的长期战略实质上是管理层（董事会、理事会）用来指导和监督组织发展的导航图，除了自我检视之外，更重要的在于能够激发资助者的兴趣和信心。文化艺术组织的长期规划应该包括影响组织当前发展和远景目标的可预见性因素。长期规划

---

① 中央芭蕾舞团 . 剧团介绍 [EB/OL].https://www.nbc.cn/content-3246-10992.html.

的优劣取决于组织建设的思路和管理者的执行能力。如果是较为现实可行的计划，那么它将给整个文化艺术组织提供一个蓝图，让组织上下能够自信面对未来发展。

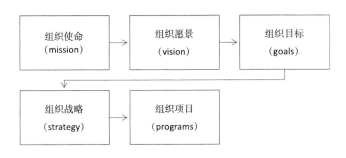

图 2-2　组织使命与组织战略

　　在筹款专项计划方面，应该对组织的服务群体（受众）的需求、潜在的兴趣者和捐赠者反馈、组织在区域文化经济中的影响力、服务社区的能力等方面进行精准评估，更应关注经济发展趋势、文化政策导向、社会人口以及组织自身的优劣势影响。在考虑所有的内部和外部因素对于筹款活动本身的影响时，必须要清晰的一点就是有些挑战完全可由组织内部控制解决，但也会碰到一些不可控的突发事件。文化艺术组织的筹款专项计划往往也是组织合理进行财务风险评估的一部分。在中长期的发展规划当中，文化艺术组织如果过分依赖一种筹款方式或资金来源，往往很容易陷入非自主的被动状态。特别是对于本组织的优势和劣势要进行对比评价，要明确组织的"亮点"是什么，才可能获得更多的筹款渠道。

　　在考虑所有这些内部和外部问题时，执行人员会清楚地看到，有些因素可以完全由组织控制，但有些因素只能部分可控或根本不能控制。对本组织的长处和短处进行了分析，并指出了本组织在社区及其竞争方面的立场，执行人员可以确定对本组织的生存和发展最为关键的问题。然后，就可以制定解决每一个关键问题的长期方案。在具体文本方面，国有背景的文化艺术组织会积极对接国家发展规划，推出中长期或 5 年发展规划，而那些雄心勃勃的文化艺术组织甚至会遥望几十年、百年之后的发展愿景。2019 年，中央美术学院在庆祝百年校庆时即提出实施"新百年"战略的决定。

之所以强调文化艺术组织应该制订清晰可行且具有一定"野心"的战略计划，也是考虑到筹款活动应该在整体规划框架中体现其重要性。一个没有长期发展规划、没有专项筹款计划的组织极有可能在处置日常琐碎事务、突发事件的议题上浪费时间、金钱及相关资源。没有远虑的筹款计划，往往也会预示着组织抗风险能力较弱。想一想每次处于经济危机中的文化艺术组织，便会理解战略规划的重要性。

【新闻摘录】疫情之下的纽约大都会歌剧院的财务困境①

2020 年 3 月 19 日，世界歌剧演出的殿堂，同时也是美国预算最高的殿堂级演出艺术机构——大都会歌剧院协会有限公司（Metropolitan Opera Association Inc，以下简称大都会歌剧院），宣布援用"不可抗力"条款，临时解聘了所有的交响乐团、合唱团及舞台工作人员，削减管理层薪水，并取消 2019—2020 乐季剩下的全部演出活动。

大都会歌剧院不幸成为疫情之下美国第一个大规模解聘降薪的艺术机构，震动了美国乃至全球的演出行业。3 月 25 日，穆迪信用评级机构将大都会歌剧院的 8900 万美元长期债务（后续增至近 1 亿美元）评级，从 Baa2 下调至 Ba1，首次跌入"投机级"（又名"垃圾级"），同时信用展望也从"稳定"下调为"负面"。5 月 5 日，大都会歌剧院再次宣布了更多的解聘消息：从即日起临时解聘 41 名行政管理人员，并将另外 11 名行政管理人员从全职调整为兼职。

大都会歌剧院之所以被称作世界上最伟大的歌剧院之一，与其引以为

---

① 资料来源：王劲森.疫情之下的剧院困境：浅析大都会歌剧院解聘降薪背后的财务危机 [EB/OL]. https://www.sohu.com/a/396352385_109401。作者有所删减。

傲的巨额年度预算息息相关。根据 2018 财年审计报告，大都会歌剧院的总收入高达 2.94 亿美元——按照 2018 年美元兑人民币的平均汇率计算，约等同于中国国家大剧院 2018 年总收入的 2.1 倍，或 2018 年国内全部 64 家保利剧院运营总收入的 1.2 倍。

大都会歌剧院海量收入的背后，则是更大的支出：2018 财年的总支出高达 2.96 亿美元，导致其总体运营亏损了 200 万美元。庞大的营收与支出背后，是大都会歌剧院庞大的资产与负债。根据 2018 财年审计报告，大都会歌剧院的总资产达到了 4.86 亿美元，总负债也高达 2.94 亿美元，资产负债比逾 60%。其中，巨额的人员开支是整个组织的最大的包袱。根据 2018 财年的税务表，大都会歌剧院总共雇用 4616 人，包括了全职、兼职和合同制的工作人员、演出人员、舞台工作人员、导演、编剧等。庞大的雇用数量导致了其庞大的人员开支。大都会歌剧院历年的人员开支均超过 2 亿美元，占据了总支出的 75% 以上。

引发大都会歌剧院此次危机的导火索就是新冠病毒感染疫情引发的经济危机，特别是近十年来其筹款战略并未进行调整，组织的经营管理过分依赖捐赠资金，遇到突发"黑天鹅"疫情事件之后加速了财务困境。在 2018 财年，其运营收入总数为 2.94 亿美元，其中 49.7% 的收入来自于捐赠，而票房收入仅占 29.5%，来自 Met-HD 高清影院的收入占 9.6%。近十年的运营亏损几乎都是依靠捐赠收入进行了抵消。从现实影响来看，疫情对大都会歌剧院短期内最大的冲击是导致其无法开展任何的演出活动和相当一部分筹款活动，进一步损失票房收入及捐赠收入；而长期来看，疫情带来了大量的不确定性。

思考：作为美国艺术组织的代表，怎样看待纽约大都会歌剧院在新冠病毒感染疫情期间所遭遇的财务危机和战略目标之间的关系？

（四）聚焦筹款战略

筹款战略是筹款活动的基石。优秀的筹款战略，有赖于在战略制定过程的早期就多加留意。因此，在筹款战略的制定上，花多少时间和精力都是值得的。① 一般而言，文化艺术组织者的筹款战略都是从组织发展的使命、目标和需求入手的。比如，为了更好地得到潜在关注者和兴趣者的支持，为了更好地扩大规模发展，为了实现中长期的发展目标，致力于某类艺术形式的繁荣等。之所以一再强调筹款战略的重要性，就是希望文化艺术组织管理者能够将目光放得更为长远一些。事实上，有很多筹款资源是短期的，但是也有一些资源却是较为长期地战略合作伙伴关系。文化艺术组织管理者都希望能够让组织本身永续长久地发展下去，所以更重要的是希望在可预见的一个很长的周期能够持续不断地获得筹款资金。如果组织管理者只关心当下的情况，极有可能出现短期的繁荣景象，而长期处于财务赤字或者困境的状态。短期筹款资源往往只是一次性的捐赠或资助，时间效应比较明显，长期资源却是基于价值认同的战略合作。关于这一点，上文所提到的纽约大都会歌剧院便是一个典型案例。

一般而言，在构建筹款战略时，文化艺术组织的管理者可以从能够依托的资源入手，例如：（1）当地文化主管部门的资金支持，包括地方性的政府类文化艺术基金，文化事业专项发展资金以及一些相关的文化与旅游、文化宣传等方面的资金。（2）区域性社会非营利组织的资金支持，包括文化艺术基金会、民办非企业、社会团体等组织的资金支持。（3）文化艺术组织业务拓展所获得的各类经营性收入，包括演出票房收入、艺术展览收入以及已有投资的固定收益等。（4）文化艺术组织通过特定的艺术节事活动（筹款活动）所能够获得的赞助收入等。（5）来自私人、志愿者及

---

① [美]米歇尔·诺顿. 全球筹款手册：NGO 及社区组织资源动员指南 [M]. 张秀琴，江立新，译. 北京：中国人民大学出版社，2005:40.

组织会员的捐助。

当然，想在这里把所有的筹款资源都详尽地展示出来，确实是一件不太可能的事情。毕竟每一个组织都有其特定社会环境和相关的利益群体。本书后续章节会介绍各类筹款资源和方式。作为艺术筹款的管理者，对于这些资源的评估却是非常重要的一项工作。对于筹款资源的评估实质上就是对于筹款机会成本 ① 的一种考量。文化艺术组织的战略发展部门必须时常关注筹款活动的进展、效率和反馈。筹款活动本身是存在成本与收益的，为了获得更多的筹款收入，筹款小组不得不花费更多的管理费用和支出。有很多组织也习惯在筹款中使用"二八定律"，即组织所获得的筹款收入中，80% 是净收益，其余 20% 是筹款成本。对于组织的管理者来说，将这样一个固定的比例作为筹款率也是比较可行的一个办法，当然现实筹款远比这个复杂。此外，还可借助一些测量指标，如净收入测量法、捐赠平均值及响应率等（见表 2–3）。

表 2–3　部分筹款指标与内容 ②

筹款指标	内容
筹款率	筹款收益与成本之间的比率。捐助人一般都不喜欢看到组织的筹款率较低
筹款净收入	除去所有的筹款成本后，你所获得的实际筹款数额。这是你的组织所能真正支配的实际资金——而且你需要完成年度筹款净收入目标
响应率	你所接近的人群，有多少人对你的捐助倡议有所响应，这二者之间的比率就是响应率。响应率越高，你所争取的支持者就越多
捐助平均值	每一位捐助者的平均捐助数额。筹款总额将取决于响应率和捐助平均值
招募成本	招募新支持者的成本。这将与来自于捐助者的预期收入流进行比较，争取让他们继续支持你

在制定文化艺术组织筹款战略时也应注意一些发展思路、方法和技巧。具体而言包括：（1）战略思路和发展趋势方面，文化艺术组织的筹款

① 机会成本（Opportunity Cost）是指组织为从事某项经营活动而放弃另一项经营活动的机会，或利用一定资源获得某种收入时所放弃的另一种收入。

② [美] 米歇尔·诺顿. 全球筹款手册：NGO 及社区组织资源动员指南 [M]. 张秀琴，江立新，译. 北京：中国人民大学出版社，2005: 59.

战略规划过程中，既要坚持已有战略工具的使用（如SWOT、PEST分析），也应关注战略管理的前沿发展成果和本土化的应用。如在规划组织筹款战略的时候，除了考虑内外部因素之外，还应注意结合大数据的技术，纳入更多的动态弹性因素。虽然各种战略管理的分析框架都暗含了SWOT的思想，但是其在发展中已经暴露了许多不足。特别是对于中国文化艺术组织而言，需要在战略制定中考虑更多的本土化制度语境。这是因为，"历史原因促使了战略管理理论具有深厚的美国文化特征，也出现了战略管理理论在其他国度缺乏解释性的问题。全球化不仅是经济的全球化，也是知识的全球化，甚至是文化与价值的全球化，随着日益增加的国际合作，战略管理理论应该得到来自不同国家知识的补充，并在其中得以完善"①。（2）战略价值导向方面，文化艺术组织的筹款战略规划过程中一定要注意价值导向的问题，很多战略目标往往是直接针对营利性企业而言，其中的财务管理的筹款思路往往不适用于文化艺术组织。正如前文所述，国家和社会认可资助文化艺术的关键就在于对于额外溢出社会价值的认可，故筹款战略的制定中一定要在组织使命、文化价值与商业利益之间形成统一，避免出现只为了筹款而筹款的思路。

【新闻摘录】筹款战略制定：一个案例研究②

以下内容说明了俄罗斯大剧院的筹款顾问是如何帮助该组织制定其在莫斯科的筹款战略的。俄罗斯也不具备现代慈善捐助传统，因为一直按需供给资金的机制使慈善捐助失去了必要性。这也使得人们对于"慈善"活动普遍存在着不信任心理，甚至认为这里面存在腐败现象。

优势：（1）大剧院漂亮，惹人喜欢，对莫斯科的文化建设至关重要，

① 谭力文，丁靖坤.21世纪以来战略管理理论的前沿与演进：基于SMJ（2001—2012）文献的科学计量分析[J].南开管理评论，2014,17(02):92.
② [美]米歇尔·诺顿.全球筹款手册：NGO及社区组织资源动员指南[M].张秀琴，江立新，译.北京：中国人民大学出版社，2005: 53–54.

同时还享有国际知名度；（2）对于当代的俄罗斯尤其是对于莫斯科来说，该剧院还是一份额外的财富；（3）筹款人志在必得。

弱势：（1）缺乏筹款和营销资源及经验。（2）新富阶层缺乏慈善捐助的传统。（3）剧院的直接管理者不切实际的过高预期。

筹款人还要进行股东分析，并考察潜在筹款目标：（1）俄罗斯公众；（2）俄罗斯新富一族；（3）俄罗斯海外移民社团；（4）莫斯科本地公司；（5）位于莫斯科的外国公司；（6）用以呼吁普通公众实施捐助的媒介。

筹款人还要考虑筹款活动的可能范围：（1）用以呼吁普通公众实施捐助的媒介。尽管大剧院广受欢迎，但其筹款人所能获得的筹款媒介还是十分有限的，而且不完善的邮政和银行服务，也使得人们的捐助活动变得极其艰难；（2）社会筹款。诸如慈善步行以及慈善咖啡早茶等这样的活动，在俄罗斯都是闻所未闻的事情。尽管在俄罗斯海外移民社团中举行这样的活动，从文化角度考虑更为可行，但其经济利益却收效甚微；（3）商业团体捐助。大剧院拥有一家位置偏僻的小型商店，经营的商品也十分有限。筹款人觉得开发该商店将是十分有趣的事，但俄罗斯人陈旧的观念、落后的设施、资本的短缺以及潜在收益的有限性，也使得该计划难以实行；（4）大型捐助活动。这样的活动可以在以莫斯科都市为荣的市民以及喜欢摆阔的新富阶层中开展。同时，当地或海外公司也是目标群体之一。但仍有必要让捐助人相信他们可以从捐助活动中获得收益。有限的资源只允许开展某一种活动，因此，大型捐助活动成了首选，于是该剧院举办了"欢乐之夜"演出活动。如果资源和设施跟得上，剧院还将在此之后举办商品贸易活动和媒体呼吁活动。这些结论是筹款人花了好多天，喝了许多咖啡，甚至还喝了一瓶伏特加酒，才想出来的。大型捐助活动似乎是一个显而易见的选择，但却是经过筹款人的周密的战略考察后，才确定的一个正确的选择。这也为筹款人未来筹款提供了一个明确的方向，并为他们培养了相应的筹款技能，使得他们能在必要的时候，对形势进行分析。

思考：如果你是某个非营利院团的发展部负责人，你会如何制定该组织的筹款战略呢？有哪些可以分享的方法和策略吗？

五、文化艺术组织治理

明确了组织发展使命后，健全的长期计划便有利于提供持续高质量的项目。这样文化艺术组织可以依赖于负责任和专业的方式使用外部资源提供的资金。为了更为有效地执行组织的筹款计划，组织管理者便需要进行更为有效的组织管理，即通过建立组织结构、规定职务或职位、明确责权关系等，以有效实现组织目标的过程。

（一）组织章程

类似于公司章程①，文化艺术组织也必须有界定组织活动的准则和宪章。本书所提及的文化事业单位、民办非企业、基金会及社会团体四类文化艺术组织在社会组织改革的进程中也愈发重视法人治理和章程自治的理念。

章程是事业单位的基本活动准则，是事业单位法人治理结构的制度载体，是政府相关部门和社会对事业单位进行监督的重要依据，通常被称为事业单位的"宪法"，在事业单位治理中具有极其重要的地位和作用。在国外，普遍立法规定，非营利组织设立时需要制定章程或将章程作为非营利组织申请法人登记的要件。我国相关法律法规规定，事业单位申请设立时应当提交章程，并且对章程应包括的事项作了规定。②《事业单位登记管理暂行条例实施细则》第三十九条规定，事业单位章程应当包括下列事

---

① 公司章程是指公司依法制定的、规定公司名称、住所、经营范围、经营管理制度等重大事项的基本文件，也是公司必备的规定公司组织及活动基本规则的书面文件。

② 李松武. 认真制定执行事业单位章程 推进事业单位法人治理结构建设 [J]. 中国机构改革与管理，2013(Z1):97–99.

项：名称；宗旨和业务范围；组织机构（法人治理结构）；资产管理和使用的原则；章程的修改程序；终止程序和终止后资产的处理办法；需要由章程规定的其他事项。2012 年 5 月，中央机构编制委员会办公室印发的《事业单位章程示范文本》进一步明确了事业单位章程的内涵要义。

民办非企业、基金会和社会团体的组织章程和事业单位类似，在组织管理办法中进行了明确的规范。我国社会组织的章程建设成就巨大，但依然存在一些现实问题，究其原因是多方面的。发达国家与地区的社会组织章程具有信息丰富、快速更新和科学界定等多重特性。我国社会组织应进一步提升对章程建设的认知水平，拓展社会组织章程建设的主体参与范围，健全对社会组织章程建设的相关配套保障制度，在注重历史传承、突出个性及合理借鉴国外经验的基础上，促进我国社会组织章程建设进一步走向科学化。[1]

文化艺术组织筹款管理者为什么要重视组织章程呢？这是因为，"募捐的组织内部治理在章程中予以安排和明确，是社会组织落实内部宪法（组织章程）并取信于外部的过程。社会组织财产应当按照其章程规定用于公益慈善目的，以此建立社会公信力"[2]。例如，文化艺术组织在开展商业合作时，如何进行较为规范的赞助管理，这是需要在组织章程中进行明确的。所谓适当的商业合作募捐项目，是指募捐社会组织根据组织的章程宗旨及相关规定，由会员大会或理事会批准，与一定的商业机构、个人开展适当盈利性目标的特定筹款项目[3]。

（二）组织治理

不同于西方非营利组织治理模式，本书探讨的四类文化艺术组织的治

---

[1] 胡洪彬.我国社会组织章程建设：现状检视、比较借鉴和科学完善 [J].南昌航空大学学报（社会科学版），2016,18(03):12–19.

[2] 林闽钢，朱锦程.我国慈善立法的目标定位和基本框架 [J].湖北社会科学,2014(11):36–41.

[3] 蔡科云.社会组织募捐行为的慈善法塑造：以过程控制为视角 [J].学习与实践,2019(10):73–82.

理存在着一定的差异性，并仍一直处于深化改革的进程中。由于历史和体制等原因，部分文化事业单位依旧采用了偏政府行政管理的治理结构，而大部分民办非、社会团体和基金会形式的文化艺术组织已逐步借鉴理事会治理结构。

西方非营利组织治理研究的主要理论包括委托代理理论、制度理论和利益相关者理论等。若想更为深刻地理解非营利文化艺术组织的结构特征，势必需要对于其理论主张有所认识。在企业治理中获得了广泛的重视后，委托代理理论被拓展于非营利组织理事会制度的设计和研究。制度理论与公共政策息息相关，聚焦于政府政策制度对于公共议题的影响，这也导致了很多非营利公共组织的结构模式较为"趋同"，理事会制度成为很多国家在规范管理中的共性主张。利益相关者理论源于企业管理研究中各方利益平衡，在非营利组织公共议题中得到了延伸。

从已有研究 ① 可知：第一，从理事会功能来看，代理理论认为理事会最主要的功能是决策控制，理事会具有审核批准和监督的责任，有责任来选择和评估执行层，并监督他们的行动是否与组织或社会的利益相冲突。制度理论则强调理事会在增强组织合法性方面的作用，认为理事会的一个重要功能是保证组织的活动符合规范和法律的要求。利益相关者理论认为，理事会的作用在于协调和解决不同利益相关者群体之间可能相互冲突的利益，从而确定组织的总体目标并制定相应的政策。第二，从理事会与执行层的关系来看，代理理论强调的是理事会对执行层的监管，认为理事会的作用就是保护所有者的利益，监督和评估执行层是否忠实执行了理事会的决议，是否保护所有者的利益。而执行层的职责就是贯彻执行理事会的决议，为所有者的利益兢兢业业地工作。制度主义理论看来，在很多情况下，组织是不得不把理事会成员多元化。一方面可能是有些出资者

---

① 田凯. 西方非营利组织治理研究的主要理论述评 [J]. 经济社会体制比较 ,2012(06):201–210.

把理事会成员的多元化作为捐赠条件。另一方面，不同的利益相关者对组织有着不同的预期和要求，这也是制度环境的重要组成部分。这也是为什么很多非营利组织的理事会采用代表原则，由不同的利益相关者代表构成了理事会。第三，从理事会成员的选择来看，代理理论强调维护所有者的利益，因而主张由所有者的代表组成理事会。利益相关者理论和资源依赖理论则认为，理事会不应该仅由所有者构成，而应该把服务对象、雇员代表、出资者等与组织利益密切相关的人士纳入理事会。

（三）西方文化艺术组织结构与治理

理事会法人治理模式是西方非营利性文化艺术组织运行和成功筹资的重要机制保障。董事会（Board of Directors；在社会部门也通常称为理事会，Board of Trustees）是非营利机构治理的主体和最高权威。它由志愿者组成，受社会之托成为机构价值观和公益资产的"守护人"；它确保机构服务于公益目的，对机构的成败担负最终法律责任。在美国，对理事会的筹款职责有一个通俗的说法：要捐得出钱，募得到款，否则就只能下台（give，get，or get off），这也就是理事在募集资金方面要"有钱出钱，有力出力"的意思。[1] 德里克（Derrick）也认为，非营利组织董事会（理事会）的作用远远超过了其财政上的考虑，董事往往是整个组织经济来源的重要途径。[2] 理事会成为整个组织的战略核心、决策核心和实施核心，故筹款活动往往会在理事会整体布局下由发展执行部门开展。20世纪末，美国很多艺术组织开始给予董事一些明确的捐赠期许，如纽约城市芭蕾舞团为2.5万美元、惠特尼艺术博物馆为10万美元。

这也很好地解释了为什么很多筹款专著都是从理事会治理结构谈起。对于西方的非营利文化艺术组织而言，筹款工作成功的重要因素是拥有一

---

① 卢咏.公益筹款[M].北京：社会科学文献出版社，2014:41-42.
② [加]德里克·张.艺术管理[M].方华，译.上海：上海书店，2017:155.

个受人尊敬的、杰出的、努力工作的理事会。在社区中具有高度专业能力和地位的人最能够筹集所需的资金，以确保组织的长期财务健康。为了保证组织的有效运行，理事会成员应该能够有所特长，具体包括：提供资金、从其他渠道提供资金、提供专业知识、增加组织的信用度、代表社区族群的多元利益。[①]也就是说，作为理事会成员需要以身作则，尽全力为组织寻求更多的筹款资源和捐赠资金，并认同组织的筹款目标，利用个人影响力和人脉资源推动筹款业务的顺利推进。下文以纽约大都会歌剧院为例简述美国非营利文化艺术组织的结构。

（1）理事会。一般而言，理事会包括了主席（Chairman）、总裁兼首席执行官（President and Chief Executive Officer）、副主席（Vice Chair）、执行总监（Chair of the Executive Committee）、秘书（Secretary）、财务主管（Treasurer）、副执行长（Vice President）、名誉主席（Honorary Chair）等。主席是通过全体理事会成员的选举而产生的，主持相关的理事会会议及重要成员的任命。从纽约大都会歌剧院年报（2018—2019年）可知，剧院主席是安·齐费尔（Ann Ziff）、总裁兼首席执行官是弗兰达·林德曼（Frayda Lindemann）。同样的，非营利剧院团的首席执行官就是院长（团长），博物馆和展览馆就是馆长。一般理事会的任期至少应该是三年，这样就可以让所有任职人员更好地发挥工作效能。执行总监按照组织的需要和要求，提前将所涉及的议题材料发送给理事会成员，并组织相关的决策会议。如筹款相关的预算和活动，应至少提前一周发送给理事会成员。

（2）子委员会。随着文化艺术组织的规模和业务活动不断增长，执行总监往往会将具体的工作分派给具体的子委员会和部门。从纽约大都会歌剧院年报（2018—2019年）可知，其执行委员会下设了运营管理委员会、名誉委员会、咨询委员会、会员委员会及培青委员会等。运营管理委员会

---

① Hopkins K B, Friedman C S. Successful fundraising for arts and cultural organizations[M]. New York: Greenwood Publishing Group, 1997:8.

由理事会主席、副主席、秘书及财务主管组成，负责制定歌剧院的战略规划和组织管理条例。此外，有些文化艺术组织还会下设提名委员会、合作发展委员会、财务委员会及特设委员会等。提名委员会负责推荐和招募潜在的理事会成员，评估现有理事会成员在任期内的工作表现，并提出重新选举和终止现有理事成员的职务。合作发展委员会负责组织的筹款活动计划和具体筹款活动。财务委员会负责监督组织的财务计划、日常财务管理及审计等工作，董事会中的财务主管一般担任该委员会的负责人。特设委员会一般是针对组织的特殊项目、具体节事活动进行督导。

（3）高管职员。非营利组织高管职员是由理事会挑选和任命，并接受理事会委托进行工作。文化艺术组织的高管职员通常包括艺术总监、常务董事、合作发展部门主管、财务主管及营销主管等。其中，合作发展部门主管负责制定计划和实施年度筹款活动。他与董事会成员、其他高管职员之间的合作极为密切，在为组织创建具有竞争性的筹款计划时，会为推动整个组织产生更大的发展动力。

（4）志愿者。对于一个文化艺术组织来说，将志愿者纳入其筹款策略的做法是明智的。志愿者不仅承担许多非营利组织的实际工作，他们也可以帮助组织筹集资金。他们通过自己捐款、成为董事会成员、邀请他人捐款、举办小型筹款活动，以及提供能够加强筹款活动的专业知识和信息来做到这一点。①

组织结构图可以更清晰地反映一个组织管理理念的模型化表达（见图2-3），其中发展委员会是组织筹款业务的实施主体。文化艺术组织的运营规模和复杂性通常会决定组织结构。例如，纽约大都会歌剧院比圣路易斯歌剧院这样的小组织更有可能采用机械化的组织方式。这是因为组织的规

---

① Hopkins K B, Friedman C S. Successful fundraising for arts and cultural organizations[M]. New York: Greenwood Publishing Group, 1997:17.

模和业务运营范畴在组织布局中持续起作用。[1] 每个文化艺术组织的结构布局不可能是完全相似的，一个组织初期布局和发展中期的布局也会发生变化。

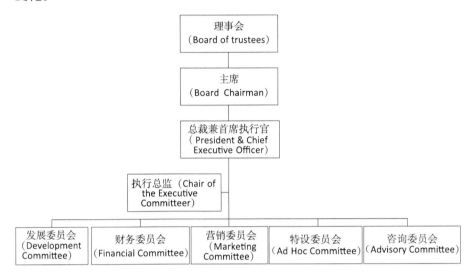

图 2-3 非营利文化艺术组织结构

当然，理事会法人治理模式是西方大部分非营利文化艺术组织的通用架构，对于所涉及业务和领域差异较大的各类文化艺术组织在实际组织架构时也会有所差异。但是在大部分文化艺术组织，筹款业务隶属于发展总监管理，发展总监、财务总监、运营总监及市场营销总监共同构成了行政运行团队（见图 2-4）。伯恩斯（Byrnes）教授在《管理和艺术》一书中的"组织和艺术"章节中对于戏剧公司、交响乐团、舞团、艺术博物馆等西方文化艺术组织的结构布局进行了详细的论述。其中，在交响乐团组织内部，正如其在章节结论中所强调的，"文化艺术组织可以被设计成职能型、部门型、矩阵型或组合型的结构。组织在垂直和水平结构方向进行管理和协调运行。鉴于组织的职能和规模等因素，组织结构可以是有机的或机械

---

① William J B. Management and the Arts[M]. London: Focal Press, 2015:208.

式的"①。事实上，当看到了组织结构中的"发展、合作及战略部门"之后，对于该组织的筹款战略便会有一个初步的概念。组织布局会直接反映组织权力运行、管理规范和发展方向。重视筹款战略和业务的文化艺术组织在结构布局设计时，便会非常重视筹款部门的地位和作用，这也是本书强调的从文化艺术组织结构设计初始时便要融入筹款战略。

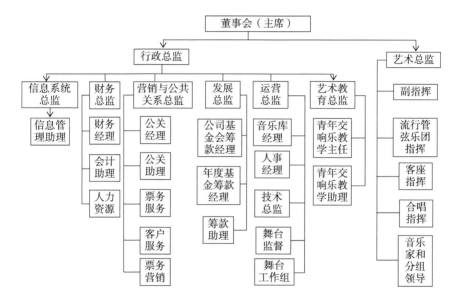

图2-4　美国交响乐团组织结构

（四）我国文化艺术组织类型、结构与治理

正如前文关于本书研究对象的描述，我国文化艺术组织主要包括文化事业单位、基金会、民办非文化企业及社会团体。近年来，我国新设立很多文化艺术组织，如艺术基金会、民办非文化企业也借鉴采用了理事会治理模式。

国家艺术基金会在组织章程中明确，理事会是国家艺术基金的决策机

---

① William J B. Management and the Arts[M]. London: Focal Press, 2015:230.

构，受文化和旅游部、财政部领导和监督。基金管理中心具体负责国家艺术基金的管理和组织实施。基金专家委员会承担国家艺术基金重大业务和事项的指导、咨询、评估工作。专家库专家承担咨询、评审、监督等相关职责。国家艺术基金的决策管理机制是理事会会议、秘书长会议和管理中心主任办公会议。政府类文化艺术基金会基本采取了理事会决策、管理中心运营、专家委员会支撑的模式。如上海文化发展基金会、北京市文化艺术发展基金会等。

【新闻摘录】上海文化发展基金会 [①]

上海文化发展基金会（以下简称"基金会"）成立于 1986 年 11 月。基金会的宗旨是：筹措文化发展资金，资助公益文化，扶植文化人才，推动文化创新，促进文化交流，致力于上海文化事业的繁荣发展。基金会是从事公益性、非营利性活动的慈善组织，主要活动范围在上海市。2004 年起，基金会受政府委托面向全市开展对文艺创作和公益文化项目的资助评审，根据"公平、公正、公开"的原则组织专家对申报项目进行评审，并对资助项目实施监管。

近年来，基金会积极开拓、努力创新，不断推出新举措。2011 年，推动文化金融创新，建立信贷扶持机制，与上海银行合作，为上海重大影视和演艺项目实施信贷扶持。2012 年，设立"上海文艺评论专项基金"，对有关媒体进行稿酬和版面资助；组织召开有关作品或专题的评论研讨会；同时，设立文艺评论奖项，奖励优秀的文艺评论文章和突出的文艺评论工作者，为加强和改进文艺评论发挥了积极作用。2013 年，创立青年编剧资助扶持机制，对青年编剧项目实行单独申报、单独评审、专项资助、配套扶持，为青年编剧搭建创作孵化和人才激励平台。

---

① 资料来源：上海文化发展基金会网站，http://www.shcdf.org.cn。

　　组织资金募款方面，本基金会的慈善财产来源于：（1）发起人捐赠、资助的创始财产；（2）地方财政补贴；（3）社会各界团体和个人的捐赠；（4）其他合法收入。此外，为了积极筹措社会资金，汇聚社会力量支持上海文化的繁荣和发展，基金会面向全社会开展专项基金的募集工作，为社会募集专项基金提供义务的管理服务。

　　组织结构方面，基金会由9~11名理事组成理事会，理事每届任期为五年，任期届满，连选可以连任。基金会的决策机构是理事会。理事会每年至少召开2次会议。理事会会议由理事长负责召集和主持。理事会会议须由监事列席。理事会会议须有2/3以上理事出席方能召开；理事会决议须经出席理事过半数通过方为有效。理事会下设监事会、项目资助评审办公室、资助项目监管办公室、办公室（见图2-5）。

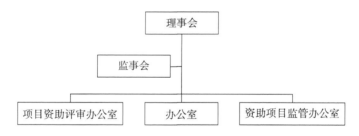

图2-5　上海文化发展基金会组织结构

　　根据我国《民办非企业单位（法人）章程示范文本》可知，民办非企业实施理事会法人治理模式。以北京现代舞团为例，其在民政部门注册的组织类型为民办非单位，成立于1995年12月7日，业务主管单位为北京市文化和旅游局，法定代表人为高艳津子，注册信息显示组织业务为“舞蹈舞台艺术创作、演出和舞蹈舞台艺术创作表演人员培养；舞蹈舞台艺术推广、普及、咨询和交流”。类似于北京现代舞团这样的民办非艺术机构，其治理结构包括理事会、监事会、执行机构。理事会是法人治理结构中的最高决策机构，聘任行政负责人。监事会对理事会、行政负责人的行为进行监督和纠正，保障组织合法权益。

　　相比较而言，我国文化事业单位的治理模式依旧处于改革之中，且在各细分领域方面存在较大的差异，也导致了文化事业单位对于筹款战略和业务的认识参差不齐。从前文论述的文化体制改革进程可知，在经历了四十多年深化改革后，目前文化事业单位改革已经从增量改革转型至存量改革，其中改革的核心就是法人治理结构，即关于法人属性、职能和业务领域的精准定位。文化事业单位法人治理结构通过体制内与体制外的协同合作体现了"共同治理"原则。共同治理可视为现代公共文化管理的普遍模式，正是这种模式保证了公共文化管理或服务公共性的实现。①这也从侧面反映了过去政府管理文化的一元主导模式向多元主体治理转型的过程。

　　文化事业单位法人治理结构改革是新时代深化文化体制改革的重点任务，也是新一轮事业单位改革的切入点和突破口。当前，这项工作已经进入向纵深推进的实质性阶段。文化事业单位法人治理结构改革通过引入"外部治理"而推动公共文化服务供给机构和供给主体的重构，形成联合行动的协作网络，目的是促进公共利益的最大实现，实现"共同治理"。此项改革正在探索和逐步完善过程之中，目前颁布的相关法律和文件仅针对这项改革提出原则性要求。②

　　以文艺院团为例，在文化体制改革的进程中，逐渐形成了转企改制的国有院团（企业制院团）、保留事业编制的国有院团（事业制院团）、民营文艺表演团体（企业、民办非）并存的格局（见表 2–4）。事实上，近年来我国企业型和事业型院团的发展势头较好，规模化日趋显现。根据国家统计局数据显示（见表 2–5），截至 2020 年年底，全国艺术表演团体机构数为 17581 个，其中事业型（执行事业会计制度）的艺术表演团体机构数为 1437 个、企业型（执行企业会计制度）的艺术表演团体机构数为

---

① 毛少莹. 发达国家的公共文化管理与服务 [J]. 特区实践与理论 ,2007(02):50–51+68.
② 李媛媛. 新时代深化文化事业单位法人治理结构改革的政策难点与对策建议 [J]. 国家行政学院学报 ,2017(06):125–130.

16144 个，艺术团体从业人数为 436899 人。2020 年，艺术表演团体演出场次为 223.19 万场次，国内演出场次为 222.65 万场次，国内演出观众人次为 8.9 亿人次。

表 2-4　我国艺术表演团体的组织结构[①]

所有制属性	组织结构
国有院团	企业制院团（公司法人）
	事业制院团（事业法人）
民营院团	企业型（公司法人）
	民办非（理事会法人）

表 2-5　我国艺术表演团体和场馆相关统计数据[②]

细目	2019 年	2020 年
全国艺术表演团体机构数（个）	17795	17581
事业型的艺术表演团体机构数（个）	1513	1437
企业型的艺术表演团体机构数（个）	16282	16144
艺术团体机构从业人数（人）	412541	436899
艺术表演团体演出场次（万场次）	296.80	223.19
国内演出场次（千场次）	2956.20	2226.50
国内演出观众人次（千人次）	1230200	889518
艺术表演团体收入合计（万元）	2871251	3969949
艺术表演场馆机构数（个）	2716	2770
艺术表演场馆座位数（个）	1818662	1878867
艺术表演场馆演出收入（万元）	559160.00	384825.70

　　企业性质的国有院团、民营院团实行公司化的运营模式，其治理模式往往由决策机构（股东大会、董事会）、执行机构（专业经理人团队）和监督机构三部分构成。例如，成立于 1986 年的北京市儿童艺术剧团是全国第一家转企改制的文艺院团，改制后其事业单位身份转变为企业法人，组织名称变更为北京儿童艺术剧院股份有限公司。通过国家企业信用信息公示系统可知，北京儿童艺术剧院股份有限公司注册基本金为 11553.88 万

① 1954 年 1 月 12 日，我国《人民日报》刊载原文化部报告出现"艺术表演团体"一词，1997 年原文化部对于"艺术表演团体"给出明确官方概念，2005 年原文化部等部门联合下发文件使用"民营文艺表演团体"一词。

② 数据来源：国家统计局 [EB/OL],2020–12–30,https://data.stats.gov.cn/easyquery.htm?cn=C01.

元，公司股东包括北京青年报社、北京市文化发展中心及北京市文化局资产监管事务中心等 5 家，整个公司包括董事会 5 名成员、监事会 3 名成员及经理等高管，公司通过股权对外投资在京外有多家演艺类公司。总体而言，企业制剧院团在公司法人治理模式上所有权、经营权相对较为清晰。

事业制文艺院团是保留事业体制的国有文艺院团的统称，即文艺院团保留"事业单位"身份，采取全额或差额拨款方式，这是中国特色的一种公益性社会组织机构。在国家事业单位分类改革与国有文艺院团转企改制的推动下，全国保留了 139 家事业性质的文艺院团。①2011 年 5 月，《中共中央宣传部、文化部关于加快国有文艺院团体制改革的通知》文件中明确了保留事业单位性质的国有文艺院团名单。事业制文艺院团的治理模式始终需要向体现公共文化价值、公共文化服务的方向聚焦，在改革过程阶段中可以采用"事业体制企业化管理"的过渡路线，在不断明晰院团所有权、经营权基础上，推动事业制院团向理事会模式转型。正如陈庚教授所建议的，"推动事业体制文艺院团建立事业法人治理结构，健全完善内部约束机制。参照国际上一些非营利性的公益院团的做法和经验，推动建立和完善院团法人治理结构，逐步建立起科学的决策机制和科学的考评激励机制，形成符合文艺院团运行特点的运行机制"②。也就是说，事业制院团应该看齐非营利性文化艺术组织，探索建立中国特色的事业法人结构治理模式。但是不可否认的是，中国推行文化事业单位法人治理结构存着诸多难点。例如，法人治理结构作为一种新的机制，与政府主导的文化管理模式之间的关系如果处理不当，就会出现双重管理主体的问题。③

---

① 陈庚.事业体制文艺院团企业化管理研究：理论基础、实践逻辑与政策取向 [J].江汉学术 ,2016, 35(03):87–93.

② 陈庚.事业体制文艺院团企业化管理研究：理论基础、实践逻辑与政策取向 [J].江汉学术 ,2016, 35(03):87–93.

③ 李媛媛.新时代深化文化事业单位法人治理结构改革的政策难点与对策建议 [J].国家行政学院学报 ,2017(06):125–130.

这些问题的核心点在于将西方理事会治理结构移植到中国大量事业型文化艺术组织管理时肯定会面临着制度环境、本土特色及历史问题等水土不服的问题。从这些事业型文艺院团的实际筹款活动中也可以看到，正是因为组织结构层面在改革进程中面临的问题，也直接导致筹款能力明显不足。这些文化艺术组织没有设立对口的筹款部门，在进行社会筹款活动时无法享受很多非营利组织的政策优惠，且对于公共财政的依赖依旧很大。

六、案例分析：上海交响乐团理事会治理之路 ①

（一）基本简介

作为亚洲地区历史最悠久的交响乐团，上海交响乐团前身为 1879 年成立的上海公共乐队，1956 年正式定名为上海交响乐团。这支乐团不仅是最早广泛介绍西方音乐、最早演奏中国管弦乐作品、最早培养中国音乐人才、最早培养中国交响乐听众的乐团，更在跨越三个世纪的跌宕起伏中，始终秉持着国际视野和海纳百川的城市精神，逐步成长为一个汇聚全球顶尖演奏家、最能代表中国音乐诠释能力的世界级乐团。

上海交响乐团引领了交响乐在中国发展的每个重要历史阶段。跨入 21 世纪，乐团以其专业化和国际化的运营理念，成为中国首个与国际接轨组建理事会的乐团，也是中国首个跨入职业化运营轨道、运作高质量年度音乐季且成功实行预售票制度的乐团。从音乐季到上海新年音乐会、上海新春音乐会，从上海夏季音乐节到上交室内乐，由乐团创办的一系列音乐演出品牌推动了对外文化与传播，实现了人与人、团与团乃至国与国间的音乐沟通。从前身的公共乐团到今天的非营利法人治理组织，上海交响乐团

① 资料来源：上海交响乐团官方网站，https://www.shsymphony.com/about-introduce.html，上海交响乐团财政年度年报，案例资料由许汇欣整理，作者有所编辑修订。

见证了中国文化艺术组织的变革历程（见表 2-6）。

表 2-6　上海交响乐团发展大事记

年份	重要事件
1879	上海公共乐队成立，雷穆萨任乐队指挥，为管乐队
1945	由国民政府接管更名为"上海市政府交响乐团"，首次由中国人管理
1949	7 月 17 日，举行上海解放后首场交响音乐会
1985	3 月 9—10 日，该年度演出季开幕演出，节目册上首次使用 SSO 团标
1986	12 月，试点体制改革，建立音乐总监制，为国内首个采用音乐总监负责制的乐团
1993	2—3 月，进行体制改革，实行全员聘用合同制，为全国第一个采用聘用合同制的文艺院团
2001	2 月 7 日，聘用加拿大指挥家马可·巴利索托为常任指挥，为乐团首次聘用外籍指挥，开创国内先河
2008	8 月，上海交响乐团理事会正式成立。9 月 5 日，上海交响乐团理事会发布了公开招聘新任音乐总监的通告
2009	7 月 13 日，发布 2009—2010 音乐季，并在全国首次推出了与国际接轨的预售票制度
2014	乐团将由政府托管给上海交响乐团文化发展基金会负责，实现了乐团理事会和基金会"两会合一"；9 月，上海交响乐团音乐厅（2021 年 7 月更名为捷豹上海交响音乐厅）正式投入使用，标志着乐团开启"团厅合一"的全新运营模式

乐团 2019 年度年报显示，跨入 21 世纪，乐团以其专业化和国际化的运营理念，成为中国首个与国际接轨组建理事的乐团，也是中国首个跨入职业化运营轨道、运作高质量年度音乐会且成功实行预售票的乐团。截至 2019 年年底，乐团共有在职演职人员 226 人、离退休人员 96 人。2019 年度，乐团共组织演出场次 189 场次，乐团团厅（主厅、演艺厅）音乐季的交响乐、室内乐、歌剧等演出总计场数 75 场次，公益性演出场次 44 场次，国内巡演 10 场次，境外巡演 7 场次。乐团已形成新春音乐会、夏季音乐节、新年音乐会三大演出品牌。2019 年，是中华人民共和国成立 70 周年华诞，也是上海交响乐团成立 140 周年的纪念年。据不完全统计，2019 年各项活动国内主流媒体原发报道 1700 余篇，其中平面媒体 200 余篇、电视广播 110 篇、网络及新媒体 1400 篇，海外媒体全年报道近 200 篇。此外，该年度上海交响乐团荣获上海市文明单位、文明行业、第二十一届中国上海国际艺术节演出纪念奖、2019 年广州国际音响唱片大奖最佳乐团 / 组合奖等荣誉。

作为上海交响乐团发展的重要支撑力量，上海交响乐团文化基金会发挥理事单位、乐友会、国际顾问理事会（IAB）的职能作用，优化社会资源配置，进一步推动了企业赞助与资助。浦发银行、中国银联、太平洋保险及东方航空等企业理事单位助力乐团发展效果显著。2019 年基金会年报显示，年度捐赠收入为 2206.86 万元，大额捐赠者包括复兴公益基金、上海银行、锦江国际地产及大众汽车等。全年演出活动共 261 场，售票共计83383 张，全年演出和活动出票率为 94.88%，上座率为 76.27%。

（二）改革进程与治理模式

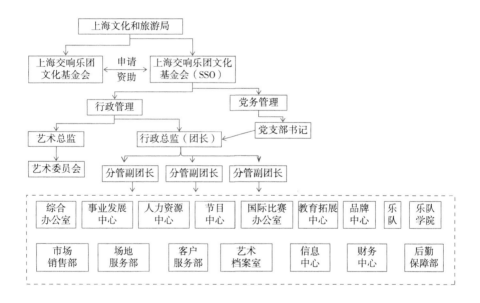

图 2-6　上海交响乐团组织结构

2008 年，上海交响乐团成立理事会制度宣告了其在治理模式方面的本土化创新。改革后的乐团理事会由市政府主管部门代表、知名音乐专家和主要资助人组成，行使乐团运营资金的募集、审议乐团整体发展规划、审议年度艺术发展计划、审议乐团年度收支预算及决算、遴选和聘任乐团音乐总监、审议乐团团长建议人选和协调乐团与社会各方面的关系等职能

（见图 2-6）。政府主管艺术生产导向，艺术家负责艺术作品品质，企业理事单位提供资金支持。

2009 年，上海交响乐团遵循国际惯例推出了预售票制度，即乐团在推出整个年度的乐季演出计划的同时，接受观众提前预订，并对于购买套票的观众给予一定的优惠政策。上海交响乐团在推行预售票制度以来，是内地第一家也是迄今为止唯一一家实行预售票制度的乐团。在预售票制度推行的初期，销售额占比曾不到 20%，但随着会员制度的完善和乐友俱乐部的推广，如今预售票的售票数量和金额每年都在屡创新高。根据乐团 2019—2020 财政年度报告显示，2019—2020 乐季预售票占可售票的比例从前一年乐季的 61.3% 上升到 65%，意味着整个乐季超过六成的演出票在乐季到来前的预售阶段已经卖出，也说明观众已经形成了提前购票的习惯。

2014 年开始，上海交响乐团又开始了新一轮的深化改革，上级主管单位从原来的上海大剧院艺术中心调离，而乐团将由政府托管给社会组织——上海交响乐团文化发展基金会全权负责，原来的上交理事会即为现在的基金会理事会，乐团确定了基金会理事会是乐团的最高决策机构，负责对乐团的发展方向、艺术定位、资金保障、人员配置、管理机制等重大事项进行决策。市文广局以签署委托协议的方式将乐团委托给基金会管理，委托协议约定了艺术导向、公益性演出任务、国资保值保全、经营层选聘、社会化筹资、品牌管理、业务拓展、劳动分配、队伍建设等权利义务。同年，上海交响乐团音乐厅落成开幕，除了原有的基本运营以外，在基金会领导的"团厅合一"新运营模式下，乐团通过基金会的支持能够搭建更为国际化的音乐演艺和交流平台。目前与基金会合作的理事企业单位一共有 17 个，在实现了管理制度的创新转型后，乐团未来将进一步建立与这些理事企业之间长期合作的友好关系，相互形成一种互惠共赢的良性循环。

从上海交响乐团的理事会改革可见，第一，本土化特色理事会制度更适合我国文化事业单位改制，更易于艺术生产的价值导向。政府部门、艺术组织、企业理事三者之间能够有效实现权力平衡和公共价值共识。例如，2021 年建党百年之际，上海交响乐团就能够非常创新地将代际人群的爱党之情借助交响乐表达出来。"音乐总监余隆有个非常好的创意，就是做理想和信念的代际传承。每一代人怎么理解理想和信念，通过挖掘这些主旋律的内涵，让新一代年轻人在属于他们的时代，把理想和信念给传承下去。邀请了出生于不同年代的 4 位作曲家，进行这样的主旋律创作，分别是：出生于 20 世纪 50 年代的贾达群老师，他创作的一部大型交响乐作品叫《逐浪心潮》；60 年代的代表是于阳老师，他创作的作品叫《中国颂》；70 年代，邀请了中央音乐学院的郝维亚老师，他创作的作品叫《我们一起奔向大海仰望星空》；"80 后"请的是杨帆，舞剧《永不消逝的电波》音乐的创作者，他为建党百年创作了《父辈》，诠释了"80 后"心目中的理想和信念。"①第二，理事会治理模式能够释放传统文化事业单位的内生活力，能够更为有效地推动该类文化艺术组织自主创新，主动盘活社会资源，迎接文化市场的竞争。正如乐团周平团长在采访中所述，"上海交响乐团跟其他的国有文艺院团不同，体制机制比较新。我们现在是在基金会领导下的'团厅合一'的体制。经过数年运营，在 2013 年年底实现了双会合一，成立了上海交响乐团文化发展基金会，基金会和理事会双会合一。上海交响乐团在资金运行、乐团管理方面，实行由基金会主导的管理体系。这样一来交响乐团的机制体制就比较灵活，除了原来国有院团的基本运营以外，更多地能够通过基金会的平台，开创出新的品牌来，同时也在这个平台上更多地搭建国际平台"②。

从上海交响乐团的理事会治理模式可见，我国传统文化艺术组织的改

---

① 蔚子 . 上海文化品牌"上交"的创新：对话上海交响乐团团长周平 [J]. 上海质量 ,2021(5):14–17.
② 上海交响乐团改革接轨国际，音乐厅成为文化新地标 [EB/OL]. 东方网，2015–12–23. http://imedia. eastday.com/node2/2015imedia/i/20151223/u8i672950_K691.html.

革之路并不是单一的，有些文艺组织适合转企改制，有些则需要"事业身份"的保留，探索中国特色的非营利组织法人治理方式。上海交响乐团的改革答卷，既让我们看到了以人民为中心的艺术创作导向，看到了社会主义核心价值观的艺术表达，更能看到众多商业公司、社会资源投入公共文化服务领域。守正创新共进，历史现代兼容，期待上海交响乐团的探索之路能够更好地服务中国文艺事业的繁荣发展。

第三章　文化艺术组织筹款内涵

一、重新认识筹款

（一）筹款误区

2018 年 11 月 14 日，尤伦斯当代艺术中心（UCCA）年度慈善晚宴 UCCA Gala 在北京举行，邀请了近 650 名嘉宾和支持者。据报道①，本次活动共计筹得 978.1 万元，其中慈善义拍单元筹得 560 万元，公益认捐项目共筹得 107.2 万元，席位捐赠共 310.94 万元。这些善款将用于支持未来的艺术展览、学术项目和公益项目等非营利项目，以推动机构长期发展。该年度的主题被定义为"机构的重生"，为何会有重生的提法？这是因为自 2007 年开馆（前身为由尤伦斯夫妇创建的尤伦斯当代艺术中心）十年之后，UCCA 顺利完成机构重组，获得了非营利的资质认可。UCCA 于 2018 年正式获得由北京市文化局认证的美术馆资质（民办非企业单位性质，统一社会信用代码为 52110000MJ01650661），同时经北京市民政局获准成立了北京尤伦斯艺术基金会（统一社会信用代码为 53110000MJ01790626），这标志着其成功转型为真正意义上的非营利文化艺术组织。作为北京市及全国知名的美术机构，UCCA 的非营利性转型是众多民营文化艺术组织

---

① 资料来源：王勇. UCCA 慈善晚宴在京举行，筹集善款 978 万元 [N/OL]. 公益时报. 2018–11.http://www.gongyishibao.com/html/gongyizixun/15272.html.

在文化体制改革浪潮中的缩影。这种转型不仅是一种资质身份的转换，更重要的是筹款机制的变化所引发的整个组织战略性的调整，是一种别样的"重生"。

长期以来，我国的大多数文化艺术组织与筹款活动之间并没有过多紧密的联系，尤其是依靠政府财政资金维持机构运营的文化事业单位，不需要过多考虑募集社会资金。很多文艺院团转企改制之后，政府直接性补贴资金的支持越来越少，组织负责人才开始意识到募款工作的重要性。思考UCCA的转型，让我们回归到一个初始的问题：为什么文化艺术组织需要筹款？难道仅仅是因为资金不足，或者说只有在资金不足的时候才会去着手筹款活动吗？在对于筹款的理解方面，总是存在着下文所述的误区。

1. 缺乏资金才会去筹款

筹款仅仅是因为文化艺术组织缺钱吗？事实刚好相反，账户资金充裕且管理机制成熟的文化艺术组织更热衷于筹款业务的发展，能够精准地分析自身资源与资助合作方之间的利益关系，始终掌握筹款谈判的主动权。比较一下很多艺术机构举办的年度慈善晚会就会发现，一方面是部分机构对于意向的赞助者和资助者进行着详细的背景调查和预期合作推演，而另一方面则是部分机构在电话和面谈拜访中苦苦寻求资助者，同样的筹款活动却会遭遇截然不同的结果。

这也解释了为什么大部分文化艺术组织负责筹款业务的部门并不被称为"筹款部"或"资金筹款组"，而是被设置在"战略发展部"（department of development）。如20世纪末，新西兰、澳大利亚和爱尔兰等国家提供艺术资助的公共机构纷纷开始强调发展取向，调整策略计划——由资助机构（funding agency）变为发展机构（development agency），实施资助改革。[①] 组织运营缺乏资金只是筹款活动的表象原因，更重要的内在

---

① 陈云. 香港有文化：香港的文化政策 [M]. 上卷. 香港：花千树出版有限公司，2009：334.

原因是依托筹款业务活动实现资源的优化配置，推进战略发展目标的实现。也就是说，如果将筹款的动机仅限于弥补资金缺口，走入这个误区之后，文化艺术组织很容易陷入"赤字—筹款—赤字"的负面循环中，无法拓展更为广泛的社会资源。

2. 筹款等于施舍

很多捐赠者依旧将捐赠行为理解为是一种施舍。然而事实上，对于现代的公益组织，尤其是非营利文化艺术组织而言，筹款或捐赠更多是一种价值认同的表现，而并不是单向的直接施舍。古代传统意义上的捐赠往往只聚焦于富有阶层对于他人生存或生活保障的维持需求，经常性的表述就是"救济""施舍"。然而，现代意义上的公益事业指的是社会成员通过非营利组织以捐献的方式将部分财富集中起来，用于各种社会福利和公益事业。① 因此，对于捐赠者而言，要摆正心态，个人或组织的捐赠行为往往是对于该项公共事业价值的认同。公共性、公共价值一直是本书所强调的概念。对于文化艺术活动而言，除了政府、私人提供文化产品或服务之外，还有很多的公共空间需要非营利组织去进行填补，筹款就是这些非营利文化艺术组织的核心工作。

3. 筹款仅是发展部门的工作

在文化艺术组织内部也存在一种误区，就是认为筹款只是具体筹款部门的事宜。而真正对于谁从事筹款工作是较为模糊的。一般而言，文化艺术组织的理事会主席、理事成员、执行董事、筹款部门及志愿者都进入筹款工作之中。组织的最高领导者需要与主要（大额资金）捐赠者、基金会及商业团体进行密切接触。很多非营利文化艺术组织在进行理事遴选时，就会针对其社会资源的拓展能力、带动部门筹款的能力进行严格的评判。筹款部门需要制订具体的筹款计划、方案和措施。志愿者往往也会进行筹

---

① 王妮丽. 关于阻碍我国公益捐赠的因素分析 [J]. 社会科学论坛 ,2006(10):40–45.

款培训，被赋予更多职责。有些部门还雇用一些兼职的筹款顾问。正如卢咏在《公益筹款》一书中在谈及谁负责筹款时所提出的，"首先，筹款是理事会应尽的道德义务；其次，筹款是机构负责人的首要任务；最后，每位工作人员都要为筹款服务"[①]。林成华和胡炜对于美国一流大学筹款人员特征进行了较为形象的总结，"校长是大宗筹款运动中的一面旗，首席发展官是大宗筹款运动执行团队的领导核心，发展事务官是大宗筹款运动执行团队的中坚力量，志愿者是大学筹款网络中最坚定的支持力量"[②]。可见，关系组织生存和战略发展的筹款业务是需要全员全过程参与的工作。

（二）筹款初衷

筹款活动关乎文化艺术组织的使命定位、运营模式、业务特色、合作伙伴及公共关系等诸多面向。在开展筹款活动前，让我们认真思考下筹款的初衷到底是什么。

1. 战略投入

筹款是文化艺术组织发展的一种战略性投入，筹款战略也是整个文化艺术组织战略体系中的重要内容之一。筹款战略是筹款活动的基石。优秀的筹款战略，有赖于在战略制定过程的早期就多加留意。[③] 文化艺术组织在成立期初便会制定涉及全局和长远发展的目标、定位和宗旨，并在不断的业务拓展和社会活动中进行调整优化。对于文化艺术组织而言，筹款战略的制定是值得花费一些精力和时间的。筹款战略的制定会涉及组织发展的三个层次，具体包括：（1）当下或仅仅是明年的筹款计划往往都是在维持机构的基本运营。对于筹款负责人而言，文化艺术组织的日常行政、短期的艺术创作活动等都会需要资金支持。这种筹款计划往往是 1~3 年以内

---

① 卢咏.公益筹款 [M].北京：社会科学文献出版社，2014:45.

② 林成华，胡炜.美国一流大学"筹款人"角色模型与启示 [J].中国高等教育，2018(Z2):75–78.

③ [美] 米歇尔·诺顿.全球筹款手册：NGO 及社区组织资源动员指南 [M].张秀琴，江立新，译.北京：中国人民大学出版社，2005:39.

的。（2）为了组织的成长、转型而进行的扩张。面对组织的 5 年或 10 年计划，筹款负责人必须结合组织发展目标进行有目的性、针对性的筹款活动。例如，很多非营利性院团会非常重视艺术教育功能，会将社会效益作为组织的价值追求目标。然而艺术教育活动往往需要一个较长的周期才能够体现出其社会价值，那么对于筹款负责人而言，这种筹款计划往往涉及组织的更高层次成长。（3）为了组织的最终价值实现所进行的持续性筹款活动。筹款负责人虽然会经常投入于琐碎的筹款活动，但是组织的发展宗旨和机构创始人的豪迈宣言往往会激励他们持续努力扩展筹款业务。有些筹款活动获得了某些组织的资本捐赠，使得整个机构在可预期的年份都可以获得预期收益，这也是推动组织实现远期发展目标的重要支撑。

　　作为中国剧院团的最高殿堂，国家大剧院在建院伊始就将发展愿景明确为努力成为国际知名剧院的重要成员，国家表演艺术的最高殿堂，艺术教育普及的引领者，中外文化交流的最大平台以及文化创意产业的重要基地。那么，对于国家大剧院的筹款活动而言，就是围绕着日常运营、组织扩张和实现远景目标而展开的。也就是说，只有当战略发展部（筹款部门）的员工在清晰明确组织发展战略后，才会考虑艺术教育、观众拓展及自制剧目等关乎剧院长续发展目标的业务，而不是紧紧将筹款聚焦在一两次的演出赞助上，故筹款活动成为剧院长续发展的战略投资。同理，自2015 年中央政府审议通过《统筹推进世界一流大学和一流学科建设总体方案》以来，各个高校筹款运动便紧紧聚焦"双一流"的战略定位。有研究[①]指出，今后我国高等院校的筹款运动从战略上要服务于"五个一流建设"目标：服务一流人才培养，服务一流师资队伍建设，服务一流学术发展，服务一流社会服务能力建设，服务一流基础设施建设。

---

① 林成华．"双一流"建设背景下大学筹款运动的战略与举措 [J]. 中国高等教育 ,2017(10):50–54.

2. 资源配置

筹款是文化艺术组织对于资源的合理性优化配置。文化艺术组织会面对很多类型的资源，既包括组织内部的人员、资金、作品、场地等资源，更重要的还包括政府、合作伙伴、消费者（受众）、行业协会及基金会等外部资源。一般而言，文化艺术组织筹款会涉及个人捐助、政府资助、基金会、网络众筹、公司赞助及其他社会组织援助等形式。每一种筹款方式背后都是主体多元、种类繁多的资源方。

文化艺术组织的筹款往往会被误认为只是一味地索取资源，直白的说法就是，文化艺术组织"缺钱"，所以才会到处去寻找资金。很显然这种看法是有所偏颇的，筹款活动恰恰是对于文化艺术组织关联资源的一次优化配置和重组联动。即使是貌似没有任何回报的个人捐赠，也会附带很多隐形的回报。有些文化艺术组织的筹款往往也不会直接涉及资金，而是以资源置换的形式出现。文化艺术组织的管理者和领导者们，往往更热衷于借助筹款找到战略合作方，推动长效管理机制的建设。同样，某些捐赠者也会考虑到税收的问题，他的捐赠动机可能会有一些财务上的考量，这也是一种资源的优化配置。

3. 价值认同

如果说文化艺术组织的筹款行为在表层意义上是一种资源的优化置换，那么在核心的内容层面则是关于价值的认同。从文化经济学的视角来看，文化艺术作品的价值，不仅仅只包含使用价值、交换价值、效用价值，还包括这些作品的审美价值、精神价值、社会价值、历史价值、象征价值以及真实价值等。[1] 以一个艺术博物馆为例。无论是政府的文化艺术基金会进行资助，或是某个人的捐赠，这个筹款行为的背后是捐赠主体对于艺术组织本身的价值认同。因为价值视角的不同，那么对于艺术家而

---

① ［澳］戴维·思罗斯比.经济学与文化 [M].王志标，张峥嵘，译.北京:中国人民大学出版社,2015:30-31.

言，艺术博物馆是作品进行展示的空间。对于艺术史的研究者而言，它是一个数据库或资料库。对于城市的规划者或设计师而言，它更多的只是一个地标式的文化符号。对于经济学家而言，它是一个非营利组织主体。对于赞助者而言，它则是价值认同得以实现的一个载体。对于筹款者而言，这种价值往往是无法进行精准量化的。很多赞助者或资助者，可能只是因为喜欢博物馆的某一次主题展示或活动，便慷慨捐赠。对于筹款者而言，更是不能直接依据捐赠金额来评估各类资助者的意愿偏好。

当我们不再狭隘地把筹款等同为"缺钱"或是扩大文化艺术组织收入之后，才会发现筹款本身蕴含了深远的含义。回顾筹款的初衷，可以让筹款者在筹款活动中更好地掌握主动权。试想当第一次见到赞助者时，便立刻提出捐赠意向，而不是将文化艺术组织的宗旨目标与价值理念展示出来的场景。那些不如意的筹款结果，往往是筹款者本身早已淡忘了筹款初衷所致。

（三）筹款原则

叶卡特琳娜在描述筹款原则时这样说道："筹款是一门科学，但其规律与其说像一个公式，毋宁说更像一道彩虹，你必须以最佳的心境和最精心的色彩来描绘它。当然，如果能在绘画时带着爱心和友谊，那你就肯定能够成功。"[①]虽然各类文化艺术组织在具体筹款活动当中会面临迥异的现实状况，并且每次的筹款行为往往都是较为艰难的，但是对于筹款小组或负责筹款的管理者而言，去梳理和总结一些共识性的原则，对于指导筹款活动是具有重要作用的。

1.公信力至上

信誉是文化艺术组织开展筹款活动的重要社会资本，也是开展有序运

---

① [美]米歇尔·诺顿.全球筹款手册：NGO 及社区组织资源动员指南[M].张秀琴，江立新，译.北京：中国人民大学出版社，2005:8.

营的基石。信任危机是各类非营利组织筹款活动的警戒线。捐赠者对于文化艺术组织筹款事项的信任是一种稀缺资源，具有容易破坏而难重建的特征。例如，1990 年美国联合慈善总会前经理人威廉·阿拉莫尼丑闻就让该组织近 1/3 的地方分支机构退出，捐款骤减 42%，遭遇 40 多年来最大幅度的下跌。直到 2007 年，该机构凭借 1285 家分支机构募集的 42 亿美元重新坐上美国慈善业头把交椅。王猛和王有鑫利用 2002—2016 年我国省级数据所进行的实证研究表明：信任危机对慈善捐赠的影响显著；相对于货币捐赠，非货币捐赠受信任危机的影响较小；信任危机对高信息透明度、高监管强度的慈善组织影响较小。[①]

捐赠者总是倾向于对那些自己听过或了解的文化艺术组织进行捐赠，亦即组织的信誉程度是筹款成功的基础。在媒介信息和移动互联网日益发达的今天，文化艺术组织的任何一点信誉瑕疵极有可能引发信任危机。这就要求筹款者在策划筹款活动、阐述组织目标、讲解具体活动、捐赠允诺及信息公布等任何环节都必须将信誉放在首位。没有信誉的组织，怎么可能获得持续不断的捐赠呢？

2. 捐赠者目标优先

首先我们必须得明白一个问题，"文化艺术组织通过筹款将得到什么"？答案是获得更多的捐赠者，而不是简单的捐赠品或捐赠款项，这是关于筹款标的优先顺序的标准。文化艺术组织发起的捐款活动，是为了让更多参与者（或潜在参与者）与组织之间建立一种认同、合作与互动的关系。这些捐赠者可能自己会捐赠，也可能会呼吁他人捐赠，还有可能成为志愿者等。目标优先原则可以让筹款者考虑捐赠者的需求，而不是简单地只聚焦于筹款金额。事实上，除了主要捐赠者或大额捐赠者之外，一般小额捐赠者对于整个筹款项目的贡献更多的是在对该项目人际口碑传播或社

① 王猛，王有鑫.信任危机与慈善捐赠：基于 2002—2016 年省际数据的实证研究 [J].管理评论，2020,32(08):244–253.

交网络推广上。正所谓很多筹款人常挂在嘴边的一句话，"不要总盯着钱，要盯着那些能带动更多捐钱的人"。

筹款的本质不在于机械地募集资金，而在于"募集捐赠者"。非营利机构真正追寻的不是几笔捐款，而是捐赠者——我们需要捐赠者捐钱。捐赠者对机构的宗旨和目标有认同感，为他们在非营利机构所受到的"礼遇"而感到高兴，为机构花钱的方式而觉得满意，然后愿意一次次地提供，甚至动员他们的朋友一起为机构捐钱。这些捐赠者群体和机构形成了长期合作的关系，就成为机构赖以生存的基础。[①] 这个原则同样适用于本书所提及的文化艺术组织，特别是那些为了公众利益和社会效益而持续发展的机构。

3. 筹款渠道多样化

正所谓投资与融资是一体两面，"不要把鸡蛋放在一个篮子里"，这既是一种规避风险的考量，同样也适用于非营利组织的筹款活动。单一化的筹款路径对于文化艺术组织的影响远比其他类型组织要更为严重。这是因为：一方面，文化艺术生产活动本身需要一定的自由创意空间，过分依赖单一性的筹款渠道会更加约束组织的发展和文化艺术活动；另一方面，单一性的筹款还会直接降低组织抗击风险的能力。

然而依旧有文化艺术组织希望能够一次性筹集到全部活动经费，或者说是理想中的筹款规模。甚至期待某个人、某个基金会以及特定公司的赞助能够解决他们大部分的资金需求。但是即使这种想法在短期内有可能实现，从组织的战略规划角度来看，筹款渠道的多样化才能够实现可持续发展。当然，筹款渠道的多样化并没有一个统一的标准，这主要取决于各个文化艺术组织自己的预算规模、业务活动特色以及工作内容等。例如，2018—2020 财年，组约大都会歌剧院的财务报告显示（见表 3-1），捐赠

---

① 卢咏 . 公益筹款 [M]. 北京：社会科学文献出版社，2014：45.

一直是该组织重要的收入来源，并一直占据 50% 以上的比重。其中，捐赠收入主要是个人捐款和遗产捐赠。故当面临新冠病毒感染疫情时，民众收入直接影响了该机构的筹款金额，加之该组织长期以来运营超支，故运营出现亏损。现实中，还有些文化艺术组织的资金来源仅依赖于公共财政或政府性文化艺术基金，不仅对政府财政造成了严重的负担，且无法盘活社会资源，让组织运营失去了活力。

表 3-1　纽约大都会歌剧院 2018—2020 财年收入占比 [①]

	2019—2020 财年	2018—2019 财年
票房收入	24.3%	27.3%
捐赠收入	54%	53.4%
高清歌剧	6.7%	7.9%
其他媒体	1.7%	1.2%
投资收益	5%	4.1%
其他收入	8.3%	6.1%

4. 重视筹款培养

任何人都可能成为捐赠者，筹款人最重要的工作就是寻找更多潜在的捐赠者，使其了解和认同组织的价值观，从而参与到一系列的文化艺术活动中。无论是个人、公司或基金会，其捐款给文化艺术组织的原因会有很多，有些募款信息会被捐赠者及时获取。而大部分情况下，对于未接触过或不了解的文化艺术组织而言，很多捐赠者会处于观望的状态，这个时候就需要筹款人通过特别节事活动、招待会、开幕会等机会培养潜在的捐赠者。只有在你有机会告知和培养一个潜在的捐献者之后所提出的捐赠要求才会使其更为信服。正如 20/80 法则所认为的，20% 的捐赠者实现了组织 80% 的捐赠目标，主要捐赠者（major donor）往往位居捐赠"金字塔"塔尖。

事实上，人口增长和变化是文化艺术组织开展长期筹款计划必须关

---

① 大都会歌剧院的财年是从上年的 8 月 1 日起至当年的 7 月 31 日止。数据来源纽约大都会歌剧院官网年度报告。

注的，毕竟潜在捐赠者的特征也在发生变化。例如2021年普查数据显示，美国常住人口总数为3.3亿人，比2010年的3.087亿人增加了6.9%，其中西班牙裔、拉丁裔及亚裔人口增长较快，预计到2043年美国将成为一个少数族裔人口占多数的国家。美国的人口趋势表明社会正在变得更加多样化。纽曼（Newman）就指出，"这些不断增长的人口并不是主流慈善事业的积极参与者，不是因为他们没有捐赠的传统，而是因为他们被主流非营利组织和他们的筹款专业人士在很大程度上忽视了"[①]。

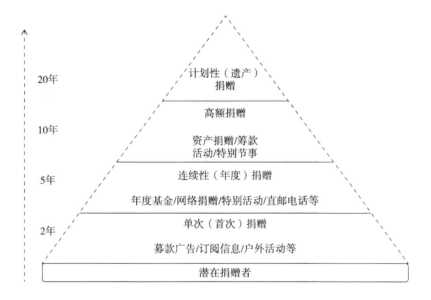

图 3-1　文化艺术组织筹款捐赠类型

　　很多筹款研究者对于捐赠者类型和培养过程用"金字塔"式的结构图进行了较为清晰的描述（见图3-1）。其中，大多数人首次捐赠可能是通过在户外接触到筹款活动或是朋友介绍或是看到募款广告等途径。随着筹款部门对于可能性捐赠资源的梳理和研究，便会通过年度筹款活动、特别节事活动来让捐赠者形成连续性的捐赠行为。高额捐赠和计划性的捐赠者

① Newman D S. Incorporating diverse traditions into the fundraising practices of nonprofit organizations[J]. New Directions for Philanthropic Fundraising, 2002(37): 11–21.

往往都是少数关键人。计划性捐赠（planned giving）也称遗产捐赠，主要是指捐赠者安排非营利组织接收其捐赠的个人财产。这些捐赠资金往往来自于长期的捐赠者，与组织之间有着非常深厚的信任。计划性捐赠对于非营利组织来讲是一种"融资"方法，而对于捐赠人来讲则是一种"理财"计划。① 至于大额捐赠（major gifts）的界定，受制于各个非营利组织规模和规定，没有清晰的金额数量界定。如年度基金总募款额的 1% 以上，或是年度基金平均捐款额的 5 倍以上。大多数情况下，他们对筹款组织会有一个 5~10 年较长周期的认识，才会做出重点捐赠的决定。可见，筹款中的捐赠者培养是一项循序渐进、持之以恒的工作。

5. 公共利益的筹款

无论是面向个人捐款，或基金会等组织寻求募款，开口要钱总是会让筹款人自觉有些尴尬和不好意思。甚至很多人认为，慈善捐款或扶持文化艺术活动的捐赠是一种施舍。现代公益事业和人类早期的慈善有很大的不同——"施"与"受"之间的信息难以对称，甚至许多议题没有明确的受助对象（如环境保护、人文艺术等），所以现代慈善已成为一种社会公益事业。公益事业不仅停留在帮助个人的层面上，而且将慈善行为制度化和专业化，实质成为一种现代社会服务形式，以科学系统的方式来满足公共需求。②

这也就是说，对于筹款人而言，寻求社会资源的捐赠并不是为了个人的利益，而是社会的公共利益，或者说是为了整个社会公共价值的最大化所进行的努力。筹款者要做的事情就是忘掉这种尴尬，花费大量的时间和精力去了解可能的或潜在捐赠者的需求，并且把组织的价值主张很清晰地表达出去，让更多的人参与到该组织的各类文化艺术活动当中。还有一部分人会认为，寻求筹款过程当中被拒绝会更为尴尬，毕竟在没有明确收

---

① 卢咏 . 公益筹款 [M]. 北京 : 社会科学文献出版社 , 2014:91.
② 卢咏 . 公益筹款 [M]. 北京 : 社会科学文献出版社 , 2014:16.

到捐赠款项之前，捐赠承诺依旧不太可靠。对于具有丰富经验的筹款人而言，被拒绝的经历是其筹款成功的重要基础。因为在多次的拜访、面谈和筹款请求之后，总会碰到真正的捐赠者。

【新闻摘录】千亿筹款成本，万亿捐赠规模，十万亿社会效用 ①

2020 年 12 月 18 日，在上海举办的第三届澎湃新闻公益年会以"提升公益效能，塑造美好商业"为主题，重点聚焦在企业如何与公益机构互动合作，助力公益发展，实现自身的可持续发展。国务院参事室特约研究员、南都公益基金会名誉理事长徐永光的主旨演讲围绕公益效能进行了阐述。其中关于筹款成本方面，发言人认为：

在谈公益捐赠动力机制之前，还需要厘清两个前提：第一，公益捐赠是基于个人自愿的行为，非自愿的被捐款、与权力进行利益交换的捐献不在讨论之列。第二，公益捐赠的动力是内生的，但外部环境的作用对捐赠动力机制有明显的影响，或正面激发，或负面抑制。

任何产业发展都应该衡量其成本、规模和效用，商业产业创造 100 的规模，成本 80，利润 20 视为常态；公益产业创造 100 的筹款规模，依法只能有 10 的成本，90 用于纯公益支出。限制公益成本，是中国公益产业发展之大碍。

在英美国家，法律对基金会每年的资金支出比例有严格规定，并无对筹款成本和管理成本的刚性要求，他们相信市场选择、优胜劣汰的"无形之手"。英美慈善募捐的成本，一般在 15%~25% 之间。为何如此之高，因为筹款需要最强的人才，要支付高薪，如果聘请职业筹款人，成本更高；需要最好的技术设施投入和传播、广告的必要开销；需要对捐赠人提供公关服务和"售后"服务支出。（捐款人参与和了解项目的接待、差旅），等

---

① 资料来源：徐永光. 千亿筹款成本，万亿捐赠规模，十万亿社会效用 [EB/OL]. 澎湃新闻，2020-12-18. https://baijiahao.baidu.com/s?id=1686393649288917772&wfr=spider&for=pc. 作者有所编辑修订。

等。法国和美国都有专门为非营利组织筹款的上市公司。我问过一家法国筹款上市公司 CEO："捐款人会不会对如此'商业化'服务反感？"他回答："因为公司的专业、定制、高质量服务，让非营利机构成本降低，美誉度提高，这对所有利益相关者都有好处。"

我国《民间非营利组织会计制度》规定，筹资成本在费用支出中是单独核算的，并不属于管理费用支出。筹款成本到底多少合理，这应该是公益机构与捐赠人的契约。筹款成本国际通例的中位数为 20%，那么中国取其 50% 如何？如果有 10% 的筹款成本，就能吸引最优秀的人才，运用最先进的技术，优化捐赠客户管理服务；而借助第三方平台的专业化、市场化、定制化服务并支付合理的费用，更是把筹款规模做大的康庄大道。

在公益产业资金结构中，筹款不是全部，但其对于公益产业发展的杠杆效应不可低估。公益筹款，有合理的成本，才有相应的规模，有大的规模才有更大的效用。不承认这一点，除了满足道德自慰，让公益继续在低谷中爬行，不知道还有什么道理可言。千亿筹款成本，万亿捐赠规模，十万亿社会效用，中国公益产业未来不是梦。

思考：对于文化艺术组织筹款而言，不能一味地只考虑筹款收入规模，更要建立好"成本—收益"的筹款思路，如何规范成本管理也是应该注重的筹款原则。

二、筹款必备技能

（一）筹款能力

对于文化艺术组织而言，若期望筹款工作有效顺利，就要求筹款人必须掌握一定的筹款技巧，或具备相当的筹款能力。筹款工作是典型的"行知合一"。去描述筹款人所具备的能力和技巧貌似是非常容易的事情，有很多的文章提及过"十大筹款技巧"或筹款秘籍，但更艰难的事情则是在具体筹款工作中如何去运用和发挥这些能力。事实上，有很多理事会成员、捐赠者和专业人士因为对文化艺术的热爱而进入非营利领域的故事，但是艺术筹款与一般性非营利组织筹款依旧存在着差异。

1. 热爱且奉献于文化艺术

相比较于影视传媒和新媒体领域，传统文化艺术组织并不是高收益的部门，且很多组织都属于非营利领域，因此在文化艺术组织部门内进行筹款工作就必须具有奉献精神。如果没有对于该组织的或某类文化艺术形式的强烈热爱，是无法维持较高的工作热情的。笔者的一位学生在毕业后长达十年的时间一直在某家剧院工作，深夜在朋友圈会发演出收工、拆台的贴文，虽然一直很辛苦，但是因为热爱本职工作，故享受于其中。同理，如果筹款者不热爱本职工作或对于所服务的文化艺术组织没有强烈的奉献精神，那么又怎么可能去说服潜在的捐赠者来相信这份工作的重要性。筹款者的热情和奉献精神，同样会鼓励别人能够以实际行动来资助组织的发展，那么提供捐款则会变得更为容易。

2. 释放文化艺术的美

对于文化艺术组织的筹款者而言，开口要钱的能力、自信且正确面对拒绝、坚持与捐赠者的沟通等都是基础必备的技巧，而更重要的筹款能力就是释放文化艺术的美。文化艺术组织的最大优势就是艺术生产或艺术活动本身。这是其他非营利组织所不具备的条件和优势，如果筹款者能够充分利用，那么艺术吸引力会招来更多的赞助者和捐赠者。例如，不要送免费的手提包或 T 恤，可以试着提供参观后台或与艺术家共进晚餐的机会，利用这种独家的幕后感受为你的筹款赢得优势。[①] 对于文化艺术组织能够进行慷慨资助，很多的激励来源于捐赠者的喜欢、认同，筹款者的工作就

---

① Rachel C,What Makes Arts Fundraising Different[EB/OL]. 2021-7-26,https://neonone.com/resources/blog/what-makes-arts-fundraising.

是去释放文化艺术的美感，让更多的人能够产生共鸣。

3. 适度的社交技巧

文化艺术组织优秀的筹款人需要自信、耐心和适度的社交技巧。之所以用"适度"的表达是因为文化艺术领域相关潜在捐赠者往往会因为文化艺术活动或热爱某项艺术形式而参与其中。所以过于圆熟的社交技巧往往会弄巧成拙。所谓"适度"，一方面是筹款者不厌其烦地向捐赠者阐述捐赠的请求或相关的活动内容，另一方面则是在沟通交往中不断地积累人脉资源，且能够做到"上交不谄，下交不渎"。也就是说，筹款者和赞助人、捐赠者之间的沟通，应该使用所谓的"共同语言"，借助对于某个艺术家、作品、演出及节事活动的阐述达到拉近距离的效果，让适度的社交产生共鸣。

4. 创新力和洞察力

对于筹款者而言，除了让更多的潜在捐赠者能够发现文化艺术组织的价值之外，还有一项更重要的工作就是去策划新颖且能够激发公众热情的筹款活动。2014 年由美国波士顿学院棒球选手发起的"冰桶挑战"活动一直是募款活动的标杆案例。举办筹款主题晚会、开展义卖活动、借助网络筹款平台都已成为大家所熟悉的筹款形式，那么如何激发捐赠者的热情，这就需要筹款者的创新力和洞察力。此外，筹款者还需要了解时事且对于新闻热点、突发事件具有敏锐的洞察力。很多的筹款机会往往会伴随着新闻事件一瞬即逝，如何适当地借助热点事件的影响力是筹款者需要思考的。

【新闻摘录】关于职业筹款人 [①]

所谓职业筹款人，是以公益筹款为职业的一类专业人士。他们秉持一种观念，即凭借技术解决社会问题，以技术改善社会。他们相信，凭借自身的筹款技术，能为公益领域争取更多的善款，凝聚资源，集中力量解决

---

① 资料来源：褚蓥. 什么是职业筹款人 [N/OL]. 公益时报，2014–03–27. http://www.gongyishibao.com/html/zhuanlan/2014/0327/6274.html，作者有所编辑修订。

社会问题。

职业筹款人通常首先是社会学家和人类学家，然后才是营销学专家。因为要想成为一名成功的筹款人，就必须对社会、人性、人们的心理有深刻的洞察。否则，职业筹款人是无法把握人们的内心诉求，设计出既符合客户群体的价值取向，又能解决社会现实问题的筹款方案的。

职业筹款人还必须钻研大量的其他学科，具体包括：营销学、品牌学、非营利组织管理学、传播学，以及专业的募捐技巧。对于某些比较特殊的筹款领域来说，还要涉及艺术设计、多媒体制作、销售技巧等方面的知识。因此，在国外，职业筹款人是一项十分专业的工作，必须经过长时间的职业培训和业务实践，并通过职业资格认证，才能正式持证上岗。

此外，职业筹款人还大都是公益领域方面的专家。他们对自己所帮助筹款的公益组织的专业领域方面的技术问题都十分熟悉，能在与捐赠人接触时对答如流，甚至提出自己独到的见解。

关于职业筹款人的工作内容，简单说来就一句话，那就是为委托的公益组织筹款。但详细说来，则包括很多方面：（1）设计筹款方案；（2）筛选潜在捐赠人；（3）开展公益项目传播；（4）设计和组织筹款活动；（5）与实际捐赠人洽谈；（6）维护客户关系；（7）研究和分析筹款工作情况；（8）搜集和维护捐赠客户数据库；（9）开展公益组织品牌管理；等等。这些工作每一项都需要专业的技能，因此必须由专业人士来完成。

那么，公益组织在聘用职业筹款人后，又是如何支付其薪酬的呢？按照国际惯例，有两种薪酬支付方式：一种是固定金额的方式，即根据筹款人的工作量，估算一个合理的筹款金额并给予支付；另一种是提成的方式，即根据筹款人的筹款金额，按照固定比例给予支付。这两种薪酬支付方式都被广泛使用。支付给职业筹款人的薪酬将被列入筹款成本当中，特别是对于一些小型机构而言，这笔费用通常要超过筹款成本的25%。之所以会这样，是因为小型机构的筹款能力很弱，不得不依靠专业机构才能获得可靠的资金流。

总而言之，职业筹款人是一个国家公益行业走向成熟的一个重要标志。对于我国而言，公益领域才刚刚兴起，筹款尚未真正形成一项职业。但是，可以预见的是，随着我国公益行业的不断发展，职业筹款人也将成为我国公益募捐领域一个不可或缺的组成部分。

思考：如果文化艺术组织需要招聘职业筹款人，需要考察哪些技能和素养呢？

（二）筹款策略

如果说筹款原则是对于文化艺术组织开展筹款活动的一种战略性的理念思考，那么筹款策略则是开展筹款活动的一种战术性的实践。无论文化艺术组织面对什么类型的捐赠者，如个人、基金会、公司及政府等，改善组织与捐赠者之间关系的策略是非常重要的。金姆·克莱恩（Kim Klein）在《成功筹款宝典》一书中详细介绍了三类筹款策略，即招募策略、挽留策略、升级策略。[①]

招募策略主要是指通过各种筹款方式，如网络筹款、节事活动筹款、面访筹款等，让组织将潜在的捐赠者发展为真正的实际捐赠人。这些首次冲动型捐款者的资金往往会被纳入年度基金（本书第四章会详细阐述）。挽留策略就是让这些首次冲动型捐赠者能够成为稳定型捐赠者，可以保证这些捐赠者能够持续为组织的年度基金贡献力量。当然，成为稳定型捐赠者需要很多支撑条件，如筹款部门通过寄感谢信、打感谢电话或邀请这些捐赠者参与到具体的文化艺术活动里面等认可行为，才可能让他们成为稳定型捐赠者。升级策略则是指让这些捐赠者能够捐赠更多的资金，提高他们的定期捐赠额度，或争取到他们的遗产及某些固定资产收益的捐赠，使

---

① 金姆·克莱恩. 成功筹款宝典 [M]. 招晓杏，张嘉，译. 广州：广东人民出版社，2016:30.

其成为重要（大额）捐赠者。

　　冯利和章一琪在研究公益组织筹款策略时所构建的立体筹款策略对于文化艺术组织同样具有借鉴意义。他们认为应该从理解筹资、掌握筹资和管理筹资三个维度构建筹款策略（见图3-2）。理解筹资是指更好地理解筹款的本质，而不仅限于只是资金的筹措，正如本书前文所述的，从战略投入、资源配置、价值认同的广度视角理解筹款；掌握筹资则是从筹款方式和渠道、互动与互信、受众与捐赠者等视角更为深度地实践筹款；管理筹资则是从组织治理、运营管理、保障机制等高度维护筹款。

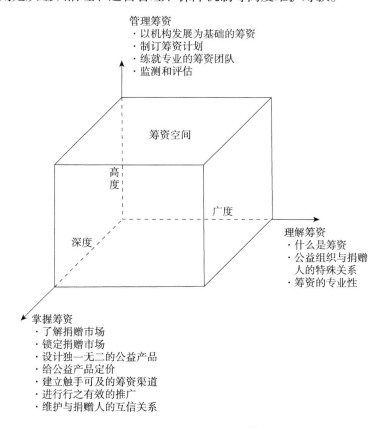

图3-2　筹资策略模型[①]

① 冯利，章一琪.公益组织筹资策略：创造非凡的价值 [M].北京：社会科学文献出版社，2015:6.

（三）筹款过程

对于文化艺术组织而言，无论是针对个人或企业，还是面向基金会、政府类文化艺术基金的筹款，都需要经历一个从无到有、从浅到深、从初级冲动到高级信任捐赠的过程。这个过程主要可以分为6个步骤（见图3-3）：第一，识别筹款资源。借助各类信息平台、人脉资源及特别募款活动等渠道发掘对于艺术组织感兴趣且具有一定经济能力的捐赠者。第二，培养筹款对象。让潜在的捐赠者通过信息传播、面谈交流、广告公关或参与组织演艺活动等方式了解组织的宗旨和目标。第三，提出筹款需求。向潜在的捐赠者介绍组织的年度基金、特别项目以及各类文化艺术活动，并明确筹款需求和相应回报。第四，致谢资助对象。向捐赠者发送感谢信、资金确认凭证及相关资料。第五，邀请参与活动。尽可能邀请捐赠者参与到组织各类展示、演出及节事活动中，并获得某些捐赠者的专业技术支持。第六，反馈资助绩效。通过组织年报、活动简报及相关宣传资料向捐赠者传递资助绩效，积极反馈捐赠者诉求，并明确对应的权责关系。

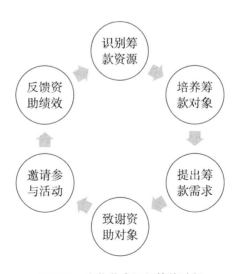

图 3-3 文化艺术组织筹款过程

三、关于文化艺术组织年报

（一）年报简介

年报（annual report）是年度报告的简称，是非营利组织按照相关管理规定每年公布的运营报告，包括组织年度运营简介、组织结构与人事变动、重大活动事项、年度总结、筹款与财务、监管等内容。有些非营利文化艺术组织的年报是根据实际财政年度（如年度演出季）编写的，有些则是按照自然年度公布的。文化艺术组织的年报是提升公信力、强化公众认可度、接受社会监督的重要窗口，也是潜在捐赠者了解组织筹款状况的重要文档资料。

目前，除了文化事业单位外，我国对于文化艺术类基金会、社会团体、民办非机构均施行年度检查和年报公开制度。我国《基金会管理条例》明确指出，"基金会、境外基金会代表机构应当于每年 3 月 31 日前向登记管理机关报送上一年度工作报告，接受年度检查。年度工作报告在报送登记管理机关前应当经业务主管单位审查同意；年度工作报告应当包括：财务会计报告、注册会计师审计报告，开展募捐、接受捐赠、提供资助等活动的情况以及人员和机构的变动情况等；基金会、境外基金会代表机构应当在通过登记管理机关的年度检查后，将年度工作报告在登记管理机关指定的媒体上公布，接受社会公众的查询、监督"。《社会团体登记管理条例》和《民办非企业单位登记管理暂行条例》均规定，社会团体（民办非企业单位）应当于每年 3 月 31 日前向业务主管单位报送上一年度的工作报告，经业务主管单位初审同意后，于 5 月 31 日前报送登记管理机关，接受年度检查。工作报告的内容包括社会团体（民办非企业单位）遵守法律法规和国家政策的情况、依照条例履行登记手续的情况、按照章程开展活动的情况、人员和机构变动的情况以及财务管理的情况（参见本书附录 4）。

（二）年报与组织筹款

一般而言，文化艺术组织的年报都会介绍年度筹款活动、主要捐赠人（机构）名单、受捐机构等内容。文化艺术组织为了更好地感谢捐赠者资助和信息公开，会在年报中撰写捐赠者名单。这也是捐赠回馈的重要表现。例如，新加坡华乐团在2018—2019财政年度报告中列出了"乐捐者名单"。其中，既有高额捐赠50万元的淡马锡基金会（Temasek Foundation），也有个人捐赠的5000元，还涉及上海民族乐器一厂的实物捐赠（in-kind gift）。又如，上海市交响乐团文化发展基金会2019年度工作报告就显示，该年度机构的捐赠收入为2206.86万元，大额捐赠者包括上海复兴公司基金会、上海银行、大众汽车等机构。如果涉及专项捐赠，年报还会针对具体专项项目进行说明。对于想要了解筹款的艺术管理者而言，组织年报是极其重要的一个载体工具。

（三）年报与组织财务状况

组织年报不仅是信息事项公开的渠道，更是反映组织运营和财务状况的一面镜子。此外，有些文化艺术组织还会在网站的信息公开栏目公布财务审计报告。年报和财务审计报告会让艺术管理者和筹款人员更为清晰地掌握组织现状。不同于一般企业的财务三大表①，文化艺术组织属于非营利性机构，不寻求股东（所有者权益）的利润分配，故文化艺术组织的财务状况经常反映在资产负债表、业务活动表和现金流量表（参见本书附录5）。为了规范民间非营利组织的会计行为，提高其会计信息质量，财政部根据《中华人民共和国会计法》及有关法规，制定并发布了《民间非营利组织会计制度》（共8章76条），自2005年1月1日起实施。

---

① 一般企业的财务三大表是指资产负债表、损益表、现金流量表。资产负债表反映企业报告日财务状况；损益表（利润表）反映企业会计期间的盈利情况；现金流量表反映企业会计期间的经营、投资、筹资现金流情况。

文化艺术组织的资产负债表是在某一特定日期（如季末、年末）全部资产、负债和净资产情况的会计报表，是组织运营状况的静态体现，根据"资产＝负债＋净资产"这一平衡公式，依照一定的分类标准和一定的次序，将某一特定日期的资产、负债、净资产的具体项目予以适当的排列编制而成。业务活动表是某一特定日期（如季末、年末）全部收入与费用情况的会计报表，是组织运营绩效的体现。现金流量表是在特定时间期间内现金的增减变动情形，反映了组织经营、投资与筹资活动所产生的现金流动状况，是组织短期良好经营的体现。

通过文化艺术组织的财务报表可以对于其运营、筹款状况进行较为深入的分析。

（1）资产规模分析。资产是非营利组织有效运行的现实基础，而流动资产则是其运行的重中之重，保证资产的保值增值可以使得基金会立于不败之地，因此非营利组织的财务报表分析更加关注的是资产的流动性[1]。除了如剧院团、博物馆等传统文化事业单位拥有较多固定资产外，我国大部分文化艺术组织的流动资产比例都较高，这也是组织发展的阶段性特征。如表3-2所示，上海交响乐团文化发展基金会的流动资产主要集中在货币资金和短期投资上，占总资产比重达99%以上，固定资产和无形资产比重极低。

表 3-2　上海交响乐团文化发展基金会资产负债表[2]

编制单位：上海交响乐团文化发展基金会　年度：2019　　　　　　单位：人民币元

资　　产	行次	年初数	期末数	负债和净资产	行次	年初数	期末数
流动资产:				流动负债:			
货币资金	1	9656472.97	144320898.64	短期借款	61	0.00	0.00
短期投资	2	120000000.00	0.00	应付款项	62	0.00	0.00
应收款项	3	0.00	0.00	应付工资	63	−1.00	0.00
预付账款	4	0.00	92700.00	应交税金	65	411895.19	668935.55

---

①　囤秀秀，张波．我国非营利组织财务报表分析：以壹基金和红十字基金会为例 [J]．财会通讯，2018(19):51−56.

②　资料来源：上海交响乐团文化发展基金会网站公开资料，2019 年度基金会工作年度报告。

资产	行次	年初数	期末数	负债和净资产	行次	年初数	期末数
存货	8	0.00	0.00	预收账款	66	0.00	0.00
待摊费用	9	0.00	0.00	预提费用	71	0.00	0.00
一年内到期的长期债权投资	15	0.00	0.00	预计负债	72	0.00	0.00
其他流动资产	18	0.00	39.55	一年内到期的长期负债	74	0.00	0.00
				其他流动负债	78	0.00	0.00
流动资产合计	20	129656472.97	144413638.19	流动负债合计	80	411894.19	668935.55
长期投资：				长期负债：			
长期股权投资	21	0.00	0.00				
长期债权投资	24	0.00	0.00	长期借款	81	0.00	0.00
长期投资合计	30	0.00	0.00	长期应付款	84	0.00	0.00
				其他长期负债	88	0.00	0.00
固定资产：				长期负债合计	90	0.00	0.00
固定资产原价	31	198444.02	198444.02				
减：累计折旧	32	154928.67	177914.08	受托代理负债：			
固定资产净值	33	43515.35	20529.94	受托代理负债	91	0.00	0.00
在建工程	34	0.00	0.00				
文物文化资产	35	0.00	0.00	负债合计	100	411894.19	668935.55
固定资产清理	38	0.00	0.00				
固定资产合计	40	43515.35	20529.94				
无形资产：							
无形资产	41	211940.04	179180.04	净资产：			
				非限定性净资产	101	129500034.17	143621720.10
受托代理资产：				限定性净资产	105	0.00	322692.52
受托代理资产	51	0.00	0.00	净资产合计	110	129500034.17	143944412.62
资产总计	60	129911928.36	144613348.17	负债和净资产总计	120	129911928.36	144613348.17

（2）收入构成与支出结构分析。文化艺术组织财务报表中的业务活动表会明确收入类型和支出细目。如表 3-3 所示，文化艺术组织的收入包括捐赠、会费、提供服务、商品销售、政府补助、投资收益及其他收入。目前我国大部分文化艺术组织较为依赖捐赠收入，收入来源较为单一。支出方面的费用也主要集中在日常行政办公的管理费用和开展活动的业务成本

费用上。业务活动费用占总费用比重为 88.5%，也说明了该组织的非营利性特征较为突出，内部管理效率较高。

表 3-3 上海交响乐团文化发展基金会业务活动表 ①

编制单位：上海交响乐团文化发展基金会　　　　　年度：2019　　　　单位：人民币元

项　目	行次	上年度累计数			本年累计数		
		非限定性	限定性	合计	非限定性	限定性	合计
一、收 入							
其中：捐赠收入	1	16170000.00	0.00	16170000.00	17068571.93	5000000.00	22068571.93
会费收入	2	0.00	0.00	0.00	0.00	0.00	0.00
提供服务收入	3	0.00	0.00	0.00	0.00	0.00	0.00
商品销售收入	4	0.00	0.00	0.00	0.00	0.00	0.00
政府补助收入	5	0.00	0.00	0.00	0.00	0.00	0.00
投资收益	6	3667828.75	0.00	3667828.75	3835857.19	0.00	3835857.19
其他收入	9	105164.50	0.00	105164.50	489098.51	0.00	489098.51
收入合计	11	19942993.25	0.00	19942993.25	21393527.63	19942993.25	19942993.25
二、费 用							
（一）业务活动暖和	12	7221345.75	0.00	7221345.75	6152583.33	4677307.48	10829890.81
（二）管理费用	21	940474.51	0.00	940474.51	1119258.37	0.00	1119258.37
（三）筹资费用	24	0.00	0.00	0.00	0.00	0.00	0.00
（四）其他费用	28	0.00	0.00	0.00	0.00	0.00	0.00
费用合计	35	8161820.26	0.00	8161820.26	7271841.70	4677307.48	11949149.18
三、限定性净资产转为非限定性净资产	40	0.00	0.00	0.00	0.00	0.00	0.00
四、净资产变动额（若为净资产减少额，以"-"号填列）	45	11781172.99	0.00	11781172.99	14121685.93	322692.52	14444378.45

此外，通过文化艺术组织财务报表还可对其筹资能力和营运能力进行分析。筹资能力反映了文化艺术组织从社会寻求募捐、开展会员、经营销售及投资等渠道获得经费的能力。筹资能力的强弱关系到组织的运营效率和长期发展战略。目前，无论是传统文化事业单位，还是新型的文化艺术基金会、民办非组织在筹资支出方面依旧未能投入太多，筹资能力较弱。如表 3-4 所示，通过现金流量表，可以看出经营活动、投资活动和筹资活动对上海交响乐团文化发展基金会现金流入流出的影响，这也是组织短期

---

① 资料来源：上海交响乐团文化发展基金会网站公开资料，2019 年度基金会工作年度报告。

生存能力的真实写照。

表 3-4　上海交响乐团文化发展基金会现金流量表[①]

编制单位：上海交响乐团文化发展基金会　　　年度：2019　　　单位：人民币元

项　目	行次	金　额
一、业务活动产生的现金流量：		
接受捐赠收到的现金	1	220668571.93
收取会费收到的现金	2	0.00
提供服务收到的现金	3	0.00
销售商品收到的现金	4	0.00
政府补助收到的现金	5	0.00
收到的其他与业务活动有关的现金	8	489098.51
现金流入小计	13	22557670.44
提供捐赠或者资助支付的现金	14	10664820.81
支付给员工以及为员工支付的现金	15	805901.05
购买商品、接受服务支付的现金	16	252072.36
支付的其他与业务活动有关的现金	19	6307.74
现金流出小计	23	11729101.96
业务活动产生的现金流量净额	24	10828568.48
二、投资活动产生的现金流量：		
收回投资所收到的现金	25	241000000.00
取得投资收益所收到的现金	26	3835857.19
处置固定资产和无形资产所收回的现金	27	0.00
收到的其他与投资活动有关的现金	30	0.00
现金流入小计	34	244835857.19
购建固定资产和无形资产所支付的现金	35	0.00
对外投资所支付的现金	36	0.00
支付的其他与投资活动有关的现金	39	121000000.00
现金流出小计	43	121000000.00
投资活动产生的现金流量净额	44	123835857.19
三、筹资活动产生的现金流量：		
借款所收到的现金	45	0.00
收到的其他与筹资活动有关的现金	48	0.00
现金流入小计	50	0.00
偿还借款所支付的现金	51	0.00
偿付利息所支付的现金	52	0.00
支付的其他与筹资活动有关的现金	55	0.00
现金流出小计	58	0.00
筹资活动产生的现金流量净额	59	0.00
四、汇率变动对现金的影响额	60	0.00
五、现金及现金等价物净增加额	61	134664425.67

[①]　资料来源：上海交响乐团文化发展基金会网站公开资料，2019 年度基金会工作年度报告。

四、筹款问责

文化艺术组织持续性获得政府、基金会、企业及个人等捐赠主体支持的前提是具备较好的社会公信力。在筹款活动中，接受捐赠主体、第三方社会组织、公众及媒体的监督可以提升组织的治理水平。其中，接受捐赠者的问责是更好履行捐赠承诺的体现，也是推动筹款活动可持续进行的重要基础。

（一）问责的概念与类型

问责（accountability）一词往往出现于政府行政管理语境之中，如建立责任政府，需要建立完善的行政问责制度。文化艺术组织筹款活动建立问责机制也是获得社会资金，更好履行公共服务的体现。于常有认为，"非营利组织问责是指非营利组织就其组织行为及其行为结果的责任归属，通过公开的方式向问责主体进行说明、解释和辩护，并据此接受奖惩，以达成提升非营利组织的绩效与价值的目的"[①]。一般而言，从组织控制管理视角，问责可分为等级问责、专业问责、法律问责和政治问责四种类型。[②]等级问责多指组织科层式管理的制度规范，专业问责强调组织业务领域的专业性，法律问责为组织遵守各项法律和维护法律秩序，政治问责是组织对于对外部利害关系人质询意见的回馈反应。文化艺术组织的筹款活动更倾向于是一种外部社会力量的问责，其中涉及专业、法律及政治问责内容，部分和政府具有强关联的组织还会涉及等级问责。

---

① 于常有. 非营利组织问责：概念、体系及其限度 [J]. 中国行政管理，2011(04):45–49.

② Ingraham R P W . Cross pressures of accountability: initiative, command, and failure in the Ron Brown Plane Crash[J]. Public Administration Review, 2000, 60(3):240–253.

（二）筹款问责的内容

文化艺术组织筹款活动的问责内容并不仅限于捐赠资金，筹款活动所涉及的前期宣传、捐赠承诺、信息管理、资金使用绩效、创造公共价值、捐赠者和公众满意度等内容都是问责涉及的内容。Kearns 研究提出，公共部门问责系统有三个核心要素，即权威、绩效标准和传递机制①。对于文化艺术组织筹款活动而言，其问责内容则包括外部环境和内部组织两个层面（见表 3-5）。

表 3-5　文化艺术组织筹款问责内容

	权威	绩效	传递
外部环境	政府关于文化艺术组织获得社会资金的管理规范	公开募集资金、非营利组织募款法律规范	财务审计、年报审核
组织内部	捐赠者、受托者的委托代理	筹款工作程序和规范、资金使用绩效	内部审核、监管，对外信息公开

具体而言，文化艺术组织筹款问责可以分为三个部分。（1）组织内外监督。一方面，组织理事会对于管理层所开展的各类筹款活动进行监督和指导，更好地明确各类行为"红线"，如管理费用比例、筹款预算成本、资金使用绩效等；另一方面，作为组织的捐赠者，政府、基金会、个人及企业等主体监督组织履行捐赠契约的效果和效率，接受社会监督。（2）价值评估。文化艺术组织筹款问责的本质是对于其核心价值的践行评估。虽然有些筹款活动从策划募集、正式开展活动到资金使用情况都没有明显的瑕疵，但是往往资金使用的取向和组织的发展宗旨是背道而驰，这就要求对于组织筹款活动进行价值评估。通过针对性的绩效评估，对于组织筹款活动的效率、效果、经济性及公平性进行评价，明确组织管理目的、发展目的、战略目的与筹款活动之间的关系。（3）传递反馈。文化艺术组织筹

---

① Kearns K P . Managing for accountability : preserving the public trust in public and nonprofit organizations[M]. San Francisco: Jossey-Bass Publishers, 1996.

款问责的关键是通过有效的反馈机制与利益关联方形成理解与共识。例如，文化艺术组织年报（annual report）往往被认为是向捐赠者、社会公众、媒体及主管部门进行有效反馈的重要方式。年报中不仅要详尽地描述组织的财务状况，更要对于组织所开展的活动进行阐述，让捐赠者和利益关联方明确组织筹款业务的真实绩效。

正如李军所总结的，"从两个方面来看待捐赠者的问责逻辑，一是捐赠者问责是权利本位的回归，二是捐赠者问责是对公益捐赠现实的合理诉求"①。文化艺术组织筹款活动的问责背后是委托与代理、自律与他律、自主与依赖、信任与回报、责任与公正。从理事会到战略发展部，都应该将筹款问责机制纳入组织的建设之中，推动筹款工作的可持续性发展。

【新闻摘录】曹德旺先生与捐赠问责②

资中筠曾指出，就其视野所及，南都集团总裁周庆治和福耀玻璃集团创始人曹德旺最符合现代慈善企业家的称号。这是因为行为方式和理念更为贴近，而不是以捐赠金额为衡量。③就在本书修订出版阶段，2022年5月14日，曹德旺创建的河仁慈善基金会官宣表示总出资100亿元投入筹建"福耀科技大学"在福州高新区南屿镇正式开工建设。曹德旺曾经在一次采访中回答为何不给传统基金会或公益组织捐款时说道，"如果他们能够做到公开透明，我当然会捐"。对于中国公益事业而言，曹德旺所秉持的理念一直是股"清流"，其关于捐赠问责的先河之举更是值得筹款者深思。

2010年，福耀玻璃创始人曹德旺与中国扶贫基金会签订了国内第一个慈善捐赠问责协议。为确保捐款用到"刀刃"上，2010年5月，曹德旺、

---

① 李军. 非营利组织公共问责的现实考察：基于资源依赖的视角 [J]. 学会,2010(06):3–10.

② 资料来源：吴杭民,善款捐赠问责协议,这个"苛刻"必须有 [EB/OL].凤凰网,2011–08–09, https://news.ifeng.com/c/7fa8JHvubBb,作者有所编辑修订.

③ 资中筠. 财富的责任与资本主义演变：美国百年公益发展的启示 [M].上海：上海三联书店,2015:504–505.

曹晖父子向西南干旱灾区捐款 2 亿元，与中国扶贫基金会签订了国内第一个慈善捐赠问责协议：基金会必须在半年内将 2 亿元捐款发放到西南五省区的近 10 万户困难群众手中，并提出"管理费不超过善款 3%""如发现不合格率超过 1%，将对超过 1% 的部分予以 30 倍的赔偿"等条件，被称为"史上最苛刻捐款"。为此，曹德旺甚至还组建了专业的监督委员会，对善款的使用情况进行监督，这也开创了中国捐赠者对公益捐款问责的先河。

其实，我们不仅要关注那些几千万、几亿元的巨额善款，那些普通百姓虽然微不足道的善款，也是中国慈善事业的重要组成部分，就如同人们质疑红十字会信息为何只有个人捐款 10 万元以上可以查询相对应的情况那样，这更是慈善事业公信力的平民基础。可是，不仅中国红十字会捐赠信息发布平台令人失望，记者查询中国扶贫基金会官方网站也发现，网站公布了 150 页爱心基金及个人、企业捐赠者名单，但只能逐页浏览，没有查询功能；只有笼统的"爱心公众名单"，但没有标明捐赠款物用途；对于有特定时间和场合的捐赠，也只简单标明用途是"抗震救灾""孤儿助学"等。而《2010 年度中国慈善透明报告》也显示，逾半数受访公众会经常捐款捐物，但近九成受访者表示从未收到过慈善机构的信息反馈。

因此，慈善事业的公信力的重建，需要铁的制度来倒逼和捍卫。在我看来，曹德旺、曹晖父子开先河的善款捐赠问责协议，应该大力普及、推广——所有善款，不论多少，都应实行捐赠问责——捐款的到位时间、用途、地点，管理费的比例，善款处理的不合格率以及赔偿比例等问责规定，都应在百姓捐款时明确并由捐赠者和接受慈善机构签订问责协议，这应该是一份具有法律效应的协议。

思考：对于文化艺术组织而言，如何在外部环境和组织内部两个层面推进筹款问责制度的建设？

五、案例分析：基金会中心网的社会问责之路 ①

（一）基本简介

一般而言，文化艺术组织筹款问责涉及政府问责、社会问责及内部自我问责的形式。作为中国基金会行业的信息披露和社会问责的重要平台，中国基金会中心网自成立开始便承担起推动行业问责机制建设的使命。

基金会中心网由我国 35 家知名基金会联合发起，于 2010 年 7 月 8 日成立。基金会中心网的使命是建立基金会行业信息披露平台，提供行业发展所需的能力建设服务，促进行业自律机制形成和公信力提升，培育良性、透明的公益文化。② 基金会中心网成立之初即推出"透明口袋"的概念成为中国基金会问责的推动者，也标志着基金会透明问责迈出重要的一步。③ 基金会中心网通过采集国内各个基金会的年度报告和相关公开信息，形成服务行业内外监督的数据信息服务。

根据基金会中心网数据显示 ④，截至 2021 年年末，从全国来看，基金会数量近 9000 家，超九成基金会是在 2004 年及以后成立的。2004 年后，基金会数量年均增长率达到 15.49%，呈先激增后趋缓态势。2016 年后，基金会数量稳步增长，年均增长率 9.33%。从净资产角度看，2020 年，全国 6737 家基金会净资产总额约 2186 亿元，同比增长 18.61%；捐赠收入与公益支出分别同比增长 38.32% 和 40.32%，这与基金会在新冠病毒感染疫情期间开展大量工作有直接关系。

---

① 资料来源：基金会中心网，http://www.foundationcenter.org.cn，案例资料由商富华整理，笔者有所修订。
② 基金会中心网介绍 [EB/OL]. 2010-07-08.http://new.foundationcenter.org.cn/about/about_cfc.shtml.
③ 康晓光，冯利 . 中国第三部门观察报告 [M]. 北京：社会科学文献出版社，2013:196.
④ 中国基金会概况 2021[EB/OL]. 基金会中心网 CFC，2022–05–01.https://xw.qq.com/cmsid/20220510A0B7G600.

（二）社会问责之路

在推动基金会问责建设上，基金会中心网的重要贡献是主导构建了"中基透明指数（FTI）"的评价机制。该评价指数由基金会中心网开发、清华大学廉政与治理研究中心提供咨询。中基透明指数是一套综合指标、权重、信息披露渠道、完整度等参数，以排行榜单为呈现形式的基金会透明标准评价系统。排行榜按照基金会最新透明分数每周更新一次，排名越靠前代表基金会透明度越高。中基透明指数（FTI）2021 年报告显示，自 2012 年至 2021 年，指数平均分从 43.21 分（2012 年满分 129.4 分，因此相当于 100 分的 33 分）上升至 58.54 分（满分 100 分），接近翻倍。从数量上看，和 FTI2012 时期相比，FTI2021 时期非公募基金会建设官网的数量增加了 300%，信息化水平显著提高；从地区上看，京广浙基金会信息化程度提升最大，其中，北京市基金会建立官网的数量在过去十年内翻了两番。从参评角度看，在民政部、北京、上海、江苏注册的基金会，连续十年参评 FTI 的占比超过 10%。①

中基透明指数（FTI）的数据来自各个基金会官方网站公布的信息，还涉及各地基金会行业主管部门、民政部门的官方数据。这些数据涵盖基本信息、治理政策、财务信息、捐赠来源等内容。从净资产规模来看，全国基金会 2019 年年末净资产规模已达 1809.7 亿元，纳入中基透明指数（FTI）观测的基金会净资产 1400 亿元，占全国基金会总量的 78%，可以在相当程度上反映我国慈善资源的信息披露情况。政府主管部门已经开始认同基金会中心网的问责机制建设。例如，云南省民管局、北京市民政局等地方民政部门将基金会中心网作为基金会信息披露指定平台。社会组织对于基金会透明度的关注有所提升，北京大学、清华大学、中山大学、牛

---

① 中基透明指数（FTI）2021 发布基金会透明度十年近翻番 [N/OL]. 潇湘晨报. https://baijiahao.baidu.com/s?id=1721965707767736073&wfr=spider&for=pc.

津大学、哈佛大学等众多高校采纳基金会中心网的数据。①

　　随着大数据算法技术的发展，基金会中心网也采纳先进的数据检索和分析工具，对全国各地基金会数据进行持续的收集整理，进而确保数据的时效性和准确性。网站也会定期根据各个基金会相关数据的变化对中基透明指数（FTI）进行校准与更新。每年网站都会召集业内著名专家学者、一线管理者、从业人士、社会代表开会评估中基透明指数（FTI）发挥作用的实际情况，分析其存在问题与缺陷，研究并完善数据的相关指标。从 2012 年至 2020 年，中基透明指数（FTI）已经经历了五个阶段（见图3-4），从最初的涵盖 60 个指标的初级版本不断升级，评价指标由统一版本调整为公募和非公募两个版本，每版各设合规性和倡导性两类指标，对基金信息公开工作提出了更高的要求。

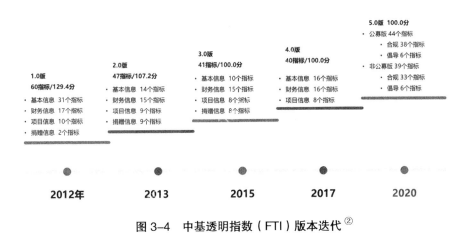

图 3-4　中基透明指数（FTI）版本迭代②

　　目前，中基透明指数 FTI2020 公募版指标总分 123 分，共有 13 个二级指标、44 个三级指标；其中 38 个为合规性指标，总计 111 分，6 个为倡导性指标，总计 12 分。中基透明指数 FTI2020 非公募版指标总分 107 分，

---

① 康晓光，冯利 . 中国第三部门观察报告 [R]. 北京：社会科学文献出版社，2013:215.
② 资料来源：中基透明指数十年：总结与展望 [EB/OL]. 基金会中心网 . http://www.foundationcenter.org. cn.

共有12个二级指标、39个三级指标；其中33个为合规性指标，总计89分，6个为倡导性指标，总计18分（见图3-5）[①]。

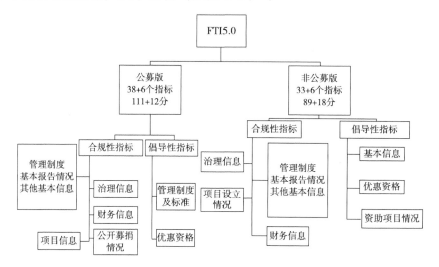

图3-5　中基透明指数 FTI2020 指标体系

正如基金会中心网理事长徐永光所述，中基透明指数的发布，最重要的价值是给公众一把打开基金会透明大门的钥匙，然后"用脚投票"。那些打算给基金会捐款的企业和个人，可以依据指数排名初步判断出基金会的透明度，再进一步了解项目情况、管理水平，最后决定是否捐款。基金会中心网将中基透明指数（FTI）量化并排序公示是促进行业信息透明的重要举措。数值量化最为直观地显示各个基金会信息的公开程度，也间接反映了各个基金会的运营状况和履行社会公共服务的绩效，对"优生"激励，对"差生"鞭策，体现的是一种朴素的智慧。

① 资料来源:中国基金会透明度观察报告 [R/OL]. 基金会中心网 .http://www.foundationcenter.org.cn/report/content?cid=20211222162033.

第四章　年度基金的募集

　　卡罗琳·弗里德曼（Carolyn Friedman）和凯伦·霍普金斯（Karen Hopkins）[①]在《文化艺术组织成功筹款》一书介绍筹款方式时，用大量篇幅介绍了年度基金（annual fund）的募集。事实上，对于大部分在中国学习艺术管理人员的学员或文化艺术组织从业人员而言，年度基金是一个相对比较陌生的概念。2019 年 1 月，笔者邀请曾任加拿大皇家芭蕾舞团首席的张卫强老师分享国外舞团运营管理的内容。张老师分享了整个舞团为了更好地完成年度基金任务所做的努力：舞团所有人都会参与到年度筹款活动中，甚至有些舞者会拿出私人物品在筹款晚宴上进行拍卖。因为对于舞团所有人员而言，如果无法在年度筹款活动中募集到机构下一年正常运行的行政管理费用[②]，那么极有可能导致组织处于停摆状态。此前我们对于筹款的聚焦点都在于具体筹款方式和技巧方面，对于年度基金并没有太多的关注。

一、概念与作用

　　简单而言，年度基金就是指在特定时间内逐步筹集到机构在下一个财

---

① Hopkins K B, Friedman C S. Successful fundraising for arts and cultural organizations[M]. New York: Greenwood Publishing Group, 1997.
② 非营利组织运行项目需要行政管理费用（general operating expenses），用以支付员工工资、办公场地租赁和水电费等基本运行费用。

政年度 ① 的日常运营资金，是一种定期的年度循环筹款行为。年度基金的募集是整个非营利组织筹款计划的重要基础和保障。只有在充分完成年度基金的募集之后，才更有利于组织开展其他类别的募款计划。对于文化艺术组织而言，年度基金的募集具有以下 3 方面的作用：

第一，保障组织在下一个财政年度能够维持基本运营。根据捐赠者对于组织的捐赠频次和关注度，可以将捐赠者分为稳定型和流动型两类。其中，稳定型捐赠者就是非营利文化艺术组织持续构建和维护的一个捐赠群体，他们较为熟悉组织的基本情况、年度活动及其剧目作品等。这些稳定型捐赠者所汇集的资金就会很容易流入年度基金。

第二，提升组织对于突发事件所引发财务危机的应对能力。文化艺术组织会面临一些突发事件，如金融危机、突发疫情及自然灾害等。这些突发事件很容易引发组织的财务危机，而在应对这些危机的过程中，很多资助机构或捐赠者并不会很及时地响应组织的捐赠请求。在危机的冲击下，很多捐赠组织或个人的财务状况也可能非常不理想。这个时候，充裕的年度基金往往会很好地应对这些"黑天鹅"事件。此外，文化艺术组织在危机中寻求紧急募款或其他特定募款事件，也会降低其社会信誉度。捐赠者会很容易将组织的应急危机能力和社会影响力联系起来。"临渴掘井"的举措对组织非常不利。

第三，维系组织现有筹款资源与体系，培养支持者的捐赠习惯，并对已有捐赠者开展精准的提升计划。年度基金的募集就是不断引入新的捐赠者，并使这些捐赠者能够成为稳定型捐赠者，以使整个组织的筹款资源更为丰富。同时，年度基金的募集对于有能力的稳定型捐赠者进行精准对接，可使其成为重点捐赠者。一般而言，普通捐赠者都会经历从不捐赠给特定组织到每年一次（或多次）的一个演变过程，即"冲动捐赠""稳定

---

① 财政年度亦称预算年度，或预算期，是指预算有效的起讫时间。很多文化艺术组织的财政年度与日历年度不同，如纽约大都会歌剧院财政年度是当年的 8 月初至次年的 7 月底。

捐赠""重点捐赠"三个阶段（见图4-1）。在第一阶段，很多捐赠者往往只是看到该组织的捐赠信息或捐赠广告，基于理念认同或朋友推荐等因素，在首次印象好感的情绪下，并选择了冲动捐赠。有些时候首次的冲动捐赠金额也会比较高，但是捐赠者对于该组织的归属感不是很强烈。在第二阶段，该捐赠者有可能收到组织的感谢，或是受邀参与具体的活动，或是收到持续捐赠的请求等，对于组织文化和相关活动有了非常充分的了解，在价值理念认同的基础上，开始2~3年的连续性捐赠，成为稳定捐赠者。在第三阶段，具有显著能力的稳定捐赠者有可能会进行重点项目或大额资金的捐赠。大部分的高额捐赠者都是在年度基金捐赠者基础上发展而来的。那么对于文化艺术组织而言，获得较为成功的年度基金可以从年度目标和工作表、智能化信息系统、年度续约捐赠、寻找和研究筹款资源、营造归属感5个方面开展。

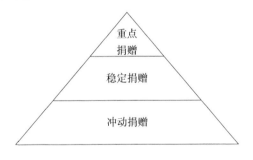

图4-1　募款捐赠者的进阶

二、年度目标和工作表

年度基金募集工作主要是文化艺术组织的战略发展部（筹款部门）来推动执行，其首要任务就是确定年度筹款目标。各类艺术项目、文化活动都是募集资金的重要资源。故在新的财政年度来临之前的3~6个月，发展部就必须充分了解这些项目的收入、成本及预期收益等基本内容，以获得更多的主动权。对于那些社会效益和经济效益都较为显著的潜在项目，是发展部和筹款小组必须认真考虑的。那么，文化艺术组织的发展部是如何来估算出下一个财政年度的收入目标呢？一般而言，上一年度该组织在政府、基金会、企业及个人等方面获得的资助金额是基准数。除非有重大突发事件发生，往往组织的本年度基金可以为上一年度的80%~90%，毕竟有些年度基金的捐赠可能会遭遇中断或降低捐赠金额。发展部可以列出一个可能的筹款估算表用来完善年度基金筹款计划（见表4-1）。

表4-1　年度基金筹款估算表

年度基金筹款渠道	连续捐赠收入	潜在捐赠收入	承诺捐赠
私人（个体）捐赠			
基金会			
企业			
政府（中央、地方）			
特别活动			
小计			

其次，就是判断本财政年度即将开展的文化艺术项目或活动能够带来的筹款预测收入。一般而言，艺术总监或项目负责人会向总经理或其他高管展示具体项目的策划案，而最终由理事会会议来决定。如果某些项目得到了立项，发展部负责人就必须用科学的方法来分析该项目的筹款能力，而项目投入的可行性分析指数工具便是不错的选择（见表4-2）。在对这些项目所带来的潜在捐赠收入进行估算时应尽量保守，35%~45%是一个合理区间。因为捐赠意愿与实际捐赠之间往往差别很大，即使有很多重要（大额）捐赠人已经有所意向。

表4-2　项目可行性分析指数 [①]

项目 _____

负责人 _____

评级：极好 =5，好 =4，一般 =3，需要提升 =2，弱 =1，没有存在的必要 =0

---

1. 外部需求　　　　　　　　评级：_____
项目是否符合现有社会、经济、教育和文化政策优先？（描述项目重要的原因）
2. 内部需求　　　　　　　　评级：_____
组织的使命和参与者 / 观众数量是否增加？（这将如何实现？）
3. 创新性　　　　　　　　　评级：_____
其他组织是否已运营过类似项目？（项目为何独特？能否代表对问题的创新解决方案？）
4. 支持　　　　　　　　　　评级：_____
项目是否得到国家或地方政府文化主管部门的认可？
5. 影响　　　　　　　　　　评级：_____
预期多少人能够从这个项目中获益？他们如何获益？
6. 可衡量的结果　　　　　　评级：_____
是否建立了评估机制来衡量该计划是如何满足内部和外部需求的？
7. 资金来源　　　　　　　　评级：_____
项目所在城市是否有足够数量感兴趣的潜在捐助者？你知道对这个项目感兴趣的公司、基金会和个人的真实姓名吗？
8. 知名度 / 公共关系　　　　评级：_____
是否有机会为项目所在城市的组织和赞助商提高知名度？

最后，发展部的一项重要工作就是控制筹款成本。西方很多的筹款经理会坚持拇指经验法则，即筹集每一美元的成本不应超过 20 美分或 30 美分。俗话说："没有投入，何谈回报？"尽管文化艺术组织的筹款活动不是营利性质的，但是考虑到所投入时间、资源和精力的机会成本，那么适当的筹款成本也是筹款部门必须重视的。有统计提到，美国非营利文化艺术组织的运营资金呈现 "442" 的特点，即 40% 来自经营收入（票房、展览等），40% 是政府、基金会及其他社会组织的投入，20% 是私人捐赠。不同的筹款渠道，也会让筹款成本的经验法则出现差异化。有些情况下政府资金的申请往往只是一些繁杂的行政申请文档，而社会募捐则需要整个组织努力来实现，因此筹款成本没有固定法则，在符合组织财务管理制度

[①] Hopkins K B, Friedman C S. Successful fundraising for arts and cultural organizations[M]. New York:Greenwood Publishing Group, 1997，P23.

前提下，应该有所差异。

在实际操作中，非营利组织需要根据一年中不同月份和季节的特点，有计划地安排筹款的各项工作，保证有充裕的时间开展规划、研究、召集志愿者、培养捐赠者、提出捐赠请求等各个筹款步骤。① 文化艺术组织可以根据实际的工作安排制定一份年度工作计划表。比如，夏季和冬季的假期是演出活动比较集中的时候，可以选择在这个时间段推出针对性较强的特别筹款活动。中央政府和地方政府的文化艺术基金会通常集中在 7~9 月。很多公益和慈善机构非常热衷于在新年元旦前后以年会的形式举办各类筹款活动。在春节之后的 3 月和 4 月往往是文化艺术组织年度工作起步的阶段，可以安排很多的筹款面访和电话工作。此外，发展部要注意借助一些标志性的事件，或国家、地方政府的年度重要主题活动开展筹款活动，通常有事半功倍之效。有些组织很喜欢每个月或每个季度向捐赠者发送请求捐赠的邮件。这些繁杂的筹款工作势必需要一个年度工作表，以使所有筹款者更为明晰工作安排。

三、智能化信息系统

对于文化艺术组织而言，信息化一直是把"双刃剑"。一方面，很多组织的突发危机、公信力和筹款能力下降都是源于信息的不对称，如捐赠款项的使用情况、资金追踪与绩效考评等信息无法完全公开地被捐赠者所获取；另一方面，越来越多的组织开始意识到"互联网+"时代背景下，网络筹款已成为重要的筹款渠道和媒介，智能化的信息系统是文化艺术组织内部建设的重要内容。

早期很多文化艺术组织仅仅将信息系统理解为记录、存储、检索及追

---

① 卢咏.公益筹款[M].北京：社会科学文献出版社，2014:71.

踪筹款信息的工具，并没有重视信息系统在拓展筹款资源、精准聚焦筹款对象、提升筹款效率以及完善筹款流程等方面的潜力。关于慈善信息系统建设，郑远长、彭建梅研究指出，"自 2007 年以来，我们从慈善信息管理角度，对制约慈善事业发展的矛盾和因素进行了分析，制定了慈善信息平台建设的功能、目标和技术方案……希望通过两年多的时间建成一个基于全国慈善行业、服务于全国慈善事业的信息交流和服务平台"①。那么，对于文化艺术组织而言，如果因为信息不正确而出现失误，培养多年的潜在捐赠者和所有的努力都极有可能付之东流。笔者在 2017 年高等艺术院校筹建校友基金会的调研中就发现存在捐赠邮件中名字错误的情况，显然捐赠者看到，内心会有不尊重感。一个信息系统可以保证组织每年所开展筹款活动的持续性，并在捐赠者发生变化时能够及时敏锐地进行调整。

　　事实上，很多软件研发公司出品了针对公益组织、非营利组织的信息软件和平台。例如，2011 年《中国经营报》报道②，用友政务软件公司发布"用友 GRP 公益慈善组织信息化解决方案"，即一个多维度、多资源的基础信息管理体系，一个资金预算、执行、核算、披露的业务过程管理体系，一个事前、事中、事后结合的控制、预警的风险管理体系，一个基于决策、分析及绩效管理相结合的领导支撑管理体系，一个内外部门户相互结合的传播体系。

　　文化艺术组织开展筹款所需要建设的智能化信息系统不是简单的财务管理软件或内部信息网站，该系统至少应该包含以下一些功能：（1）筹款财务管理功能，即可清晰地展示筹款资金的来源、用途去向及绩效；（2）在线捐赠功能，即可支持多类媒介渠道（网站、公众号）环境下的捐赠支付；（3）筹款信息的管理，即可全过程地实现筹款项目信息的发

---

① 郑远长 , 彭建梅 . 建设慈善捐助信息系统迫在眉睫 [J]. 社会福利 ,2008(11):40–42.
② 用友政务发布公益慈善组织财政管理方案 [EB/OL]. 中国经营网 ,2011–08–04.http://www.cb.com.cn/index/show/gx/cv/cv13452671337.

布、跟踪、修正及反馈，依托信息技术提高信息的公开；（4）人力资源管理功能，即可有效且精准地实现志愿者招募、会员升级等人员管理措施；（5）筹款项目管理功能，即可以实现项目从策划、预算、评估、实施及反馈全过程的管理；（6）反馈提升功能，即针对捐赠者、受赠者、志愿者及社会公众的问题咨询、意见建议、投诉等问题实现有效反馈，提升组织的满意度和公信力。另外，非营利组织的信息管理系统一直处于不断更新和探索之中，很多新型技术经常被用于系统构建。例如，谭文安和王慧认为，"传统筹款捐助平台的集中式管理难以满足高可信机制的需求，筹款信息真假难辨，善款流向不透明。区块链技术的去中心化、数据不可篡改、可溯源、点对点交易等特点为构建可信捐助平台奠定了基础"[1]。本章节案例分析将重点研析针对文化艺术组织筹款、营销及客户管理的网络平台——Tessitura。

需要强调的是，在推进文化艺术组织信息系统建设，进而更好支持筹款活动时，对于信息的精确性、保密性及动态性要有充分的认知。例如，捐赠记录信息首次输入时，就应确保捐赠者在系统内身份的唯一性，要求捐赠者姓名全称、头衔、职务、工作单位、邮箱地址等信息的精准录入，并能保持变动更新。又如，捐赠记录信息应能清晰地显示捐赠时间、支付方式、电子收据、免税证明、是否发送感谢信等内容。随着年度基金的不断推进，发展部负责人应该在每个月或季度列出详细的动态报告，包括各类渠道的捐赠情况、实际捐赠数额、捐赠金额变化等内容。

四、年度续约捐赠

当新的年度基金募款活动拉开序幕时，首先也是最重要的事就是进行

---

① 谭文安, 王慧. 基于智能合约的可信筹款捐助方案与平台 [J]. 计算机应用, 2020,40(05):1483–1487.

捐赠者信息的筛选、选择及分类，尤其是上一年度对文化艺术组织具有贡献的政府部门、社会机构、公司实体及个人等。筹款者可以将已有捐赠贡献的个人或组织在近2~3年的捐赠金额列入续约清单表格，并明确年度变化。从此列表中，发展部的职员们可以查看捐赠方式，并确定捐赠者是否有可能维持相同水平或适度提高捐赠额度进行续约。如果出现捐赠金额年度差异较大，那么续约的可能就会变小。

在筹款活动中，不能期望所有收到捐赠请求或信息的受众都能对于文化艺术组织感兴趣而伸出援手。捐赠列表（gift table）可以让发展部筹款者清晰地看到捐赠金额、捐赠比重及捐赠人数量之间的关系，进而制定具体募款策略。这个工具不仅仅可以用于年度基金的募集，在资本筹款、慈善拍卖或赞助筹款中都可以使用。假设年度基金的募集目标为400万美元，最大的一笔高额捐赠是400万美元目标的25%（100万美元），那么就可以将捐赠可行性比率定位为4：1。而这些高质量捐赠者是需要从已有筹款资源和记录中去重点发现的。为了实现高额捐赠需至少接触4位潜在的高额捐赠者。当有了高级捐赠组合和潜在捐赠者的比例，就可以构建捐赠列表的其余部分了。一般可以使用将上一级捐赠金额减半的方法递减，直到组织认为是最低的捐赠额度。当然也可以根据往年的年度基金捐赠记录确定下最低的募款。例如，2500元的最低额度同样至少需要向80位捐赠者发送捐赠请求。

帕累托法则（80/20）同样适用于此。卢咏在其《公益筹款》一书中指出，小型非营利机构年度基金捐赠列表显示（见表4–3），机构将年度筹款的目标定为6万美元，10%的捐赠人中所提供的款额占筹款目标总额的60%，20%的捐赠人所提供的款额占筹款总目标的20%，剩余70%的捐赠人所提供的款额占筹款总目标的20%。捐赠额度从100美元至3000美元不等，捐赠额度与捐赠人数之间呈现反向关系。

表 4-3　年度基金捐赠列表示例^①

单位：美元

捐赠额度	捐赠人数	累计捐赠人数	可能捐赠者人数	累计可能捐赠者人数	各捐赠额度的捐赠量	累计捐赠量
3000	2	2	10（5∶1）	10	6000	6000
1500	4	6	20（5∶1）	30	6000	12000
750	12	18	48（4∶1）	78	9000	21000
500	18	36	72（4∶1）	150	9000	30000
250	24	60	72（3∶1）	222	6000	36000
10% 的捐赠人					占筹款总目标的 60%	
100	120	180	360（3∶1）	582	12000	48000
20% 的捐赠人					占筹款总目标的 20%	
低于 100	420	600	840（2∶1）	1422	12000	60000
70% 的捐赠人					占筹款总目标的 20%	

五、寻找和研究筹款资源

　　随着文化艺术组织规模的不断扩大，相应的对于年度基金的需求也会同步提高，故组织发展部就必须在广泛的捐赠群体中去寻找潜在捐赠者。其中，对于捐赠群体的研究是较为重要的步骤，可以避免发展部将大量精力和时间耗在对组织不感兴趣的捐赠者身上，进而提高年度基金的筹款效率。

（一）寻找资源

　　寻找和研究新的筹款资源往往需要充分利用各类信息平台和媒介渠道。一般而言，网站信息平台、信息客户端、研究报告和政府公开信息都是可以依赖的。（1）网站信息平台。早期的筹款者非常喜欢通过翻阅黄

---

① 卢咏.公益筹款 [M]. 北京：社会科学文献出版社，2014:67.

页 ① 来寻找一些企业或相关负责人的信息。现在已经很难看到纸质版本的黄页了，但是依旧有一些类似功能的网站平台。很多文化协会、艺术中心、艺术节及艺术研究机构都会在网站上提供合作伙伴的网页链接。例如，在中国社会组织政务服务平台网站（https://chinanpo.mca.gov.cn）上可查询到文化艺术团体、民办非及基金会三类组织的基本备案信息。又如，在国家企业信用信息公示系统（http://www.gsxt.gov.cn）上可查询到各类企业的注册信息。（2）信息客户端。很多对于文化艺术组织感兴趣的企业、基金会或中介协会等会有微博、微信、公众号及抖音等多个信息客户端。一般而言，这些机构乐于和大家分享资助文化艺术活动。（3）研究报告。按照社会组织管理规范，非营利文化艺术组织应该公开年度报告。这些报告中会列出相应的筹款活动和捐赠者名单等。当然，国内目前在这一方面依旧存在较大的提升空间。此外，第三方研究中心或机构也会发布公益、慈善及文化相关的筹款研究报告，如《中国互联网公益发展报告》《慈善蓝皮书：中国慈善发展报告》《中国艺术发展报告》等里面会涉及潜在捐赠者。（4）政府公开信息。我国政府文化行政管理部门发布的公开信息包括政策文件、统计数据、人事财务信息及相关信息申请等内容。

（二）制定培养计划

在信息的广泛搜寻和研究的基础上，发展部可以制定一份培养计划，旨在让发展部主任承担接近或培养潜在捐助者的责任，可以指定一名联络员专门负责代表该文化艺术组织帮助联系潜在捐助者。发展部可以将这份培养计划递交给理事会成员，以便确定组织内部可能认识潜在捐赠者的可能性，理事会成员也可以成为重要的联络员。这份培养计划包括资金来源

---

① 黄页是国际通用的按企业性质和产品类别编排的工商企业电话号码簿，以刊登企业名称、地址、电话号码为主体内容，相当于一个城市或地区的工商企业的户口本，因国际惯例用黄色纸张印制，故此得名。

者或相关企业、基金会及政府组织的基本信息。发展部负责人应尝试让理事会成员与潜在培养者之间进行会面或共同参与活动为其创造较为深入的沟通机会。同时，发展部准备好内容较为充分的捐赠意愿书。

（三）明确捐赠类型

对于年度基金的募款，还应对于资金支持的类型进行细分和明确。一般而言，年度基金的资金类型主要包括以下 4 种：（1）普惠支持。这类捐赠资金的使用不受限制，通常可以用于文化艺术组织运营相关的薪资、管理费、水电费及租赁费等支出。（2）特定项目支持。这类捐赠资金仅限于文化艺术组织内部特定的剧目或项目支持，通常为一次性捐赠。（3）匹配资助。这类捐赠往往与获得与之相匹配的资金，可以是等额匹配（1：1）或其他比例配额（1：n）。很多政府类艺术基金为了提高资助艺术的影响力和引导力，往往要求资金申请单位主动匹配资金。（4）资本收益支持。这类捐赠支持是捐赠者允诺以其所持有的资产（股票、债权及信托基金）的一定收益作为组织的年度基金。该类资金的募集往往依赖于捐赠者经营和财务状况的稳定。

六、营造归属感

文化艺术组织的高层管理者和发展部应具有可持续性的发展思路，就是为所有员工、理事、受众、捐赠者、志愿者及相关群体营造一种真实的归属感。要不断地向捐赠者、志愿者和内部职员传递"主人翁"意识，让他们在捐款和获得捐赠的过程中感受到自我价值的提升。对于各类捐赠者，要通过优先发送票务邀请、热忱的接待以及及时透明的信息反馈等方法不断提高对于组织的信任度。特别是针对组织内部人事调整、重点文化艺术活动的举办等活动，应让更多的重要捐赠者所知晓。此外，在一些精细化管理方面要突出更好的服务意识，如活动中提供免费车证、重要捐助者的座位席次、资料宣传手册印制、纪念日贺卡等。往往很多细节的举动会让捐赠者提高归属感，推动其持续性的捐赠行为。

【新闻摘录】尤伦斯当代艺术中心的年度筹款活动[①]

尤伦斯当代艺术中心（UCCA）于 2007 年开馆，前身为由尤伦斯夫妇创建的尤伦斯当代艺术中心。2017 年，UCCA 顺利完成机构重组，成功转型为 UCCA 集团。作为北京市文化局主管的民办非企业，UCCA 于 2018 年正式获得由北京市文化局认证的美术馆资质，并经北京市民政局与香港政府许可，在两地注册成立非营利的艺术基金会。

2019 年，适逢包豪斯诞生 100 周年。UCCA 年度筹款活动 Gala2019 以"我们的包豪斯"为题成功举行。作为 UCCA 一年一度的慈善暨义拍晚宴，据初步统计，UCCA Gala 2019 共筹得 876.1 万元，其中慈善义拍单元筹得 557.6 万元，公益认捐项目筹得 11.7 万元，席位捐赠共 270 万元，并有数十位新人加入 UCCA Young Associates 的成员，以及 36.8 万元的默拍款项。

2021 年年底，UCCA 在上海举办以"为孩子开启艺术之门"为主题的慈善晚宴。本次慈善晚宴邀请多位嘉宾与支持者，共同助力尤伦斯艺术基金会推动中国艺术教育发展的美育公益使命。这也是继 2021 年 5 月 UCCA Edge 于上海开幕之后，UCCA 年度最重要的筹款活动 UCCA Gala 慈善晚宴首次于上海举办。

本次慈善晚宴的盛大举办，也得益于 UCCA 的众多合作方和支持机构。作为每年慈善晚宴的特色项目，默拍提供了一种参与公益的新途径。今年，UCCA 联合数十家赞助方，与开拍 CUPPAR 合作上线了 UCCA 基

[①] 资料来源：UCCA 官网和相关新闻报道。

金会慈善晚宴默拍专场，为支持儿童公益项目与艺术教育事业开启更易触达、更多元的参与方式。在默拍环节中，共有 36 家赞助方为 UCCA 慷慨提供慈善默拍拍品，共征集到 85 件精选拍品，涵盖了限量艺术商品、美术馆专属服务、生活方式私享体验等丰富领域。这样的支持也使 UCCA 得以在未来的日子中为更多孩子开启艺术之门。作为各界友人为 UCCA 的努力提供可持续支持的重要平台，本次慈善晚宴的所有收入均将用于支持尤伦斯艺术基金会公益项目的发展，令中国艺术教育未触达的城市和乡村地区学生从中直接获益，改善和促进中国整体艺术教育的均衡发展。

思考：对于文化艺术组织而言，年度基金筹款与特定项目、艺术节事筹款之间有什么联系和区别？

七、案例分析：纽约大都会歌剧院年度募款 [①]

（一）基本概况

纽约大都会歌剧院（The Metropolitan Opera House）是世界著名的歌剧院之一，于 1883 年 10 月 22 日落成。大都会歌剧院再建于 1965 年，是纽约林肯艺术中心（Lincoln Center）的核心部分。在一百多年的变迁发展中，大都会歌剧院见证了世界歌剧中心从欧洲文化母体向美国的迁移。自 1883 年建院伊始，大都会歌剧院的管理基础就是建立在私营股份公司的体系之上。1929 年爆发的经济大萧条，使得大都会歌剧院所积累的资本盈余迅速被消耗，高额的赤字推动了其身份转型。1932 年，原有公司解散后，便成立了以会员制为特点的非营利性质的大都会歌剧协会。1940 年，歌剧协会集资购买了大都会歌剧院，继而成立董事会。来自于银行业、商业企业及

[①] 资料来源：纽约大都会歌剧院官方网站及年报信息，https://www.metopera.org，案例资料由刘书宁整理，作者有所编辑修订。

法律等行业的董事精英的加入，迅速扭转了大都会歌剧院的筹款现状。第二次世界大战后日益繁荣的表演艺术更是催发了大都会歌剧院的筹款活动。王心怡研究提到，"20世纪50年代，大都会的筹资机构——大都会剧院同业公会成员也从1930年的1300人，增加到5万人……由于同业公会筹集的捐款仍不足以弥补大都会的亏空，创始人贝尔蒙特夫人又促成了一个新的组织——大都会歌剧院全国理事会。这个理事会成员的捐款额规定最低为1000美金，通过全国理事会的各级成员，大都会可以接触许多个人或基金组织，请他们为新制作的剧目买单"[①]。从20世纪70年代至21纪初，大都会的筹款活动并非一帆风顺。其中既有"大都会百年基金"筹款活动募集1亿美元的亮丽募款成绩，也有组织陷入经营亏损的危机时刻。

（二）财务危机与筹款分析

2020年，由于新冠病毒感染疫情的影响，美国大都会歌剧院凭借百年发展所积累的多元化、系统化的筹款渠道和运营机制，经历一场前所未有的考验。王劲森研究指出，"根据2018财年审计报告，大都会歌剧院的总收入高达2.94亿美元，依据当年汇率水平，约等同于我国国家大剧院2018年总收入的2.1倍，或2018年国内全部64家保利剧院运营管理总收入的1.2倍……从2008财年至2018财年的毛利，即不考虑捐赠收入的运营情况：倘若去掉捐赠收入，大都会歌剧院的常规运营是相当堪忧的。这11年间的年平均运营亏损为1.44亿美元。而这些亏损都是靠捐赠所得来弥补的。据笔者统计，这11年间大都会歌剧院获得的年平均非限定性捐赠为438万美元。有了这些捐赠，大都会歌剧院常规运营的财务窟窿才可以勉强持平，少数年份还能略有盈余（见图4-2）"[②]。

---

① 王心怡. 独立市场化运作的美国大都会歌剧院 [J]. 艺术评论 ,2014(6):88–93.
② 王劲森，疫情之下的剧院困境：休浅析大都会歌剧院解聘降薪背后的财务危机 [EB/OL]. 2020–05–19. https://new.qq.com/rain/a/20200519A0RS1R00.

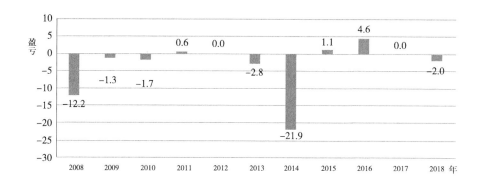

图 4-2　大都会歌剧院运营盈亏（2008—2018）　　　单位：百万美元

　　事实上，大都会歌剧院这种经营状况在近些年一直未见好转。根据大都会歌剧院 2019 财年报告显示，截至 2019 年 7 月 31 日的财年经营业绩接近平衡，其中赤字为 100 万美元。相比之下，支出为 3.12 亿美元，2018 年为 2.96 亿美元。捐赠收入，包括捐赠、遗赠和其他用于运营的开发收入，为 1.66 亿美元，前一年为 1.46 亿美元。 2019 财年营业收入总额为 3.11 亿美元，而 2018 财年为 2.94 亿美元。其中，捐赠及遗赠收入占比为 53.4%，票房收入为 27.3%，媒体业务（高清歌剧直播）收入为 7.9%，投资收益为 1.2%，其他收入为 4.1%（见图 4-3）。即使拥有全美所有艺术组织所羡慕的捐赠金额，很早便探索高清歌剧的数字化演出，但是由于持续高昂的经营成本，其财务状况始终捉襟见肘。当 2020 年受到新冠病毒感染疫情冲击之后，纽约大都会歌剧院脆弱的财务体系立马引发了危机。一方面是歌剧院被迫取消演出，停演导致无法获得正常收入；另一方面歌剧院总经理彼得·盖尔布提出"降薪保团"，以"暂停聘用"的方法停止发放薪水，可谓"危机四伏"。

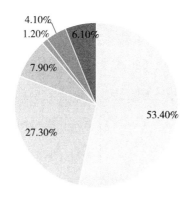

4.10%
1.20%
6.10%
7.90%
53.40%
27.30%

捐赠及遗赠收入 █ 票房收入 ░ 媒体业务收入（Met HD）█ 其他媒介收入 █ 投资收益 █ 其他收入

图 4-3　纽约大都会歌剧院 2019 财年营业收入构成

大都会歌剧院 2020 财年年报显示，受新冠病毒感染疫情影响，歌剧院饱受考验，从初期 3 月 12 日停演持续至年末，故整年营业费用为 2.63 亿美元，大大低于前一年 3.12 亿美元的费用总额。收入方面，捐款、遗赠和其他用于运营的开发收入为 1.43 亿美元。在疫情期间，歌剧院推出几次大型筹款捐助活动，如 "The Voice Must Be Heard" "Virtual At-Home Gala"。大都会歌剧院网站上每天都有一系列免费的歌剧节目，针对 8~18 岁人群的为期 8 周的在线夏令营等。新冠病毒感染疫情给大都会歌剧院的百年历史带来了前所未有的挑战，但其凭借坚定的信念和多元的筹款机制成功应对了危机。

（三）筹款方式分析

作为全美乃至世界上营运预算资金名列前位的表演艺术组织，大都会歌剧院系统性构建了一套较为多元、精准且高效的筹款机制。翻阅大都会歌剧院捐赠资料，便会被其强大的赞助商所惊叹。彭博慈善基金（Bloomberg Philanthropies）、纽鲍尔家族基金（The Neubauer Family Foundation）、劳力士（Rolex）、托尔兄弟（Toll Brothers）一直是长期的战略赞助商。年度筹款的机会包括新编剧目、复排剧目、高清歌剧直播、优秀歌剧放映、"急促票"、开放日彩排、开幕夜直播、夏季高清节、高校歌剧及林德曼青年艺术家发展计划等，具体筹款项目及方式包括以下 7 类：

第一，关于捐赠回报。包括荣誉捐赠（honorary gifts）和纪念捐赠（memorial gifts）。大都会歌剧院为歌剧爱好者或相关家庭成员的纪念日、生日及特殊节日设置了针对性的荣誉捐赠。捐赠者会收到捐款收据，其朋友或家人也会收到大都会博物馆的私人信件，告诉捐赠者以他们的名义捐赠了这些贴心的礼物（捐款金额会被保密）。以纪念捐赠为例，大都会歌剧院的座位牌是一个周到和持久的方式来纪念所爱的人，并庆祝该人对歌剧的热爱。观众可以通过以下的免税捐款来命名歌剧院中的一个座位，如池座（orchestra seat）为 15000 美元，三层（grand tier seat）为 10000 美元，四层（dress circle seat）为 7500 美元，五层（balcony seat）5000 美元，顶层（family circle seat）为 5000 美元。歌剧院对于筹款回报的细节内容也是非常关注。例如，在筹款详情中明确说明纪念座牌是黑色氧化黄铜，上面刻有优雅的白色字体，大小为三乘五英寸。由于剧院的四、五、六楼观演区斜面较陡，为了确保更好的展示性与可读性，这些区域的纪念座牌比池座和三楼的都要略大。税收减免方面，歌剧院还支持捐赠人建议基金（DAF）①、养老金账户直接转账等便利工具，旨让捐赠者获得更多税收减免福利。

第二，特殊专项基金资助项目。大都会歌剧院专门为捐赠者设置其较为感兴趣的专项基金项目（met programs）。例如，较为有影响力的大都会歌剧广播节目。从 2004 年开始，该项目主要依靠托尔兄弟和特别广播节事基金的鼎力支持。目前该项目正处于重建阶段，正在广泛呼吁邀请捐赠

---

① 捐赠人建议基金（donor-advised funds）是起源于美国的慈善捐赠工具。通过 DAF 进行慈善捐赠，捐赠人不仅可以按照美国税收政策得到税收优惠，还可以在很大程度上拥有对捐赠的控制权。DAF 的运转涉及捐赠人、DAF 管理方和接受捐赠的机构三者。

者支持。针对于此，歌剧院专门设置了以下的捐赠回报：在线访问广播录音（150 美元）、可选择历史广播 CD（300 美元）、受邀参加周末歌剧广播节目（1000 美元）、节目单和演出季册中的致谢（2500 美元）、领导型特殊贡献认可（25000 美元）。领导型特殊捐赠（leadership gifts）所获得捐赠回报取决于捐赠层级，包括在排练厅（list hall）放置铭刻捐赠者姓名的永久座位纪念牌和在广播节目中的荣誉致谢。又如，在 2021—2022 演出季，歌剧院还设置周末全国广播支持项目。捐赠 1000 美元及以上的捐赠者有机会与歌剧院广播推广大使黛博拉·福格特（Deborah Voigt）一同参与该特定节事活动，了解歌剧院广播节目。

第三，高清歌剧直播进校园项目。自成立以来，大都会高清歌剧直播节目丰富了纽约市和全美国近 16 万名师生的生活。大都会歌剧院与纽约市教育部合作，高清直播项目于 2007 年在纽约市公立学校推出，并于 2008 年在全美国推广。该项目目前为美国 42 个州的 56 个学区提供服务。通过提供直接观看大都会的演出，以及广泛的教师培训、课程强化材料和难得的与歌剧明星互动的机会，大都会致力于将歌剧介绍给全国各地的学生，寻求点燃对古典艺术的热情。故歌剧院为该项目专门设置了捐赠项目，涉及邀请学生参与免费的交流会和全球夏令营，以推动将表演艺术带给更多年轻观众。

第四，培养青年艺术家项目。大都会歌剧院林德曼青年艺术家发展计划被认为是当今识别、培训和培养新歌剧人才最重要的来源之一。林德曼青年艺术家发展计划由音乐总监詹姆斯·莱文（James Levine）于 1980 年创立，依托歌剧院的名师和合作艺术家，培训新一代的美国和国际歌剧艺术家，使他们在大都会歌剧院和世界各地的歌剧院以最高标准表演。那些志在扶持年轻艺术家的捐赠者可以更为针对性地支持该项目，最低捐赠额为 100 美元。

第五，"急促票"（rush tickets）①与大学生扶持计划。大都会歌剧院的"急促票"是在周一至周六的演出中提供精选的池座（orchestra）和三层（grand tier）座位，票价仅为 25 美元。若演出当天门票未售出，售票处可以将其加入急促票售买。大都会大学生扶持计划是一项针对全日制大学和研究生的折扣票务优惠，并会有机会受邀参加艺术讲堂，或在特别演出活动中与其他年轻的歌剧爱好者交流。"急促票"和学生票的捐赠项目可以让更多爱好者和年轻观众走进剧场，扩大公众艺术教育的广度。

第六，员工匹配捐赠（employer matching gifts）项目。美国较大规模的公司都会建立匹配捐赠制度，即任何员工向合法的慈善机构捐款，公司都将如数或比例追加捐款。大都会歌剧院也设置了专门的匹配捐赠专区，意在通过捐赠者所在公司的配对计划提升捐赠贡献，并在线设置了公司配捐的搜索功能，让捐赠者迅速了解相关政策。

第七，国际捐赠。针对国际性的捐赠者，大都会歌剧院专门开辟了服务于各国艺术爱好者及捐赠者的便捷渠道。例如，英国的纳税捐赠者可通过英国慈善基金的推荐链接实现捐赠税收减免。欧盟国家的捐赠者可通过博杜安国王基金会（KBF）和跨国捐赠网络（TGN）以银行转账或在线支付的形式进行捐赠，并可在 19 个指定的欧盟国家获得税收抵免。荷兰的个人或公司捐赠还可以通过歌剧院在荷兰注册的组织（ANBI）来实现。加拿大的捐赠者可以通过加美关系委员会（CCAR）来进行沟通。

---

① 急促票（rush tickets）一般是指剧院当天早上或中午开售当天晚上的少数低价票。各剧院急促票的开售时间、支付方式、限购条件及退票规则均不同。大都会歌剧院会在周一到周五中午开售晚上的演出票，周六 2 点开售当天急促票。

八、案例分析：筹款信息化平台——Tessitura Network[①]

（一）基本简介

Tessitura Network 是在大都会歌剧院（Metropolitan Opera）深陷筹款和票务营销困境时所诞生的。1995 年，大都会歌剧院董事会授权下拨 500 万美元意在为文化艺术组织打造一个综合性的客户关系管理系统（CRM[②]）。查克·雷夫（Chuck Reif）被任命为该项目的首席工程师，起初该平台被称为"Impresario"，后改名为"Tessitura"，并从 1998—1999 演出季开始正式投入运行。查克·雷夫及他的团队所开发的 Tessitura 系统集合了文化艺术组织与潜在客户、捐赠者、成员、订阅关注者等对象之间的所有联系。Tessitura 系统是一个在票务、筹款、营销、客户关系管理、数据挖掘和网络功能方面同样强大的解决方案。Tessitura 作为一个综合筹款活动和票务库存系统，配有先进的互联网接口，允许网上售票，具有灵活性、可定制和开放性特征。

（二）运营模式

Tessitura 系统平台也得到了知名艺术机构的认同。2001 年，圣达菲歌剧院、约翰·肯尼迪表演艺术中心、旧金山交响乐团、西雅图歌剧院、纽约城市中心和芝加哥抒情歌剧院、大都会歌剧院 7 家知名艺术组织在圣达菲（Santa Fe）举行的会议上一致同意共同组建一家非营利组织（Tessitura Network）来负担运营与成本。2003 年，Tessitura 取得了美国国税局授予的

---

① 资料来源 :Tessitura Network 官方网站，https://www.tessituranetwork.com/，案例资料由李蕊彤整理，作者有所编辑修订。

② 客户关系管理（customer relationship management），是指企业为提高核心竞争力，利用相应的信息技术以及互联网技术协调企业与顾客间在销售、营销和服务上的交互，从而提升其管理方式，向客户提供创新式的个性化的客户交互和服务的过程。

非营利组织身份，这就意味着所有的会员和用户将在该系统平台上受益，而不是投资者或其他股东。

相较于营利性公司的其他 CRM 系统，Tessitura 实现了一种较为特殊的公益运营模式。正如查克·雷夫所说，"我们最初的目标只是想出一个办法，让一些文化艺术组织分享这个软件，并找到支持它的方法。我们从来没有想过会以这样的方式发展，看到我们能走到这一步真是一种奇妙的经历"。Tessitura Network 授权用户处理系统的管理、维护和开发，并致力于推动非营利文化艺术组织内部的最佳实践和知识共享交流。

Tessitura 总部位于美国得克萨斯州达拉斯，其团队人数已经超过 200 名，其中有近 80% 的员工曾在艺术和文化机构工作过，包括票务和票房经理、开发总监、营销经理、IT 专家、数字内容制作人、博物馆馆长、画廊经理、财务总监、教育协调员等。令人欣慰的是，Tessitura 所采取的分布式员工模式使得他们能够在全球招募到更为优秀的员工。正如 Tessitura 的宗旨所述，"为文化而存在（live in the culture）"，在剧院团管理的各个环节都有它的身影。在全球使用 Tessitura 的 750 多个组织中，有 80 多个是表演艺术中心和场馆，如英国诺丁汉皇家音乐厅、纽约林肯表演艺术中心、澳大利亚墨尔本艺术中心、悉尼歌剧院等。

（三）筹款功能

Tessitura 系统平台在筹款功能方面具有以下特点：（1）强化稳固的筹款关系。Tessitura 可以让筹款者全面了解捐赠组合中的每个客户，从研究背景资料到潜在捐赠者的培养，再到客户管理的过程中实现全程服务。（2）智能化工作机制。Tessitura 可以帮助文化艺术组织筹款者的工作更为智能化和自动化，从而让筹款者能够拥有更多时间拓展人际关系。例如，制定年度工作计划、具备自助式在线自助功能、自动发送收款确认及发票等、自动提醒更新捐赠者的回报。（3）全方位的筹款视角。Tessitura 能够捕捉到所有重要的捐赠者信息，如姓名、地址、教育程度、所有家庭成员及其相关协会等，特别是捐赠者的捐赠历史、捐赠类型（现金或非货币）、匹配捐赠、遗产捐赠等内容。此外，无论是一次性捐赠还是经常性捐赠，Tessitura 都可以根据捐赠金额、类型及活动类型自动生成确认收据和发票，并轻松指定诸如捐赠的免税部分、费用或唯一的收据号码等细节。（4）支持组织会员功能。Tessitura 的所有会员功能都可以通过网络渠道统一放置在购物车中，包括捐款、门票、订阅和其他活动。（5）支持节事筹款活动。Tessitura 具备管理筹款晚宴、慈善晚会的功能，如跟踪邀请名单、餐桌座位、嘉宾赞助级别管理等。

（四）筹款实践

在服务文化艺术组织筹款实践方面，Tessitura 已经拥有众多成功案例。例如，迈阿密城市芭蕾舞团（MCB）副执行董事阿尔弗雷多·加西亚（Alfredo Garcia）所描述的，"该舞团选择 Tessitura 的网络扩展服务来扩大他们的筹款资源。在一次舞团会议上，他们看到悉尼舞团的报告中涉及了捐赠者的姓名、照片和注释。当他们拍照后反馈给 Tessitura，很快就有了回复，并能够在系统中实现这些功能。另外就是集合捐赠计划和投资组织的预测模型彻底让舞团能够准确地预测捐赠现金流。这两个需求能够实现，就在于 Tessitura 所有技术人员的专业和热情"①。

面向年轻观众的梦想剧场（imagination stage）的发展部负责人伯恩斯（Byrne）使用 Tessitura 所开发的"即时捐赠"（instagift）也是让组织能够改善较为艰难的筹款工作。在新冠病毒感染疫情之前，梦想剧场每年平均将近有 10 万名观众。在疫情影响下，梦想剧场近年的筹款减少了 20%。为了更好地吸引捐赠者，剧场计划推出一种相对轻松且时效性极强的"即

---

① Alfredo G. Tessitura is the language that everybody speaks[EB/OL]. 2018-10-24.https://www.tessituranetwork. com/en/Items/Articles/Success-Stories/Miami-City-Ballet.

时捐赠"。他们的解决方案是将票根转换为可操作的捐赠。这样票根成了完美的工具，因为它已经包含有顾客的 Tessitura ID，并与顾客在线购买的信用卡账户相关联。例如，2019 年代表 20.19 美元的存根，梦想剧场 40 周年代表 40 美元的存根（见图 4–4）。

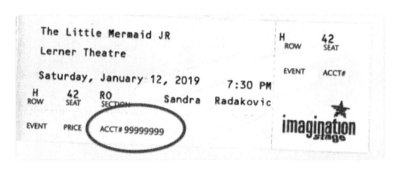

图 4–4　梦想剧场（Imagination Stage）票根捐款凭证

该筹款想法执行起来也较为容易。演员在谢幕后会向观众说道，"如果您喜欢这个节目，请将您的门票放入盒子中，梦想剧场将向您的信用卡提取 20.19 美元的捐款"。观众可以自由选择是否需要将票根留在捐款箱中。事实上，筹款结果是令人非常振奋的，20.19 美元的"即时捐赠"共筹集 5528 美元，比往年夏季增加了 50%。40 美元的"即时捐赠"共筹集 7623 美元，较往年增加了 20%。该活动吸引了 460 名捐助者。这些捐赠者中的 436 人是新捐赠者或过去两年没有捐赠记录的捐赠者。可见，低门槛和简单的流程是成功的关键。 伯恩斯认为，借助 Tessitura 信息系统的筹款之所以成功，其原因在于：（1）高效的筹款效率。无论是现金或网络购票，顾客将票根放入盒子后，会在 24 ~ 48 小时内进行联系和确认处理捐赠。（2）实时的追踪。通过捐赠分配的唯一源代码，员工可以在 Tessitura Analytics 仪表板中比较"即时捐赠"询问和传统活动的参与度。（3）后续参与。筹款人员使用 Tessitura 的 Word Fly 群发电子邮件，向"即时捐赠"的捐赠者提供一系列优惠。（4）广告效应。因为这个筹款请求非常简单，无论是在社交媒体、电子邮件或剧场楼宇大厅，都能快速传递筹款信息，也是一种较好的广告。①

---

① Sean B. How do you successfully engage busy donors[EB/OL]. 2021-07-13.https://www.tessituranetwork.com/en/Items/Articles/Success-Stories/Imagination-Stage.

第五章　企业捐赠

中国慈善联合会（CCA）2018 年度捐赠报告显示，我国企业捐赠共 890.84 亿元，占社会捐赠总量的 61.89%。其中，民营企业依然是社会捐赠的主力，全年捐赠约 450.32 亿元，占企业捐赠总量的 50.55%。国有企业全年捐赠 310.90 亿元，占总量的 34.90%。外资企业和港澳台企业全年捐赠比重分别为 8.84% 和 5.71%。全国单笔超 10 万元的企业及个人大额捐赠近 3900 笔，共计 295.61 亿元。[①] 2020 年，我国企业捐赠总额增长为 1218.11 亿元，企业捐赠首次超千亿元，仍为捐赠主力。

然而，相较于其他公共领域，我国文化艺术组织筹款之路依旧很漫长。2018 年，我国社会捐赠主要流向教育、扶贫与发展、医疗健康等 3 个领域，占捐赠总额的比重分别为 29.4%、24.72% 和 20.44%，合计超过总量的七成；文化、艺术和体育领域的捐赠金额只有 47.13 亿元，仅占 3.28%。这一情况和其他国家相类似，文化艺术组织与健康教育、福利组织竞争，以获得企业捐赠。相比较对其他慈善事业的支持，企业对文化艺术项目的支持能为其赢得更大的知名度和声望。为了获得企业赠款，文化艺术组织必须让更多的企业发现赞助文化艺术事业所能够获得的显性收益和隐性收益，让更多的企业参与到文化艺术活动中来。

[①] 中国慈善联合会 . 2018 年度中国慈善捐助报告 [R/OL]. 2019–09. http://www.charityalliance.org.cn/u/cms/www/201909/23083734i5wb.pdf.

一、企业捐赠的缘由

文化艺术组织获得企业捐赠的关键在于两者之间能够在"投入—收益"之间形成一种共识性的价值交换。价值是艺术商业化的关键媒介。邱慧君研究认为，艺术与企业两者都具有对方所需要的资源，双方对彼此资源的互补性形成了其合作的必然要素。将艺术和企业双方的优势及所握有的资源进行整合，可以创造出能够提升竞争优势的新价值，不管是有形的经济价值，还是无形的社会价值或艺术价值，都是促成双方合作的需求要素。[①]邱慧君所描述的艺术与企业需求驱使合作关系清晰地展示了双方彼此共赢的交换模式。

一般而言，从企业经营的视角来看，企业赞助文化艺术组织的缘由包括：（1）信誉度和责任感。通过一系列的赞助活动来提升公司在公众和员工心目中的信誉度，让更多的受众感受到公司承担社会公共利益的责任和义务。很多企业会设立配套捐助机制，为自己员工捐款或所贡献志愿服务的项目提供配套支持，以进一步提升员工的荣誉感。（2）提高品牌竞争力。很多文化艺术作品或项目所蕴涵的创新价值往往可以带动企业品牌的价值提升。（3）维护受众关系。一家知名的汽车企业之所以会赞助某个剧院演出，是因为其认为二者的受众（消费者）有所重合。（4）政府的邀请和引导。为了推进区域文化艺术事业的繁荣，政府往往会邀请很多企业关注文化艺术组织的需求。（5）税收优惠。企业会衡量赞助文化艺术组织所带来的税收减免和品牌宣传之间的共赢。（6）负责人或高级管理人员的兴趣所在。对于文化艺术组织而言，除了获得企业的赞助资金之外，更重要的合作交换价值在于拓展社会资源、发展更多的志愿者、提升市场营销和公共关系、获得前沿的经营理念和成熟的管理模式等。文化艺术组织必须

---

① 邱慧君 . 企业赞助艺术研究 [D]. 北京：中国艺术研究院，2009:14.

从市场、产品、期望形象和收益等方面分析每个企业的前景，在公平对等的基础上与企业建立商业合作伙伴关系，以换取更多的赞助支持。

二、企业捐赠的影响因素

文化艺术组织筹款者需要厘清哪些因素会干扰企业的赞助行为，这样才可能有所针对性地采取相应的筹款方法：（1）目标市场。大部分企业在赞助文化艺术组织或项目时，都会衡量该组织（项目）的主要受众与其消费市场之间的关系。一般直接面向终端消费者的企业更乐于进行一系列的赞助活动，而那些市场客户多为企业或批发商的机构则不会有太高的赞助热情。例如，相较于建筑行业供应商的建材类企业，房地产开发企业会考虑赞助当地剧院举办一场音乐会。（2）政府文化政策。企业的捐赠赞助行为往往受政策的影响明显。对于政府所引导的文化艺术项目，鉴于维系更好的政府合作关系，企业会采取一些利多的举措。（3）经营状况。企业的赞助政策也受到其盈利状况的影响。企业捐赠预算的规模通常是基于上一年获得的利润。如果收益低于预期水平，企业就不太可能增加赞助资金。（4）已有赞助经历。有过赞助行为的企业已经具有回馈社会的意识，赞助对于它们来说既是宣传自身企业文化的方法，也是对于社会文化建设的支持方式。相对于那些从未有过赞助行为的企业来说，非营利艺术组织获得这些企业的赞助更加容易。[①]

三、企业捐赠的类型

企业对于文化艺术组织的赞助通常是由内部公共关系部、市场营销中

---

① 史响.非营利艺术组织的生存之道：企业赞助模式初探 [J]. 艺术教育 ,2016(08):70–71.

心或相关发展部门来推进的。一些具备一定规模和发展潜力的企业还会设立一些专属的企业基金会来负责公益性事务。也就是说，企业捐赠文化艺术组织主要依托内部公共事务部门或企业基金会来展开。

（一）企业基金会

企业基金会是脱离于营利性企业机构的非营利组织，是由企业出资设立以公益事业为目的的独立法人，并非较为严谨的法律概念，而是日常通俗的表述。[①]根据我国基金会中心网数据显示[②]，截至2019年年末，企业基金会共计1444家，占当年度全部7871家基金会的18.3%。中共十六届三中全会后，企业基金会的数量从2004年的12家增长到2015年的601家，年均增长率为38.6%；在全国所有基金会中的比例也升至11.7%。《慈善法》颁布后，企业基金会的数量从2015年的601家增长到2019年年底的1444家，年均增长率为19.2%。从基金会注册地来看，除49家在民政部注册的基金会外，企业基金会超过100家的有广东省（313家）、北京市（214家）、浙江省（137家）、上海市（123家）和江苏省（101家）五地，共聚集了全国超过60%的企业基金会。

企业之所以设立专属的基金会，主要是考虑到能够向利益相关者传递关注他们利益的信号，有利于企业获得他们更多的支持，进而增强企业竞争力（Porter和Kramer，2002）。当然，企业基金会在发展过程中面临着诸多挑战，筹款者应该清楚这些问题产生的根源。一些研究者基于社会网络理论、委托代理理论、资源依赖理论等，开始深入企业基金会的实际运作过程、运作结果的影响因素等层面进行研究，如投资监管、社会关系、

[①] 2004年我国颁布的《基金会管理条例》将基金会分类为公募基金会与非公募基金会，鼓励非公募基金会的发展。企业基金会属于非公募基金会中的一种。

[②] 基金会中心（CFC）.参与的力量：中国企业基金会发展研究报告 [R/OL]. 2020–03–10. https://new.qq.com/omn/20220310/20220310A07SWP00.html.

声誉评价与社会监督等，这使得关于企业基金会的研究更趋完善。[①]

有些商业、营利性的文化艺术机构自己也会设立企业基金会，多是为了更好地对接社会资源和配置自身资源。例如，百老汇演艺集聚区中舒伯特剧院公司和舒伯特基金会之间交融的关系。舒伯特集团包含了舒伯特商业剧院公司和非营利基金会两大部分。蒂姆·唐纳修（Tim Donahue）和吉姆·帕特森（Jim Patterson）在其《专业剧院的经营之道》一书中就将这种模式比喻为"俄罗斯套娃"，并指出这种模式对于机构资金的透明没有任何益处，但是不可否认的是，由于舒伯特基金会每年重点支持众多剧团和舞团，建立了良好的互动关系，间接地吸引了一大批非营利剧团的创意人才[②]。关于企业基金会的运作以及相关筹款渠道和方法可以参照本书中基金会资助的章节。

（二）匹配资助项目

相较于企业基金会的筹款平台，企业内部捐赠项目的实施与操作则显得较为简洁。企业在正常的经营状况下，会将一部分服务社会公益事业的资金列入公关费或营销费。在企业捐赠项目中最为突出的是匹配资助项目（matching gifts）。所谓匹配资助项目是指员工向合法非营利组织捐赠时，规模性企业所进行的配套资金支持。配捐比例在不同公司会有所差异，也会针对员工职位、捐赠项目及最大捐赠额度有所不同。这种匹配式的筹款形式在私营企业捐赠、政府资助及高校校友基金会中较为常见。例如，北京语言大学校友基金会《捐赠项目配套资金管理（试行）办法》就指出，"配套资金来源为学校财务预算资金，该基金会按照公益性和分类的原则拨付配套资金"。[③]黎相描等研究指出了匹配捐赠的3种模式，如强生公司

---

① 陈钢，李维安. 企业基金会及其治理：研究进展和未来展望 [J]. 外国经济与管理,2016,38(06):21-37.
② 马明. 全球化背景下国际演出市场竞争优势 [M]. 北京：知识产权出版社，2013:158.
③ 北京语言大学. 捐赠项目配套资金管理办法 [EB/OL].2019-11-18.http://www.blcu.edu.cn/art/2019/11/18/art_15866_1150858.html.

的比例配捐、沃尔玛公司志愿服务匹配补贴、Toms 鞋业的匹配实物捐赠。具体而言，强生公司按照 2 : 1 的比例进行配捐。员工可以以现金、股票证券或者有市场价值的资产等形式进行捐赠。对于股票证券类型的捐赠，强生公司会按照捐赠当天的市场价格进行配捐；而实物资产类型的捐赠，强生公司则要求按照两次独立的价格评估报告，取平均价格进行配捐。沃尔玛设立了志愿服务计划（VAP）对员工在非营利性组织志愿服务的时间进行匹配，向相应的组织发放匹配金。对员工每小时的志愿服务进行匹配或是对员工志愿服务总时长进行匹配。Toms 鞋业将销售鞋子与捐赠结合起来形成了独特的"买一捐一"匹配捐赠模式（one for one）。[1]

（三）特别项目支持

对于文化艺术组织而言，很多情况下需要为了某个艺术节、剧目演出或展览等特定项目寻求资金支持。这些特别项目的募款资金金额较大，具有一定的社会影响力，故会出现多个企业共同赞助的状况。这些企业愿意从其营销和广告年度事务性预算中拿出部分资金进行支持。对于特定项目的赞助，更多是能够凸显出企业与组织共赢的品牌效应。在这种情况下，筹款也就兼具了募资和宣传的双重效果。例如，爱丁堡艺术节 2020 年度财务报告显示，该年度艺术节的收入主要来自筹款收入（包括企业、个人捐赠、信托、基金会和国际合作伙伴）和公共部门捐赠两部分[2]。文化艺术组织在寻找企业的特定捐赠时，主要是尝试将该项目的潜在预期受众与可能性的企业消费者进行匹配。而手中的高匹配度才可能说服企业进行针对性的项目资助。如果是规模较大的艺术节或艺术展演等活动，就不可能由一家企业来赞助，发展部须尝试搭建同时服务多个赞助商的沟通平台，让不同领域的企业都能找到合作伙伴。这种平台不仅受益于文化艺术组织，

---

[1] 黎相描,关镇升,黄荫坤,等.基于企业社会责任的匹配捐赠模式探究[J].中国市场,2018(08):104–106.
[2] 该年度因新冠病毒感染疫情影响,故没有门票销售收入。

很多独立的赞助企业之间也会因为共同的赞助活动而形成合作默契。

（四）实物支持

实物捐赠（in-kind gift）是指企业并不直接给予现金支持，而是根据实际情况以产品、服务、设备或其他实物设施为捐赠物。通常这种捐赠形式的实际成本相对不会很高，且更易于企业进行配置资源。例如，张蕾和钱世锦曾提到 2004 年音乐剧《剧院魅影》在华演出就得到了马来西亚航空公司的机票赞助。① 又如，科技公司往往热衷于为非营利组织提供电脑、软件及办公设备的资助。当然，筹款者应注意某些实物捐赠可能会影响组织的正常筹款活动。例如，香烟、高污染企业的实物赞助往往较敏感。

四、捐赠的税收激励

企业捐赠公共性领域是其履行社会责任、优化资源配置、营造良好经营环境及协调社会主体等多方面意图的动机表现。一般而言，企业慈善行为的发展经历了自发自愿、被动被迫和主动自觉 3 个阶段；20 世纪 90 年代中期，迈克尔·波特在批判了以弗里德曼为代表的"企业社会责任与经济目标相互排斥论"的基础上构建了策略性慈善行为的理论基础——企业社会责任与经济目标兼容论。② 社会责任和经济目标兼容的价值视角一直影响了众多企业积极投入公益事业、赞助文化艺术活动。

企业捐赠文化艺术活动的决策本身符合西蒙（Simon）所说的有限理性（bounded rationality）③ 的过程。西蒙所倡导的有限理性概念便是企业行为决策理论的重要观点，其在《管理行为》一书中指出，理性的和经济的

---

① 张蕾，钱世锦. 剧院管理务实十六讲 [M]. 上海：上海人民美术出版社，2021:85.
② 田利华，陈晓东. 企业策略性捐赠行为研究：慈善投入的视角 [J]. 中央财经大学学报，2007(02):58-63.
③ 有限理性（bounded rationality）概念最初是由阿罗提出的。他认为，人的行为（决策、行动）是有意识的理性，也是有限的。

标准都无法确切说明管理的决策过程，进而提出"有限理性"标准和"满意度"原则。影响决策者决策的不仅有经济因素，还有其个人的行为表现，如态度、情感、经验和动机等。[①] 企业领导的文化艺术兴趣、经验法则以及对于营造经营环境的态度等要素依旧会影响其决策。这也充分说明了企业捐赠是一种策略性的捐赠行为。其整合了企业商业目标与社会目标，我们可以称之为企业的"慈善投资"行为 。慈善事业对于企业来说，不仅是"爱心"的表达，更是"市场"的获取，捐赠社会公益事业就是投资"慈善市场"，可以获得来自政府 、社区、员工等多方面广泛的资源，而这些资源用平常的市场手段是不可能得到的。[②]

在众多赞助、捐赠动机中，税收优惠是企业经理人赞助文化艺术、教育、慈善等公共领域的重要激励要素。国外捐赠税收优惠政策主要包括 4 种激励策略：一是降低个人或企业的所得税率；二是向非营利性组织提供政府补贴；三是企业配套捐赠；四是提高捐赠抵税比例。[③] 例如，2003 年 8 月，时任法国文化事务部部长阿亚贡针对《文化赞助法》的不足提出修正案改革，"第一，将个人捐赠文化艺术作品所获得的税收减免额度由 50% 提高到 66%。个人赞助所获得减税最高比例，由原来的 10% 提高到 20%，超出的部分可以在五年内获同等条件减免。第二，企业捐赠公共文化艺术后减免的税收，由其赞助金额的 33.33% 提高到 60%。超过营业额 0.5% 的部分，可顺延五年享受减税优惠。扩大企业因为购买而享受 90% 减免税收优惠的艺术品范围。第三，给予艺术基金会更大的活动自由度，免税额度由 1.5 万欧元提高至 5 万欧元。"[④] 又如，日本企业的梅森娜（mecenat）[⑤] 赞

---

① 杨锐，殷晓彦.管理学原理 [M].北京：人民邮电出版社，2012.

② 田利华，陈晓东.企业策略性捐赠行为研究：慈善投入的视角 [J].中央财经大学学报，2007(02):58–63.

③ 彭飞，范子英.税收优惠、捐赠成本与企业捐赠 [J].世界经济，2016,39(07):144–167.

④ 祁艳.法国艺术资助制度研究 [J].河南教育学院学报（哲学社会科学版），2017,36(05):29–42.

⑤ mecenat 源于法语 mécénat，因为古罗马时期著名政治家、文艺家盖乌斯·梅塞纳斯（Gaius Maecenas）对于文化艺术领域的资助，往往被引申为"赞助人"的代名词。因日本和法国共同举办的文化论坛上被提议设立企业赞助艺术的机构，故使用了该名称。

助也是较为典型的企业联合共同赞助文化艺术事业活动的案例。1990 年 4月，日本公益社团法人"企业赞助协议会"成立。1994 年，日本对于赞助公共文化事业的企业或个人税收优惠政策进行了修订。同时，企业赞助协议会制定了"助成认定制度"，规定经由企业赞助协议会向艺术文化活动进行赞助的企业或个人，协议会将向该企业或个人发放特定公益增进法人证书，凭此证书可获得减税优惠。[1]

2008 年，我国《企业所得税法》明确，公益性捐赠的税前扣除上限由之前的"应纳税所得额的 3%"变更为"利润总额的 12%"，且抵税基数由应纳税所得额调整为利润总额。这些调整直接扩大了企业捐赠抵扣的范围，激励效应更为明显。朱迎春关于我国上市公司慈善捐赠相关数据的回归分析研究认为，"税收是影响企业慈善捐赠行为的主要因素之一，企业慈善捐赠支出与企业所得税税率显著正相关；企业慈善捐赠行为受利润水平制约，企业慈善捐赠支出与企业净利润显著正相关"[2]。彭飞和范子英也研究指出，"捐赠抵税政策对企业捐赠力度的作用显著，相当于在捐赠企业的平均捐赠力度上提高 38% 左右"（见表 5-1）。[3]

表 5-1　我国企业所得税企业捐赠抵税内容

调整内容	2008 年前	2008 年后
名称变化	公益、救济性捐赠	公益性捐赠
受捐对象变化	非营利的社会团体	公益性社会团体
捐赠范围变化	向教育、民政等公益事业和遭受自然灾害等地区的捐赠	不再具体列举公益性的捐赠范围，统一为用于《捐赠法》规定的公益事业的捐赠
纳税主体变化	仅适用于内资企业	适用于所有国内企业的纳税人，明确规定不包括个人独资企业和合伙企业
捐赠扣除比例变化	3%	12%
捐赠扣除基数变化	年度应纳税所得额	年度利润总额
所得税率变化	33%	25%

---

[1]　程永明 . 企业的文化赞助：以日本企业 mecenat 协议会为例 [J]. 日本问题研究，2015,29(01):20-30.

[2]　朱迎春 . 我国企业慈善捐赠税收政策激励效应：基于 2007 年度我国 A 股上市公司数据的实证研究 [J]. 当代财经，2010(01):36-42.

[3]　彭飞，范子英 . 税收优惠、捐赠成本与企业捐赠 [J]. 世界经济，2016,39(07):144-167.

一般而言，公益捐赠企业所得税优惠政策涉及企业所得税和个人所得税优惠两种形式，相关法律文件主要涉及《中华人民共和国企业所得税法》《中华人民共和国个人所得税法》《中华人民共和国慈善法》等（见表5-2）。公益捐赠票据是作为税收优惠（抵税）的财务凭证，企业或个人捐赠后可以向被捐赠组织索取捐赠纸质或电子票据。

表 5-2　我国捐赠税收优惠相关的法律法规

法规	主要内容
《中华人民共和国企业所得税法》	第九条　企业发生的公益性捐赠支出，在年度利润总额12%以内的部分，准予在计算应纳税所得额时扣除；超过年度利润总额12%的部分，准予结转以后3年内在计算应纳税所得额时扣除。
《中华人民共和国个人所得税法》	第六条　应纳税所得额的计算：个人将其所得对教育、扶贫、济困等公益慈善事业进行捐赠，捐赠额未超过纳税人申报的应纳税所得额30%部分，可以从其应纳税所得中扣除；国务院规定对公益慈善事业捐赠实行全额税前扣除的，从其规定。
《中华人民共和国慈善法》	第八十条　自然人、法人和其他组织捐赠财产用于慈善活动的，依法享受税收优惠。企业慈善捐赠支出超过法律规定的准予在计算企业所得税应纳税所得额时当年扣除的部分，允许结转以后3年内在计算应纳税所得额时扣除。

公益性捐赠税前扣除的两大前提分别是：（1）捐赠目的必须是用于公益慈善事业。《中华人民共和国公益事业捐赠法》第三条明确指出"公益事业是指非营利的下列事项：①救助灾害、救济贫困、扶助残疾人等困难的社会群体和个人的活动；②教育、科学、文化、卫生、体育事业；③环境保护、社会公共设施建设；④促进社会发展和进步的其他社会公共和福利事业"。（2）接受捐赠的机构须是公益性社会组织、县级以上人民政府及其部门等国家机关。公益性社会组织是指在民政部门备案注册登记，取得公益性捐赠税前扣除资格的慈善组织、其他社会组织和群众团体。

五、政策解读：捐赠税收优惠计算 ①

（一）企业捐赠税收优惠计算

企业捐赠税收优惠的计算要点包括以下 6 点：（1）公益性捐赠扣除限额 = 利润总额的 12%；（2）实际捐赠支出总额 = 营业外支出中列支的全部捐赠支出；（3）捐赠支出纳税调整额 = 实际捐赠支出总额 - 公益性捐赠扣除限额；（4）如果纳税人实际捐赠额小于捐赠扣除限额，税前应按实际捐赠额扣除，无须纳税调整；（5）如果实际捐赠额大于或等于捐赠扣除限额，税前按捐赠扣除限额扣除，超过部分不得扣除，超过部分即为纳税调整额，结转以后 3 年内在计算应纳税所得额时扣除；（6）结转顺序为先扣除以前年度结转的捐赠支出，再扣除当年发生的捐赠支出。

1. 企业捐赠支出不超过当年扣除限额

某企业当年实现会计利润 100 万元，营业外支出列支公益性捐赠支出 10 万元。不考虑其他纳税调整因素，分析企业当年公益捐赠税前扣除限额和应纳企业所得税。（假设企业所得税税率为 25%。）

按《企业所得税法》计算如下：

公益捐赠税前扣除限额 =100×12%=12（万元）

由于企业当年公益捐赠额 10 万元小于扣除限额 12 万元，企业应按 10 万元抵扣应纳税所得额，当期无纳税调整因素。

应纳税所得额 = 利润总额 =100（万元）

应纳所得税额：100×25%=25（万元）

2. 企业捐赠支出超过当年扣除限额，结转 3 年扣除

假定 A 企业 2019 年会计利润为 1000 万元，当年符合税前扣除

① 资料来源：河南大学校友总会 . 政策解读：捐赠后如何"抵税"[EB/OL]. 2021-11-25. https://xyh.henu.edu.cn/news/tzgg/show-3538.html。作者有所编辑修订。

条件的公益性捐赠支出 200 万元；该企业当年的捐赠税前扣除限额为 1000×12%=120（万元），由于 120 万元 < 200 万元，因而该企业当年按照 120 万元扣除，超出的 80 万元捐赠支出当年不能税前扣除，需要进行纳税调增。假设不考虑其他纳税调整事项，该企业 2019 年应纳税所得额 =1000+80=1080（万元）。

假定 A 企业 2020 年企业会计利润为 200 万元，当年未进行慈善捐赠，该企业 2020 年捐赠税前扣除限额 =200×12%=24（万元）。假设无其他纳税调整事项，则该企业 2020 年应纳税所得额 =200–24=176（万元）。

尚未扣除部分 =80–24=56（万元），结转到下一年度继续扣除。

假定 A 企业 2021 年会计利润为 100 万元，当年未进行慈善捐赠，该企业 2021 年捐赠税前扣除限额 =100×12%=12（万元）>（8 万元），因而按照 8 万元扣除。假设无其他纳税调整事项，则该企业 2021 年应纳税所得额 =100–8=92（万元）。

此时，2019 年慈善捐赠超过限额部分全部结转扣除完毕，200 万元捐赠支出全部享受税前扣除的优惠待遇。

3. 集团公司合理分配捐赠额避税

某集团公司 2022 年度准备向某慈善基金会捐赠 500 万元，预计当年会计利润为 5000 万元，其中母公司会计利润 2000 万元，下属 A 公司会计利润 1000 万元，B 公司会计利润 2000 万元，现拟有两种方案：（1）母公司单独捐赠 500 万元；（2）母公司捐赠 200 万元，A 公司捐赠 100 万元，B 公司捐赠 200 万元。不考虑其他纳税调整因素，分析两种方案对企业所得税的影响。

方案一：母公司单独捐赠 500 万元

母公司税前扣除限额 =2000×12%=240（万元）

实际捐赠额 500 万元大于扣除限额 240 万元，根据孰低原则，允许税前扣除金额为 240 万元。超出部分 260 万元不得税前扣除，做纳税调增处理。

母公司企业所得税＝（2000+260）×25%=565（万元）

A 公司企业所得税 =1000×25%=250（万元）

B 公司企业所得税 =2000×25%=500（万元）

集团企业所得税 =565+250+500=1315（万元）

方案二：母公司捐赠 200 万元，A 公司捐赠 100 万元，B 公司捐赠 200 万元

母公司税前扣除限额不变，为 240 万元，实际捐赠 200 万元，全部可以扣除，无纳税调整。

母公司企业所得税 =2000×25%=500（万元）

A 公司税前扣除限额 =1000×12%=120（万元）

实际捐赠 100 万元，全部可以扣除，无纳税调整。

A 公司企业所得税 =1000×25%=250（万元）

B 公司税前扣除限额 =2000×12%=240（万元）

实际捐赠 200 万元，全部可以扣除，无纳税调整。

B 公司企业所得税 =2000×25%=500（万元）

集团企业所得税 =500+250+500=1250（万元）

两方案对比发现，分散捐赠为集团节约了 65 万元（1315–1250），充分利用了 A、B 两公司的税前扣除额度。

（二）个人捐赠税收优惠计算

除国家规定的全额扣除项目外，一般情形下个人的公益捐赠支出税前扣除以应纳税所得额的 30% 为限额。

居民个人发生的公益捐赠支出，在综合所得、经营所得中扣除的，扣除限额分别为当年综合所得、当年经营所得应纳税所得额的 30%；在财产租赁所得、财产转让所得、利息股息红利所得、偶然所得（以下统称分类

所得）中扣除的，扣除限额为当月分类所得应纳税所得额的 30%；在不同所得中扣除的公益捐赠支出的顺序也可由居民个人自行决定。下文以张先生个人捐赠为例进行说明。

张先生 2020 年某月取得工资 10000 元，将其中 1000 元直接捐赠给某贫困山区失学儿童，将其中 2000 元通过河南大学教育发展基金会捐资助学给在校贫困学生，并取得财政部门印制的捐赠专用收据；当月张先生工资、薪金所得费用扣除额为 5000 元（忽略其他可扣除项目），分析计算张先生应缴纳多少个人所得税？

（1）根据税法规定，张先生直接对失学儿童的捐赠 1000 元不得在计算个人所得税前扣除。（2）根据税法规定，个人通过河南大学教育发展基金会捐资助学给在校贫困学生，在不超过应纳税所得额 30% 的部分允许扣除。张先生本月工资、薪金应纳税所得额 =10000-5000=5000（元）。工资、薪金所得可扣除的捐赠限额 =5000×30%=1500（元）。张先生实际捐赠额为 2000 元，扣除限额为 1500 元，扣除限额低于实际捐赠额，应按扣除限额扣除。（3）张先生当月工资应纳个人所得税税额 =（5000-1500）×10%-210=140（元）。

六、案例分析：国家大剧院的企业赞助

（一）基本简介

作为国内剧院团经营管理的标杆，国家大剧院的企业赞助业务一直较为成功。首先在组织结构方面，正如本书前文所述，国家大剧院的筹款业务是由组织总负责人（院长）统筹、分管院长领导和发展部实施执行共同组成。发展部的年度筹款计划、重点企业的活动均会纳入大剧院的年度工作计划之内。国家大剧院的对外合作主要分为战略合作、项目合作和其他

合作 3 个类型，并按照不同层次的合作展开相关的企业赞助活动。

（二）筹款分析

王悦指出国家大剧院的企业赞助一共分为 5 级：（1）战略合作伙伴；（2）指定称号合作伙伴；（3）长期合作伙伴；（4）项目赞助者；（5）小额赞助者。[①]5 个层级体现了赞助企业与国家大剧院之间的合作深度和广度。例如，战略合作伙伴是双方高度共识的合作关系，具有长期性、排他性的特征。国家大剧院的网站信息也会显示诸如梅赛德斯 – 奔驰、中国银行、中国人寿、金融街集团的链接。

根据文汇报新闻，2008 年国家大剧院联合国内七大交响乐团，推出周末交响音乐会，票价仅为 40 元，其背后离不开梅赛德斯 – 奔驰的赞助。项目赞助者或小额赞助者往往是聚焦具体的文化艺术活动，某个剧目推广、艺术教育互动等。例如，2022 年 3 月，中央音乐学院、国家大剧院、北京星海钢琴集团有限公司联合主办的第十九届"星海杯"全国钢琴比赛。

针对不同层次、类型和规模的赞助合作，国家大剧院也提供了极具针对性的赞助回报。王悦分析并总结了以下几类具体的赞助回报：（1）荣誉称号；（2）票务回报；（3）品牌传播回报；（4）艺术殿堂环境营造；（5）贵宾接待服务；（6）艺术增值服务；（7）定制艺术服务；（8）最惠与优先待遇；（9）团建活动与群团活动。[②]

此外，为了让更多企业了解到国家大剧院及其相关文化艺术活动，国家大剧院也会采取较为主动、灵活的推介活动。根据中国日报网新闻[③]，2019 年 7 月，国家大剧院举行了企业合作推介会，国内诸多知名企业代表

① 王悦. 国家大剧院筹资赞助模式研究 [D]. 北京：中国音乐学院，2018.
② 王悦. 国家大剧院筹资赞助模式研究 [D]. 北京：中国音乐学院，2018.
③ 资料来源：国家大剧院 2019 年度企业合作推介会圆满举办 [EB/OL]. 2019–07–12.https://baijiahao.baidu.com/s?id=1638819952830419205&wfr=spider&for=pc.

等共计百余人出席推介会，增进了解，共商合作。本次推介会旨在进一步扩大国家大剧院"文化磁场"效应，吸引更多社会资金加入国家文化事业建设中来。国家大剧院以更开放的姿态，吸引凝聚优质社会力量、民间资本参与到艺术项目的创作、传播和普及中来。在此次推介活动中，北京金融街资本运营中心、北京金融街投资（集团）有限公司等企业与国家大剧院签署了合作意向书。

【新闻摘录】国家大剧院尝试文化赞助机制化 [①]

2008 年 11 月，国家大剧院宣布，他们将联合国内七大交响乐团，推出"周末交响音乐会"，票价仅为 40 元，国家大剧院的"艺术之友"会员，更是可以享受 10 元票价。当国内高票价盛行、一张演出票动辄要卖数千元时，国内剧院"领头羊"国家大剧院此举，不啻一声惊雷，炸响演出市场。

国家大剧院市场部负责人告诉记者，他们能以低价推出"周末音乐会"，离不开梅赛德斯－奔驰的赞助。而现在非常艰难的是，在内地，企业赞助文化活动目前尚不能得到税收方面的优惠，因此文化活动寻找赞助非常困难。曾在美国留学多年的上海戏剧学院副院长孙惠柱建议：能不能在北京、上海等演出发达地区，对非营利演出，尝试在税收等方面的政策优惠，以此扭转票价虚高等问题。

现行"赞助"其实是广告。2003 年，指挥大师小泽征尔在上海大剧院指挥交响乐，最高票价卖到了 4000 元。2004 年 4 月，小泽征尔再次来上海大剧院，最高票价却只有 380 元。两次演出票价之所以差额高达 10 倍的原因是什么呢？

时任上海大剧院艺术总监钱世锦告诉记者："因为有赞助。明年小泽

---

① 张裕. 尝试文化赞助机制化 [N/OL]. 文汇报,2008-11-20(009).https://www.chinanews.com.cn/cul/news/ 2008/ 11-20/1456641.shtml. 作者有所编辑.

征尔的演出，日本电通公司赞助了全部费用，甚至连场租费都帮着付清了，而且票房收入都可以归剧场所有，我们当然能低价卖票。"

然而，这样的好事，在国内真可谓"千年等一回"。很多企业"赞助"文化，与其说是"赞助"，毋宁说是要求"文化搭台，广告唱戏"。2004年底，音乐剧《剧院魅影》在上海大剧院上演，一家化妆品企业答应提供400多万元的赞助。然而，与400多万元随之而来的是长达数页的"媒体回报"条目：电视要上几次、报纸整版广告要做几次等，要求十分苛刻。

除了苛刻的"广告回报"，国内企业的文化赞助还把演出票价推向巅峰。演出界人士都明白，最高的票价不是用来"团购"就是返还给赞助商的。上海话剧艺术中心总经理杨绍林分析说，如果一家企业赞助了100万元，如果将最高票价设为1000元，需要返还1000张演出票；但如果票价翻倍，则只需给企业500张。座位还是同样的座位，戏票也是同样的戏票，只需要改改价格，便可省下一半的戏票，演出商何乐而不为？杨绍林考察百老汇后发现，票房根本不能支撑这些非营利演出机构的运转，他们的票房收入，最低的只占全年总预算的20%，最高的占全年预算的60%，其余预算来自私人、基金会、公司以及政府。如以推新人新作为宗旨的美国纽约大众剧院，2007年的总预算为1800万美元，票房收入为400万美元，约占预算的22%；而来自基金会、私人和公司的赞助约为1250万美元，高达预算的70%。既然票房不能支撑非营利性演出机构的营运，为什么美国的非营利性演出依然非常活跃？

哥伦比亚大学艺术管理系主任琼·吉弗瑞教授调查后发现，投入剧院表演艺术1美元，能带来4.3倍的附加值，而这4.3倍的附加值，就能够带来大量的就业岗位、游客连带消费等，从而拉动纽约的经济。鉴于附加值的诱惑，美国政府制定了详尽的税惠政策，鼓励个人、企业、基金会赞助非营利性演出机构。如肯尼迪表演艺术中心2003年获得的捐赠为4270万美元，占全部资金来源的39%。企业的捐赠分为企业黄金级至企业300俱乐部级等 5 个等级，个人捐赠分为"普通"至"桂冠"8 个级别，但每个级别基本都可以实现抵税。如普通赞助人级捐赠 1200 美元，可抵扣 1071 美元；企业 300 俱乐部级捐赠 30 万美元，可抵扣 29.25 万美元税额。不仅如此，这些大额度的主要捐赠者还是剧院的董事会成员，享受特殊的待遇。即使只捐助了几百美元的普通捐赠者，也能在剧院的显眼位置、观众席座椅以及演出说明书上，看到自己的姓名，这让他们获得了强烈的荣誉感。

七、案例分析：舞剧《孔子》与泸州老窖 ①

（一）基本简介

舞剧《孔子》创排于 2013 年，由中国歌剧舞剧院出品，导演为孔德辛。全剧由《序问》《乱世》《绝粮》《大同》《仁殇》《尾声·乐》构成。该剧从参政进谏、周游列国、危困绝粮、弦歌幽兰、晚年归鲁、修改《诗经》、撰写《春秋》、制礼作乐等情节，展示了孔子尽善尽美最高理想的一生。截至 2019 年 9 月，舞剧《孔子》已赴美国、日本、澳大利亚、意大利、斯洛文尼亚、希腊、马其顿、保加利亚、塞尔维亚等十几个国家和地区演出近 40 场。②

（二）筹款分析

舞剧《孔子》自创排首演之后，经历了国内多轮次巡演，并赴林肯艺术中心、肯尼迪艺术中心等海外知名艺术机构演出。该剧的创作、制作、

---

① 资料来源：中国歌剧舞剧院官网信息，http://www.cnoddt.com；泸州老窖携手中国歌剧舞剧院启动"为人民起舞"艺术周大型巡演 [EB/OL]. 环球网 . 2021–04–19.https://finance.huanqiu.com/article/42mebewtjhI。案例资料由刘嘉琪整理，作者有所编辑修订。

② 陶诚 . 舞剧《孔子》从"走出去"到"走进去"的实践与思考 [J]. 中国音乐学 ,2019(04):135–138.

传播及对外推广之路也都涉及了作为出品方的中国歌剧舞剧院与政府、企业在艺术资助方面的良好合作。2015 年，该剧获国家艺术基金传播交流推广资助。2017—2022 年，中国歌剧舞剧院与泸州老窖集团公司之间展开了深度合作，从签署战略合作协议到资助巡演，再到共同合作出品，舞剧《孔子》巡演超过 400 多场次，成为艺术组织与商业公司合作的典范。自2017 年双方开展战略合作以来，2018—2019 年连续两年推出舞剧《孔子》全国巡演数百场，覆盖数十个城市，惠及 15 万观众。2021—2022 年，双方合作推出"为人民起舞"艺术周，在全国 20 个城市开展《李白》《孔子》《昭君出塞》3 部舞剧巡演，同时以演出为中心，就地开展多种线上线下文化服务，更多样地为社会提供公共文化供给。双方的合作主要包括巡演赞助、惠民演出、学术性讲座、公益艺术教育等形式。通过双方合作，既让更多的中国观众有机会进入剧场观看舞剧《孔子》，也让中国歌剧舞剧院的艺术家们将高雅艺术带进泸州地区，参与到文化扶贫、乡村振兴等活动中。

尽管很多研究者和受众对于"酒精与艺术"之间存有一些保留意见，但是国内外众多酒企都越来越重视与文化艺术组织之间的合作。正如亚历山德拉·皮尔斯（Alexandra Peers）所述，"如今，画廊、博物馆或艺术世界派对的邀请函上，几乎每个人都能看到鸡尾酒赞助商。伏特加、杜松子酒和龙舌兰酒的品牌，无论是顶级品牌或那些希望被认为是顶级品牌的品牌，都在竞相忙碌与艺术界结盟……酒类品牌经理发现，与富有的芭蕾舞赞助人、歌剧迷或奢侈品买家相比，艺术人士更倾向于感性消费"①。2021年 11 月 6 日，UCCA 尤伦斯当代艺术中心在上海宝格丽酒店举办的慈善晚宴活动中，宝酝集团旗下高端自有品牌"宝酝酒"作为晚宴唯一指定白酒，以实际行动助力公益事业。类似这样的新闻或消息，对于文化艺术组

---

① Alexandra P. Under the Influence: The art and alcohol connection[EB/OL]. https://dujour.com/culture/art-and-alcohol-industry-history/.

织筹款而言，已经屡见不鲜。

泸州老窖集团公司与中国歌剧舞剧院之间的合作不仅

是资金赞助演出，更重要的在于双方的国有背景身份、对于文化事业繁荣的价值认同，对于优秀民族文化传承传播的共识。第一，身份共识。泸州老窖和中国歌剧舞剧院分别是国有性质企业与事业单位，虽然双方隶属不同领域，组织属性也不一样，但是双方在致力于民族文化传承和弘扬方面具有较强的共识。第二，价值共识。泸州老窖本身的品牌文化就是依托于中华传统文化，而中国歌剧舞剧院更是以弘扬中国传统民族音乐舞蹈为己任，来源于同样的文化底色。在文化定位上，二者首先就指向相同的方向；第三，二者都在积极推进中华传统文化的海外传播，致力于寻找合适的、广阔的海外传播渠道；泸州老窖的企业使命是"凡华人之所到，品味泸州老窖"。泸州老窖作为国有大型白酒酿造企业，始终坚持对中国传统酒文化的传承，引领中国白酒走向世界的品牌发展。中国歌剧舞剧院的海外传播是更好践行"文化走出去"的战略理念，切实推进文化命运共同体的建设。

由此可见双方在合作策略上具有多元性、参与性、公益性、线上线下兼顾等特点。双方通过多元的活动合作方式，致力于将剧目展演、文化交流、艺术教育及公益活动融合为一体。双方的合作已不再停留在单一经济上的赞助，而是正不断朝着文化品牌的方向纵深发展。

第六章 个人捐赠

个人捐赠是文化艺术组织筹款的重要来源之一。在我国，个人正在逐年成长为慈善捐赠的主力军，越来越多的个人愿意将金钱和物资捐赠给被认可的艺术组织；而在美国，非营利组织获取的个人捐赠甚至远超过企业捐赠和基金会资助，占据了慈善捐赠总量的最大份额。

一、相关概念

个人捐赠这一概念看似容易理解，实则学界对其尚未形成统一的认知。有学者研究发现，可将个人捐赠的界定分为两大流派。第一个流派主要基于个人捐赠行为的表征，个人捐赠行为被界定为：一是个人向有需要的陌生人提供帮助，给慈善机构捐献财物和奉献自己的时间；二是个人通过金钱或物品捐赠，在经济方面向他人提供帮助，或者通过志愿活动形式进行时间捐赠，改善他人福祉；三是个人通过捐款、实物、时间、劳务、器官及遗产捐赠等正式捐赠，献血、对流浪街头的人施以食物和零钱等非正式捐赠，对不幸的人表示怜悯和关怀。第二个流派主要基于个人捐赠行为的动机，个人捐赠行为被界定为：一种社会行为，即个人在充满关爱的社会中，受到社会氛围的影响，习得乐善好施的道德情操和人道主义的价值观，进而产生的慈善捐赠行为；一种经济行为，即个人经过理性思考，认为参与慈善捐赠不会因为他人的利益而牺牲自己的利益，或者期望得到不同于金钱奖励的其他回报，比如声望、荣誉或者内心安宁等，所作出的实现个人效益最大化的慈善行为；一种公益消费，即个人认同非营利组织的营销，付出时间、金钱等有形或购买公益产品的消费行为；一种心理行为，是特定个体在外部环境刺激和内部心理驱动共同作用之下，牺牲自身金钱、时间、情感等有价值的资源，帮助他人并造福社会的慈善行为。①

综合上述两种流派的观点，本书将个人捐赠概括为：出于某种行为动机，对唤起个人心理认同的集体或个人提供物质、精神层面的无偿帮助，并产生一定社会效应的慈善行为。该过程通常会伴随着捐赠人有形、无形资产的损耗，但捐赠人反因此会收获精神财富、社会声望。下文对个人捐赠的相关讨论将在此定义的基础上展开。

二、捐赠动机

根据个人捐赠的定义，这种看似"损己以利人"的行为为什么能够长期存在并且在近年来成为慈善捐赠的重要来源呢？那就需要我们来研析个人捐赠行为的动机，即个人捐赠的源头在哪里？是什么促使个人产生捐赠的念头并最终行动？个人捐赠的目的是什么？

（一）自身因素

经济学家贝克尔（Becker）研究发现，世界上绝大多数人的行为动机只有一个，就是以自身利益最优为出发点，经济学中的理性人假设也验证了人们的这种行为。②从贝克尔的这个观点来看，个人捐赠的动机从本质上来讲也是一种自我实现。

促使人们做出个人捐赠的自身因素有很多，如获得精神层面的愉悦

---

① 蒙艺，高昌政，施曲海 . 个人捐赠行为概念内涵、形成机制及促进策略研究述评 [J]. 社会服务与救助，2021,12(04):66-71+75.

② Becker G S. Altruism, Egoism, and Genetic Fitness: Economics and Sociobiology[J]. Journal of Economic Literature, 1976, 14(1):17-26.

和满足、收获社会声望、提高社会地位。国内外学者从经济学、社会学、心理学等角度探讨过个人捐赠的内在动机：根据安德烈奥尼（Andreoni）提出的温情效应理论模型（warm-glow giving），个人捐赠并不是完全为了他人利益，还可能是为了获得内心的温暖、愉悦和满足①；多尔尼察（Dolnicar）指出，曾经获得过帮助或者期望今后在困境中得到帮助的人群容易受互惠性利己动机驱动进行慈善捐赠，意在塑造自身名誉、提高社会地位，而这部分人群可能因为社会的认可而增加日后捐赠的频率②；此外，依据马斯洛需求层次理论，个人捐赠是为了满足自我实现的需求，所以满足了自身基本的生存和生活需求的人群，为了追求更高层次的需求，更容易产生个人捐赠的行为。

（二）外在因素

促使个人捐赠行为产生的外在因素也有很多，这些外在因素同样也是激发个人捐赠的主要动机。有研究将个人捐赠的外部因素总结为"一种基于社会互动的需要，具体指个体受到个人声誉、社会示范、慈善组织和政策支持等外部因素的影响而做出捐赠行为的动机"③。

第一，出于个人声誉的考虑，捐赠者可能会因享受自己的捐赠事迹被公众广为流传而带来的快感或被尊崇的社会地位而实施捐赠行为；也有部分捐赠者热衷于参加慈善活动以结交社会名流，在某个圈层中收获尊重和其他社会声誉；社会压力也是捐赠的原因之一，如果自己的朋友或同事都为某个人或集体实施了捐赠，那么自己出于面子的考虑也更容易参与

---

① Andreoni J. Giving with impure altruism[J].Journal of Political Economy，1989（6）:1447-1458.
② Dolnicar S，Randle M. The international volunteering market: market segments and competitive relations[J]. International Journal of Nonprofit and Voluntary Sector Marketing，2007（4）:350-370.
③ 黄钰杰.个人网络慈善捐赠动机与激励对策研究：基于合肥市青年群体的调查 [D]. 南昌：江西财经大学,2021.

捐赠。

第二，社会示范也是重要的外部因素之一。有研究发现，越是遵守社会规范特别是道德规范的人群，越容易参与慈善活动。这是因为社会规范本身就有指引人们日常行为的作用。例如，受尊老爱幼的社会规范的指引，养老院和福利院就是个人捐赠的重要对象之一。此外，在国家大力倡导社会主义核心价值观的情况下，特别是"和谐""爱国""友善"价值观的影响下，也更容易激发个人的捐赠行为。

第三，慈善组织及其项目是激发个人捐赠行为的重要桥梁。出于某种慈善目的或某个慈善项目，慈善组织在捐赠者和受捐者之间反复周旋，最终促成一笔捐赠。这其中，慈善组织的企业文化和谈判技巧、受捐者的困境都是影响捐赠者实施捐赠行为的重要外在因素。

第四，一个社会的政策支持也是激发个人捐赠的重要因素，如税收优惠就是一个重要的影响因子。尽管每个国家对于参与慈善行为的单位或个人实施的税收优惠政策不同，但国内外都不乏出于减免税优惠而捐助 NGO 的企业和个人。例如，"我国 1993 年修改的《个人所得税法》首次对个人慈善捐赠做出原则性规定——个人将其所得对教育事业和其他公益事业捐赠的部分，按照国务院有关规定从应纳税所得额中扣除"[①]。

三、国内外个人捐赠状况

（一）国内发展状况

近年来，个人捐赠是我国慈善捐赠的主要来源之一。2018 年，中国内地的个人捐赠共 360.47 亿元，同比增长 3.24%，仅次于 2008 年汶川地震

---

① 霍梅妮.我国个人慈善捐赠税收激励政策研究 [J].河南财政税务高等专科学校学报,2021,35(01):18-24.

的捐赠金额，个人捐赠占比也处于近年最好水平，占捐赠总量的 25.05%，保持稳步增长的后劲。以个人捐赠为主的网络募捐总量在 2018 年继续攀升，我国民政部指定的 20 家互联网募捐信息平台共募集善款超过 31.7 亿元，较 2017 年增长 26.8%。数据显示，我国参与网络捐赠的人次进一步增加，单笔捐赠的数额在逐步降低。据不完全统计，2018 年全国（含港澳地区）捐赠过亿元的个人或家族共 32 个，捐赠总额为 150.85 亿元；排在前 100 位的个人捐赠达 172.38 亿元，占个人捐赠总量的 47.82%。从文化艺术领域接受的个人捐赠状况来看，2018 年我国社会捐赠主要流向教育、扶贫与发展、医疗健康等 3 个领域，文化、艺术和体育领域的捐赠虽然同比出现增长，共获得了 47.13 亿元，但是也仅占捐款总额的 3.28%。[①]

2019 年，个人捐赠则显示出了蓬勃生机，面向我国内地的个人捐赠达 398.45 亿元，占同年捐赠总量的 61.71%，占比仅次于企业捐赠，同比增长 10.54%，再创新高。无论是单笔超过 10 万元的大额捐赠，还是通过银行或者互联网募捐平台的小微捐赠，个人捐赠均呈现增长的势头。2019 年，我国慈善捐赠投向教育、扶贫和医疗这 3 个领域的资金依然最多，而投向文化、艺术和教育领域的捐赠金额为 45.53 亿元，仅占捐款总额的 3.02%，同比下降了 3.39 个百分点。[②]

2020 年，我国共接收境内外慈善捐赠 2253.13 亿元人民币，个人仍然是我国慈善捐赠的主要力量，贡献了 524.15 亿元，年度增幅为 31.55%。由于新冠病毒感染疫情的影响，我国慈善捐赠主要投向卫生健康领域，其中用于疫情防控的捐赠比重最大；与此同时，2020 年是决胜全面建成小康社会、决战脱贫攻坚之年，扶贫与发展领域也受到了社会各界的广泛关

---

① 中国慈善联合会 . 2018 年度中国慈善捐助报告 [R/OL]. 2019−09.http://www.charityalliance.org.cn/u/cms/www/201909/23083734i5wb.pdf.

② 腾讯新闻，2019 年度中国慈善捐助报告 [R/OL]. 2020−09.https://xw.qq.com/cmsid/20201012a03sue00 ?f= newdc.

注。文化、艺术和教育领域接受的捐赠金额不明。[①]

(二)国外发展状况

在个人捐赠文化艺术组织的体系中,美国的慈善捐赠系统极具代表性,个人捐赠自始至终都占据了至关重要的地位。根据美国公布的《Giving USA 2019》,个人捐赠是慈善捐赠的绝对主体,占比达到68%,而企业捐赠仅占5%;如果再加上来自家族基金会的捐赠和遗产捐赠这两部分实质上也来自个人的慈善捐赠,个人捐赠的比例高达80%。[②]

有关研究表明,美国个人捐赠的绝对主体地位离不开前文提到的税收优惠政策的激励。1917年,美国联邦个人所得税出台时,美国国会允许个人以对非营利文化艺术组织的捐赠加以抵免。1935年,美国国会将这个抵免权利扩展到企业。对于大学和教会等非营利机构的捐助也可以减免税收。目前大约36%的美国纳税人,他们中的绝大多数属于高收入阶层,在纳税申报中会详细列出他们的税收减免数额,但是也有许多捐赠者并未在税收减免中列举他们的捐赠,超过75%的慈善捐助被列举在纳税人税收减免中。高收入的个人和家庭将他们收入的较大部分捐赠给艺术和文化组织、机构。2005年经过纳税调整后总收入为20万美元或以上的家庭和个人,其15%的慈善捐款用于支持艺术和文化业,而总收入较低的家庭,只有1%~2%的慈善捐款投向艺术和文化业。税收调整后总收入超过20万美元的个人,对非营利机构每捐赠1美元能带来33%~35%的税收减免,减免比例取决于个人纳税是单独申报还是家庭联合申报,这也意味着政府减少了0.33~0.35美元的税收收入——美国政府2010—2014年由于个人或家庭对文化艺术的慈善捐赠总共减少了2300亿美元的税收收入。[③]

---

① 中国慈善联合会.2020年度中国慈善捐助报告[R/OL].2021-11.http://www.charityalliance.org.cn/news/14364.jhtml.

② 李亦楠.中美慈善捐赠结构比较研究[J].治理研究,2020,36(06):81-87.

③ 方英,李怀亮.美国公共文化艺术资助体系[J].福建论坛(人文社会科学版),2015(08):47-54.

美国非营利表演艺术机构的资金来源由营业性收入和捐赠收入两部分构成。根据美国国家艺术基金会（NEA）的统计，营业性收入约占 55%，捐赠收入约占 45%，主要包括公共机构捐赠和私人捐赠两部分。公共机构捐赠占比不足 10%，私人捐赠包括基金会捐赠、个人捐赠和企业捐赠，是营业性收入之外的重要资金来源。个人捐赠受到国家税收优惠政策的影响，所占比重较高。近年来，非营利表演艺术机构从个人、私人基金会、企业等渠道获得的捐赠比例都达到了两位数，且增长速度比同期收入增长速度更快。其中，个人捐赠占资金来源比重为 20%，是非营利表演艺术机构自营收入以外的最大资金来源。①

四、捐赠方式

根据不同的分类标准，可以把个人捐赠的方式作出区分。例如，按照捐赠频率来划分，有一次性捐赠和多次反复捐赠的不同行为。初次参与慈善行为的捐赠者出于某种偶发的动机进行捐赠，在此之后如果没有新的动机出现，那么他的捐赠行为通常止步于此；同时，有些捐赠者有可能是有计划地给某个固定的捐赠对象定期进行捐赠，如一个艺术组织的固定成员、一个慈善项目的支持者会按照自己或组织的年度计划实施捐赠行为。

按照捐赠渠道来划分，有直接捐赠和间接捐赠的不同表现。直接捐赠是指捐赠目的和捐赠对象都是明确的，而且捐助的有形或无形资产不需要经过中间环节，能够让受助者直接受益，如针对某个灾情向红十字会捐款或参与网络众筹，这在我们的日常生活中屡见不鲜；除此之外，还有一些不以慈善为目的的行为，即间接捐赠，指需要将捐赠的财物经过中间转换才能使受助者受益的捐赠。例如，艺术品交易平台组织的义卖活动，每购

---

① 陈庚，宋春来.美国非营利表演艺术机构资金来源研究 [J].中国文化产业评论，2018,26(01):237–249.

买一件特定物品就相当于参与一次可转换为具体金额的捐赠，虽然捐赠者的行为动机多半是为了购买商品而不是参与捐赠，但事实上其结果也构成了一次捐赠行为。

按照捐赠物的类别来划分，有捐赠钱款、捐赠物品、奉献时间精力等不同表现。需要特别注意的是，捐赠钱款的行为并不优于捐赠物品和时间精力的行为，针对不同的受助者，在他们真正需要的方面施以援手才是最有效的捐赠行为。例如，每周固定时间去福利院和养老院做义工的志愿者所捐赠的不是大量的财物，因为受助者最需要的是耗费时间精力的精心照顾和陪伴；而某个正在运行中的商业项目会通过慈善沙龙进行募款，大量的现金流是他们顺利运转的必要保障。

在文化艺术领域中还有一种特别的个人捐赠行为，即艺术家个人捐赠艺术作品。由于艺术作品的市场价值很高，普通民众购买大量艺术作品的可能性较低；与此同时，艺术作品又有很强的公共性，美术馆、博物馆等各类艺术场馆成为大众欣赏艺术作品的主要场所。出于最大限度发挥艺术作品文化价值的考虑，古今中外不乏艺术家个人捐赠艺术作品的行为。许多艺术家倾向在去世后向艺术场馆捐赠自己创作的艺术作品及收藏的艺术品，国家也相应建立纪念馆与收藏机构来专门收藏与展示他们所捐赠的艺术作品。例如，徐悲鸿先生的艺术作品捐赠，就在我国艺术捐赠的历史上书写了浓厚的一笔，为社会带来巨大的贡献。据资料统计，徐悲鸿艺术捐赠作品价值估值约至47亿元，数量高达1300多件，高居我国艺术作品捐赠"榜首"，这是个人的社会价值最良好的体现。①

---

① 陈雷 . 我国艺术作品捐赠的发展、现状及社会意义研究 [D]. 长春 : 吉林艺术学院 ,2017.

五、个人捐赠的筹款策略

如何诱发个人的捐赠动机呢？这就需要我们具体来探讨面向个人捐赠的筹款策略了。按照筹款的常规要素和进程，文化艺术组织可以从以下 6 个角度入手面向个人进行筹款。

（一）制定并表达筹款目标

首先需要明确的是，并非所有文化艺术项目都适合面向个人筹款，如有一些文化艺术项目不适宜提前公开内容，那他们就很难瞄准个人捐赠。在筹款过程中需要耗费大量的人力物力去寻找筹款平台、展示项目信息、匹配目标受众等，只有筛选出适合个人捐赠的项目进行公开筹款才能节约文化艺术组织的各类资源。

按照文化艺术组织的发展规律，筹款人首先要明确筹款金额、筹款周期、最终筹款目标，以提升筹款效率。但是，由于个人捐赠的特殊性，少数排在前列的个人捐赠占据了个人捐赠总量的较大份额，因此，在将筹款目标传递给他们时需要采用尽可能弱化筹款金额的表达技巧。例如，在向个人介绍筹款目标时，组织成员不适宜强调一个大额的捐款数字，而应该重视项目所带来的文化价值和商业价值，并强烈表达出捐赠目标的重要意义，以唤起目标受众的认同感和自豪感。

（二）令人信服的筹款理由

无论是在电话、面访或邮件中进行沟通，文化艺术组织发展部的工作人员都应尽可能地阐述那些值得捐赠者"触动"的筹款理由。毕竟捐赠者需要了解和清楚组织为什么需要他们的支持，为什么他们的支持将产生重要的影响。

在表达令人信服的筹款理由时，发展部工作人员应秉持清晰、简洁、直接的沟通方式。例如，在地的一家博物馆可以提升地区的艺术教育和文化氛围，强调对于公众艺术教育的正向外部性是关键。不要太确定捐赠者能够了解所有信息，一名芭蕾舞爱好者可能并不知道组织所从事的"芭蕾走进乡村"的计划。即使是那些了解这个组织特色活动的捐赠者，也要让他们能从这种强烈而清晰的沟通中受益，增强他们的认可度。

在表达令人信服的筹款理由时，让更多潜在捐赠者了解到这些捐赠资金的使用目的与结果。例如，舞团的筹款资金将会用于下一演出季中所资助的青年编导或排练室设备更新。突出现在需个人捐赠的时间性，即对于为什么现在需要他们的支持，也应该给赞助人一个明确的理由。例如，无法获得政府类艺术基金的支持，故个人捐赠显得尤为重要和紧迫。最后，与个人捐助者的沟通必须始终强调捐款不仅仅是简单的金钱利益交换，更重要的是彼此之间的价值认同、公共文化艺术活动的提升以及广泛公众利益得到了重视。作为回报，组织承诺的不仅是所享有的特权，还有组织持续不变的感谢。

（三）寻找主要捐赠人

主要捐赠人（major donor）是指能够贡献较为可观捐赠资金的捐赠者，往往是支持文化艺术组织的立项筹款来源。这些主要捐赠者的最低捐赠数额会因为组织类型而有所不同，捐赠金额可以是几万元、几十万元、几百万元。

文化艺术组织筹款之所以要非常重视主要捐赠人，（1）主要捐赠人的捐赠资金往往没有特别明显的限制条件或约束条款，经常是文化艺术组织年度基金的重要支撑，是组织维系发展的重要财源；（2）主要捐赠人在文化艺术、商业企业和政府部门有着较为成熟的人际关系，可以带动更多的潜在捐赠者。

几乎所有主要捐赠人都对他们所支持的文化艺术组织抱有极大的热情

和偏好。这些主要捐赠人支持博物馆、舞团、交响乐团等组织的原因值得深入分析。除了个人的艺术爱好和文化追求之外，更多人更希望在资助文化艺术组织的过程中能够带给自己更多的社会声誉和公众认可。一些主要捐赠人希望匿名捐赠，而另一些人则希望得到公众的认可。主要捐赠者会在筹款活动中提出个人的要求，如以个人名字命名的剧院或排练场地等。

对于文化艺术组织的管理者而言，主要捐赠人是具有双面影响的，一方面希望得到更多的资金和资源支持，另一方面须谨慎地对待这些大额资金支持。毕竟也会出现这样的情况，如主要捐赠者突发性的停止捐赠行为，或是干扰组织的某些决策和管理活动。正如，美国很多芭蕾舞团在劝募主要捐赠者时，考虑到主要捐赠者的个人捐赠偏好，往往是以资助首席舞者的职位作为条件，而并非是某个具体的演员。

（四）发掘潜在捐赠人

不同于其他的筹款对象，个人的主观性非常强，而且不同潜在捐赠者的认知和偏好千差万别。所以文化艺术组织在面向个人筹款的时候，如何发掘潜在捐赠人是具有操作技巧的。对于文化艺术组织而言，理事会（董事会）成员不仅是主要捐赠人，而且也是确定新捐赠人的最佳来源之一。理事的朋友、合作伙伴都是可以发展的潜在捐赠者。

在确定了自己的筹款目标之后，文化艺术组织就可以着手寻找平台来展示筹款信息了。除了前文提到的表达技巧，了解目标受众的捐赠经历以锁定潜在捐赠人，对最终达成捐赠目标有着至关重要的作用。在这个过程中，不仅要了解潜在捐赠人的喜好，同时更要对捐赠人的忌讳有清楚的认知。如果把目标受众区分为最终的捐赠人和非捐赠人，我们就会发现，两组人群在自我实现的方式和认知上有着本质的差别。有研究通过实验检验，发现捐赠人更倾向于保持自己的道德一致性，即一方面，有捐赠经历的人更容易捐赠更高金额。同时，有捐赠经历的人往往能够更快速地了解筹款目的，与筹款方取得较为一致的情感认同，这也是提升筹款效率的有效途径之一。如果捐赠人之前在对本组织项目捐赠后，获得了及时正向的反馈，复捐率将大大提升。另一方面，针对没有捐赠经历的筹款对象，应该付出更多时间和精力传播慈善文化，解释项目内容，吸引其注意力。提供小额默认选项以使其迈出捐赠第一步也许是切实可行的办法。[1]

此外，还需要注意的是，对于文化艺术组织发展部而言，很多公开的资料和信息也是发掘潜在捐赠者的重要依据。一份本地文化艺术活动支持名单、文化艺术组织年报及剧院团的会员数据都可以带来更多捐赠者。总之，发展部主任和工作人员必须不断地注意有关未来前景的信息。例如，每一次开幕晚会，每一次与现有捐助者的接触，以及每一次董事会会议，都会产生一些重要信息。如果采取适当行动，这些信息将有助于为一个组织赢得新的捐赠者。

（五）实施并调整筹款计划

在联系潜在捐赠人之前，文化艺术组织应该有一份详尽的筹款计划书，其中包括组织发展现状及困境、筹款目标、解决方案、筹款进程表、捐赠方式、资金用途等内容。

在实施筹款计划的过程中，文化艺术组织有可能会发现，有捐赠意向的个人比想象中的更多或更少，而且他们的捐赠动机也比原本预想的更复杂，这时就需要调整筹款计划，以适应更广泛的人群，最终获取尽可能多的捐赠者。

调整后的筹款计划应该尽可能针对潜在捐赠人直观表达出以下内容：第一，组织希望解决的问题，这些问题最好与目标人群直接相关；第二，与他们的喜好相契合的组织特征，跟同行相比组织有哪些特殊性，而这些

---

[1] 石浩. 从善念到善举：个人慈善捐赠"助推"机制全景实验研究 [D]. 杭州：浙江大学,2021.

特殊性刚好符合目标人群的喜好；第三，组织最终能实现哪些发展目标，而这个过程必须有赖于他们的捐赠；第四，捐赠人的不可替代性及捐赠的紧迫性，这次捐赠关乎组织的前途和命运，而他们是实现这次捐赠的不二人选；第五，除了组织的感谢，捐赠人还能获得哪些潜在的荣誉、社会认可等福利，针对不同的目标人群可以设置不同的福利，如定期提供某些艺术展览或演出的门票、电影票及此次捐赠可以使目标人群成为某个行业协会的成员等。

（六）组织会员与捐赠稳定性

与其他捐赠方式相比，文化艺术组织中个人捐赠的可持续性和稳定性较强，因为在受捐赠对象可信的前提下，首次捐赠获得精神财富的捐赠人很容易重复其捐赠行为。

一般而言，文化艺术组织的捐赠者或潜在受众具有较强的"组织黏性"。因此，很多艺术项目筹款活动会让这些捐赠者和组织之间加深联系。其中，会员制度是很多文化艺术组织都倾向使用的管理办法，可以根据捐赠金额设置不同等级的会员捐赠回报。例如，一个不经常参加非营利剧院演出的受众可以成为会员。这样就可以确保他能够收到关于该剧院年度演出或相关活动的通知邮件或公众号推动信息。德里克（Derrick）在其《艺术管理》一书中介绍到英国泰特现代美术馆，调整其会员计划，2009 年的基础会员费为 59 英镑，增加其他客人的联票加 24 英镑。银卡赞助者的金额为 1000—4999 英镑，金卡为 5000—9999 英镑，白金卡为 1 万英镑。[①]

博物馆为会员所举办的内部展览或艺术教育讲座，剧院为个人捐赠预留的观演座位，这些都会让个人捐赠者感受到特殊待遇。甚至诸如剧院停车优惠、咖啡餐食打折等细微的捐赠回报就让捐赠者能够坚定持续捐赠的

---

① ［加］德里克 · 张 . 艺术管理 [M]. 方华，译 . 上海：上海书店出版社，2017:180.

意愿。例如，美国林肯艺术中心（LCT）的会员介绍中就提及，LCT 会员是广受好评和喜爱的剧院会员计划。这是因为 LCT 会员年费只有 50 美元，却可以以较低价格看到最新演出。目前，普通票价的机票为 77~177 美元，他们只需支付 52~82 美元。会员还可以选择看什么和什么时候看，可以在演出前 72 小时内兑换或退票。LCT 会员制度可以给会员提供提前购票的便利性。卢咏也曾提及，"在全世界最大的艺术表演会场——美国林肯表演艺术中心，捐赠 200～2000 美元可成为"林肯中心之友"（Friends of Lincoln Center），其益处包括在一年内有机会参加会员才有资格观看的内部彩排、获得票价折扣和在艺术中心周围一些店家的购物折扣、免费收到每月演出的节目预告单等。而捐赠在 3000—15000 美元之间则可成为理事长委员会（Chairman's Council）的一员，其中具体多样的益处包括银级（3000 美元）、金级（6000 美元）、白金级（10000 美元）、钻石级（15000 美元）等不同类"[①]。

从筹款成本和效率的角度来考虑，一旦确定好捐赠人的名单，就要想办法让他们支持这个项目直到完结，甚至支持这个组织的发展全程。例如，在文化艺术组织的日常运转过程中要时刻与捐赠人保持联络，并定期组织分享会或沙龙等活动以便捐赠人与组织之间、捐赠人之间互动，深化捐赠人对组织的认同感，同时也有可能因此而引入新的捐赠者；组织一旦取得某些成就，要第一时间与捐赠人分享，感谢他们的慷慨捐赠，明确传达在他们的帮助下组织取得的成就，以增强他们的集体荣誉感和自豪感；根据行业发展规律时常更新组织的短期和长期发展目标，并准确描述给捐赠人，让他们感受到组织的成长性，了解组织的可持续发展空间，有助于捐赠人作出下一步的捐赠规划。

---

① 卢咏. 公益筹款 [M]. 北京：社会科学文献出版社，2014:74–75.

【新闻摘录】姜逸磊向母校捐赠[①]

2017 年 4 月 21 日下午，中央戏剧学院 2005 级导演系毕业生姜逸磊、杨铭通过所属的自由自在网络科技有限公司，将一年前首次通过公开广告拍卖方式获得的人民币 2200 万元收入，扣减税金后的净收益人民币 2066.6 万元，正式捐赠给母校中央戏剧学院，以此为更多拥有梦想和创造力的年轻人提供成长的舞台，为社会输送更多戏剧与艺术人才。姜逸磊网名为"papi 酱"，在 2016 年凭借以变声形式发布原创视频内容而获得众多网友关注，并与好友杨铭共同成立合作公司，成为国内首批短视频 MCN[②] 机构。姜逸磊、杨铭在捐赠仪式上，明确指出捐款用途为：（1）设立"初心奖学金"，用于资助专业课成绩优异的学生；（2）冠名中央戏剧学院东城校区黑匣子剧场为"勿忘剧场"，资金用于新校区教学科研辅助设施建设；（3）支持在校生艺术作品创作，计划每年选择一定数量的学生项目进行捐助，为期 10 年。

近些年来，高校校友向母校捐赠的新闻经常成为热点事件。《2021 年中国大学校友捐赠排名》榜单显示，前五名的清华大学、北京大学、武汉大学、浙江大学、中国人民大学分别获得校友捐赠金额为 47.2 亿元、41.97 亿元、30.43 亿元、23.77 亿元、21.57 亿元。《2021 中国慈善捐赠发展蓝皮书》显示，2021 年捐赠额在 1 亿元以上的慈善家达到 18 位，是 2020 年的 2 倍。排在榜单前十名的慈善家共计捐赠 45.5825 亿元，最低捐赠额为 1.06869 亿元。其中安踏集团的丁和木、丁世家及丁世忠捐赠额达 24.0667 亿元。宁夏燕宝慈善基金会理事长党彦宝捐赠 4.6198 亿元。福耀集团副董事长曹晖捐赠 3.4853 亿元。

[①] 资料来源：中央戏剧学院官方网站 . 2017-04-21. http://web.zhongxi.cn/fund/xwdt/12184.html.

[②] MCN 是指多频道网络的产品形态（Multi-Channel Network），MCN 模式源于国外成熟的网红经济运作，在资本的有力支持下，保障艺人内容作品的持续输出，同时负责艺人与外部品牌或者资源合作，实现商业的稳定变现。

思考：作为高校的重要"资产"，校友资源越来越受到关注和重视，那么对于艺术高校而言，该如何设立与运营校友基金会，使其能够更好地服务学校事业发展？

六、案例分析：艺术品收藏与个人捐赠

彼得·路德维希和伊雷娜·路德维希夫妇是享誉世界的德国大收藏家、企业家、艺术史学者。源于一种不断扩张的世界主义信念和造就一项伟大事业的雄心，他们毕生致力于世界范围从古代到现代的艺术品收藏。以一己之力遍求古今藏品逾万件，在全世界拥有 20 多个以他们名字命名的博物馆和基金会。

路德维希夫妇很早就对中国文化感兴趣。1994 年路德维希夫妇委托恩斯特博士向中国美术馆表达了捐赠个人收藏作品的意愿。随后 1995 年开始，路德维希夫妇应中国文化部、中国美术馆的邀请，在一年半的时间里 3 次访华。他们自北向南考察了北京、上海、西安、杭州、广州等地，对中国的发展和变化有了切身感受。他们为中国改革开放带来的经济崛起感到振奋。同时他们每到一处都要参观博物馆、美术馆，接触中国美术家，对中国的历史文化和当代创造充满敬慕和信心。中国之行坚定了他们与中国合作的想法。路德维希夫妇通过中国驻德使馆和文化处一再表示，愿为推动德、中两国在美术馆和博物馆方面的相互了解尽绵薄之力。就这样经过互相考察，深入了解和磋商，路德维希夫妇决定从自己丰殷的艺术收藏中精选 82 位现代艺术家的 117 件作品捐赠给中国。终于于 1996 年 3 月 27 日在中国美术馆与中方代表、时任中国美术馆馆长的杨力舟签署了具有历史意义的捐赠协议，谱写了中德友好的重要篇章。[1]

---

[1]　韩劲松 . 路德维希夫妇和他们的国际艺术收藏 [J]. 收藏家，2017(03):81–86.

不同于其他的捐赠物品，成为社会公共财富的艺术作品通过其中蕴含的文化艺术价值服务于大众。路德维希夫妇对艺术作品的态度始于收藏，终于捐赠。收藏是在鉴别富有艺术价值的艺术作品基础上将其据为己有，而捐赠则是将藏品回馈社会、奉献给大众，兼具两种行为的收藏家在艺术领域中并不少见。路德维希夫妇的捐赠过程是这样的，先从艺术史学者的角度从世界各地购得有价值的作品，然后再把它们捐赠给考察过的美术馆、博物馆，试图将艺术品与地区联系起来，而不只是单纯的捐赠行为。这个过程不仅体现了个人捐赠的社会价值，更重要的是给艺术作品找到了合适的归宿，能最大限度地发挥其文化价值、历史价值。

【新闻摘录】第三次分配应更鼓励个人捐赠[①]

共同富裕是社会主义的本质要求，是中国式现代化的重要特征。在高质量发展中促进共同富裕，要"构建初次分配、再分配、三次分配协调配套的基础性制度安排"。与初次分配以市场为主体和再分配由政府主导不同，第三次分配是以社会力量为主体，以慈善捐赠为实现形式，而个人捐赠在其中扮演着主导性角色。

第三次分配相较于第二次分配的主要特征在于，第二次分配是以政府及其部门通过税收、社会保障等强制性手段实现的，而第三次分配是建立在企业、个人等多元社会力量自愿捐献的基础之上，个人捐赠在其中发挥着主导性作用，并表现在以下两个方面：

一方面，从属性来看，个人捐赠是第三次分配的本质特征。第三次分配是以慈善事业为表现形态，而慈善事业整体上是一种混合型社会分配方式。它的来源通常包括3种渠道：一是企业或各类经济实体的捐赠，往往兼有初次分配和第三次分配的内容；二是政府财政对慈善事业的资助，例

[①] 资料来源：陈斌. 第三次分配应更鼓励个人捐赠 [EB/OL]. 公益时报,2021-09-14. http://www.gongyishibao.com/article.html?aid=18597, 作者有所删减修订。

如，在部分发达国家和我国港澳台地区，大量慈善组织获得了政府的财政资金支持，这属于再分配的范畴；三是社会公众的个人捐赠，它是社会公众在获得初次分配和再分配之后所进行的自愿捐献，而这正是属于第三次分配的范畴，也是第三次分配的核心内容和本质所在。

另一方面，就功能而言，个人捐赠是第三次分配的核心支撑。尽管慈善事业的发展需要来自政府的资助和企业的捐赠，但如果过分依赖前者则可能影响慈善组织的独立性，而企业捐赠由于受到资本逐利本性的影响，往往牵涉商业利益、资源交换等非慈善因素。与前两者相比，个人捐赠的稳定性更强，也更符合第三次分配的初衷。如果包括高收入群体在内的社会成员广泛参与，不仅能够为慈善事业的发展提供广泛的群众基础和厚实的经济基础，进而真正发挥第三次分配的有益补充功能，而且能够起到提升社会道德、润滑社会关系、促进社会和谐等功能。

党的十九届五中全会提出，要"发挥第三次分配作用，发展慈善事业，改善收入和财富分配格局"，为新时代慈善事业的发展提供了明确指引。不过，当前我国慈善事业发展缓慢且个人捐赠占比低的现实与其发挥收入分配的调节功能之间还有巨大差距。根据中国慈善联合会发布的《2019 年度中国慈善捐助报告》显示，近年来我国每年慈善组织募集的捐赠款物总额为 1500 亿元左右，占 GDP 的比重约为 0.15%；个人捐赠款物总额计 300 多亿元，约占全部捐赠总额的 25%，而企业捐赠的比重往往超过 60%。从美国的情况来看，其每年的慈善捐赠额约占 GDP 的 2%，且个人捐赠占比往往达到 70% 以上，如果再加上来自家族基金会的捐赠和遗产捐赠，个人捐赠的比例甚至高达 80%。对比发现，以慈善事业为主要表现形态的第三次分配对调节我国国民收入和财富分配格局的功能还十分有限。企业捐赠多而个人捐赠少的原因可从以下几个方面探寻：

一是儒家"亲亲"思想和传统"报"的观念影响。在中国传统文化中，对慈善事业发展影响较大的是儒家的"亲亲"思想和传统"报"的观念。前者讲求行善应遵循由近及远、由亲及疏的差序原则。比如，在我国，多数社会成员在心理上更倾向于向自己熟悉之人（如亲戚朋友、邻里乡亲等）捐赠；后者主张"恩有源、惠有主"，理应"知恩图报"，这也是面对面的直接资助形式在我国更受欢迎的原因。

二是慈善组织的公信力与专业性不足。慈善事业是建立在社会公众自愿捐献的基础之上，并以具有公信力的慈善组织作为实施基础。由于一些慈善组织信息不公开、行动不迅速，甚至出现以慈善之名行诈骗之实的现象，进而引发公众质疑和部分慈善组织的信任危机，极大地挫伤了公众参与捐赠的积极性。一些慈善组织发育不足、专业性不强，缺乏专业人才与专业服务能力，从而也难以赢得公众信任。此外，部分慈善组织出于短期成本效益的考虑，依赖主管部门的行政资源或机构领导人的个人关系，认为针对企业的劝募活动所需耗费的人力、物力、财力等成本较少，效率更高，往往更倾向于以企业为募捐重心。

三是现行政策对个人捐赠的激励不足。从税收减免政策和减免程序来看，针对个人捐赠的激励仍存在一些不足。在慈善税收减免政策方面，存在重机构而轻个人的情况。比如，《中华人民共和国慈善法》（以下简称《慈善法》）中有关企业捐赠支出"超过年度利润总额12%的部分，准予结转以后三年内在计算应纳税所得额时扣除"的规定已通过修订《企业所得税法》得以落地，而关于个人捐赠的税收优惠目前还缺乏具体细则，对于个人捐赠限定在应纳税所得额的30%本就不高，同时也缺乏对于超出部分延期结转的政策规定；对于房屋等非货币形态的捐赠还存在繁多的税负和行政费用。在慈善税收减免程序方面，申请税前扣除的程序较为繁杂，对于货币形态的捐赠，个人即便拿到了捐赠票据，仍需经历多重手续；对于非货币形态的捐赠，由于定价困难，缺乏统一的发票申请标准和定价评估，导致慈善组织不愿意接收。

第七章　基金会筹款

基金会是本书重点考察的 4 类非营利文化艺术组织之一。它既是一种相对独立的拨款机构，为需要帮助的文化艺术组织提供资金支持；又是一类特殊的筹款机构，以公益事业为目的，面向个人或组织持续筹款。基金会筹款是文化艺术组织重要的筹款方式之一。

一、关于基金会

我国基金会的历史可以追溯至 1981 年，第一家基金会——中国儿童少年基金会成立，这是中华人民共和国成立后的第一家国家级公募基金会。接下来二十多年的时间，基金会一直被视为与国家事业单位相差不大的公共部门，直到 2004 年国务院颁布了《基金会管理条例》，基金会的基本概念才得以确定，基金会的组织和活动才得以规范。基金会被定义为"利用自然人、法人或者其他组织捐赠的财产，以从事公益事业为目的，按照本条例的规定成立的非营利性法人"[①]。

还有一些关于基金会的经典定义，如美国基金会中心认为，基金会是指："非政府的、非营利的、自有资金（通常来自单一的个人、家庭或公司）并自设董事会管理工作规划的组织，其创办的目的是支持或援助教育、社会、慈善、宗教或其他活动以服务于公共福利，主要途径是通过对

[①]　资料来源：《基金会管理条例》（2004 年）第一章第二条。

其他非营利机构的赞助。"①

不同法律体系对"基金会"的定义有很大差异，相应的不同体系下对于基金会的设立条件、法律规范、监管体制等规定也有所不同。各种对"基金会"的定义虽然有诸多不同，但它们的基础概念中都表达了共同的意思，即一种来源于捐赠的、独立而确定的资产，它被用于特定的公益目的中。基金会具有以下5点基本特征：它是一种契约型而非会员制的实体组织，这种契约通常体现在发起基金会的章程中，明示基金会的宗旨和永久性；它是一种"非政府的"私人组织，即它在体制上是独立于政府之外的；它是一种自治的实体，自我管理、自我控制；它是非营利的，即不论是产生于资金使用还是商业活动管理的利润都不得返还给捐赠者、理事、基金会工作人员；它服务于一个广泛的公共目的，而不是被限定在一个狭窄的社会群体或服务种类，如家庭成员、封闭的小圈子等。②

二、国内外发展状况

（一）国内发展状况

据民政部中国社会组织公共服务平台显示，截至 2020 年 10 月 1 日，全国（不含港澳台）注册登记的基金会共有 8263 家。近 6 年，全国基金会数量翻了一番。按照 2019 年底数据分析，民政部登记的基金会占比 2.8%，省级民政部门登记的基金会占比 69.1%，市级民政部门登记的基金会占比 20.2%，县级民政部门登记的基金会占比 7.9%。自 2016 年以来，市、县级民政部门登记的基金会数量快速增长，民政部登记的基金会数量增长基本

---

① 李育，刘俊杰，沙飞莲.国外非营利基金会治理结构的经验启示：以美国为例[J].现代商业，2015，(28):74—75.

② 陶传进，刘忠祥.基金会导论[M].北京：中国社会出版社.2011:12.

停滞。在所有基金会中，具有公开募捐资格的基金会约占 10%。

全国各省基金会数量分布不均，主要集中在东部沿海地区，数量排名前五的省（直辖市）分别是广东省、北京市、浙江省、江苏省和上海市，五地基金会总数占据全国半壁江山（按照 2019 年年底基金会中心网数据统计，占比 53.2%）。近年来，华北和中部地区基金会数量增速较快，西部地区基金会数量增速缓慢、总量仍然偏少。

按照所有披露 2018 年财务情况报告的 4894 家基金会计算，2018 年全国基金会年末净资产总额为 1592 亿元，平均净资产为 3253 万元。近年来，全国基金会净资产保持在 600 万元左右，净资产在 1000 万元以下的基金会约占 60%，净资产在 1 亿元以上的基金会约占 5%。全国大多数基金会是资产规模较小的小型基金会。据中国慈善联合会统计，2019 年全国基金会捐赠收入总额为 677 亿元，按照当年年末基金会数量 7585 家计算，2019 年基金会平均捐赠收入为 890 万元。另据统计，近年来，全国基金会年度捐赠收入保持在 100 万元左右，年度捐赠收入不到 1000 万元的基金会约占 85%，年度捐赠收入超过 1 亿元的基金会约占 1.5%。绝大多数基金会捐赠收入很低，而捐赠收入排名前十的基金会，其捐赠收入之和占据全国基金会捐赠收入总额的 1/4，基金会捐赠收入水平呈现两极分化。

据已披露的基金会全职员工数量统计，截至 2018 年年底，我国基金会平均全职员工数量为 3.47 人。17.8% 的基金会没有全职员工，66.8% 的基金会全职员工为 1~5 人，10.6% 的基金会全职员工为 6~10 人，仅有 4.8% 的基金会全职员工超过 10 人。我国大多数基金会的全职员工数量在 5 人以下，基金会专职人力和专业人才资源十分匮乏。从关注领域来看，多年来我国基金会集中关注教育和扶贫两个领域，医疗救助、安全救灾、老年人等领域也受到较多关注，其次是文化艺术、残疾人、科学研究等领域。[①]

---

① 史成斌 . 我国基金会行业发展的困境与建议 [J]. 社会治理，2020(11):37–42.

此外，我国民营企业在推进公益事业和基金会建设方面发挥了重要作用。我国企业界联合创建的基金会阿拉善 SEE 协会是较早的企业型基金会。南都公益基金会、中国光彩事业基金会等都是民营企业参与公益事业的代表。在个人企业家方面，南都集团总裁周庆治、福耀玻璃集团创始人曹德旺是参与公益事业的典型代表。民生银行建立的民生艺术基金会（上海、北京）也是企业艺术基金会的代表。

（二）国外发展状况

国外的基金会数量规模非常庞大，其中，美国、英国、德国、瑞士等发达国家的基金会数量均已过万。现代的基金会观念和制度产生于美国，20 世纪初期，一批有远见卓识的大企业家，如卡内基、洛克菲勒、福特、克里夫兰等建立了规模较为庞大的各种基金。现代基金会理论创始人安德鲁·卡内基（Andrew Carnegie）在 1889 年发表的《财富的福音》中就提出，应该突破只重慈善事业和财富积累的传统基金会观念，应大力资助有一定风险但从长远看有发展前途的研究和发明事业。从此以后，"私人基金会"开始从"公共基金会事业"中分离出来，以基金的形式资助科学研究由此逐渐展开。[①]

目前，美国的基金会在世界范围内的影响力较大、涉及领域较广泛。根据美国基金会 2014 年统计数据，随着美国经济的逐渐复苏，美国的基金会数量在过去几年里不断增长。当时全美共有 86192 家基金会，总资产高达 7150 亿美元，每年向社会捐赠超过 52 亿美元，其中 10% 左右用于文化艺术建设。当时全美共有营利和非营利文化艺术类基金会 4278 个，其中中小型基金会占一半以上，大型基金会只占 15% 左右。这些大大小小的文化艺术基金会在性质上既有政府参与主导的，如美国国家艺术基金

[①] 娄成武,杜宝贵,刘海波,等.基金会的发展历史和发达国家基金与企业合作起源、特点探析 [J]. 中国科学基金 ,2004(02):42–44.

会（NEA）以及各州政府设立的地方性文化艺术基金会；更多的则是私人和企业基金会，比较有代表性的有安迪沃霍尔基金会、福特基金会、安南伯格基金会等。值得注意的是，大部分基金会都是营利性质的，根据统计数据，营利性的文化艺术基金会占六成以上。这些不同类型和性质的文化艺术基金会活跃了美国的文化艺术市场，尤其是文化金融市场，吸引更多资本加入到文化艺术中来，为产业化发展提供了强有力的支持。同时，有着不同需求面向的文化艺术基金会在维护文化艺术的多样性、鼓励公民参与、保护非物质文化遗产等诸多方面发挥了重要作用。①

三、基金会的类型

世界各国的基金会（不包含慈善团体）按照资助项目和管理部门可分为一般基金会、特殊基金会、社会基金会、公司基金会、家庭基金会等。绝大多数基金会都属于一般基金会。他们资助的项目广泛，有专职的管理人员负责调查、评估、审批、检查验收和资金管理，定期召开董事会。特殊基金会是指财产捐助者指定资助专门的项目。社区基金会是指由社区接受和管理，用于社区发展的基金会。公司基金会则是由某家或某几家公司出资建立的基金会。②

我国对基金会的分类可以参考《基金会管理条例》，其中将基金会分为公募基金会与非公募基金会两类。这基本上借鉴了美国的做法。在此基础上我国又将公募基金会按照资金来源的地域范围进一步细化，分为全国性公募基金会和地方性公募基金会。经过语义分析可知，公募基金会与非公募基金会的本质区别在于公募基金会可以向社会公众直接募集资金款

① 付鹏飞. 美国文化艺术基金会的运行模式和制度支撑 [J]. 重庆理工大学学报（社会科学版），2017, 31 (03)：61–68.

② 娄成武，杜宝贵，刘海波，等. 基金会的发展历史和发达国家基金与企业合作起源、特点探析 [J]. 中国科学基金，2004,(02)：104–106.

项，而非公募基金会则不能那样做。全国性公募基金会可以在全国范围内募集资金，其筹资范围是不受限制的；地方性公募基金会募捐的范围则局限于其成立时所注册的省级行政区域。例如，中国青少年发展基金会可以在全国范围内募集资金，而江西省青少年发展基金会却只能在江西省进行募集活动。①

中国基金会发展初期，在中国经济整体发展水平较低、民营企业尚处在原始积累阶段、大部分国有企业仍在脱困改制、城乡居民大部分还在解决温饱问题的社会背景下，慈善意识还未萌芽，因此，这个时期的捐赠大多为违背捐赠人意愿的"被捐赠"，基金会的筹款模式大多带有行政命令、强制色彩。进入 21 世纪后，中国慈善事业环境出现重大变化，捐赠资源快速增长，募捐市场出现竞争态势，公众对公开透明要求提高，网络、新传媒、新技术快速发展，促进了公募基金会筹款手段的发展和创新，专项基金筹款、网络筹款、短讯筹款等新模式涌现。②

美国基金会中心对目前所出现的基金会进行了分类，把基金会分为 4 类：独立基金会（Independent Foundation），公司基金会 (Corporate Foundation 或 Company-sponsored Foundation)，社区基金会（Community Foundation）和运作型基金会（Operating Foundation）。其中，独立基金会的资金来源大多数是个人或家族的，运作方式是给各种机构的项目捐款，又被称为捐赠型基金会（Grant-making Foundation）。基金会的决策者可以是捐赠人或者捐赠人家族的某个成员、董事会或者受托人组成的独立委员会，或者代表捐赠人的银行或信托机构；公司基金会的资金来源于一个营利性的公司或者企业，作为独立机构进行运作，主要也是通过捐赠运行，多数为一般目的，也不排除与公司业务利益有关的考虑；社区基金会的资金来源不是一家而是多渠道的，不仅包括社区个人、企业、单位的捐赠，

① 崔航一 . 中国基金会分类研究 [D]. 长春 : 吉林大学 ,2015.
② 刘选国 . 中国公募基金会筹资模式的发展和创新探析 [J]. 中国非营利评论 , 2012,9(01):161–188.

有时还包括地方政府的拨款。社区基金会资金来源广泛，因此由社区中各界代表人物组成董事会以管理和决定社区基金的使用；运作型基金会资金来源多为单一的私人或家庭，其主要目的是进行研究、促进社会福利以及其管理主体或章程所决定的其他计划。大多数运作基金会只向外界提供极少资助，甚至完全不提供资助。这种基金会资助其他基金会的资金，不得超过其收入的15%，它本身也从事相关的业务。①

关于美国艺术基金会，资中筠在其所著的《财富的责任与资本主义演变——美国百年公益发展的启示》中对从20世纪初的三大先驱（拉塞尔·赛奇基金会、卡内基基金会、洛克菲勒基金会）到20世纪中后期的后起之秀（福特基金会、索罗斯基金会、比尔与梅琳达·盖茨基金会等）的典型代表基金会进行了描述。此外，关于基金会与政府的关系也一直有不同的看法。资中筠认为，"在中国一般认为基金会是配合政府内外政策的工具，而美国人则看法不一，强调其与政府对立的也大有人在。实际情况也是二者的成分都存在，从观念到实践不能一概而论……可以说是合作与对立双轨，政府部门对它的态度随着政治气候来回摇摆，政策不断调整"②。我国早期建立的文化艺术基金会多具有"半官方"的背景，是政府推进公共文化服务建设的重要补充。此后，建立的企业艺术基金会、艺术家基金会相对具有一定的独立性。

综上所述，按照管理部门、资金来源、运作方式等不同的分类标准，基金会的种类也有不同的界定，同一个基金会在不同的分类标准下可能被划归为不同的类型。但无论采用哪种表述来界定基金会，这种标准都不是刻板的，而是会随着基金会在不同阶段的发展变化而灵活调整的。即使在同一分类标准下，某个基金会在不同的发展阶段也可能会分属于不同的类型。按照前文所述的分类标准，结合目前我国的基金会发展情况不难得

① 王晓丽，曹庆萍.美国基金会的界定与分类[J].学会，2006(02):6-10.
② 资中筠.财富的责任与资本主义演变：美国百年公益发展的启示[M].上海：上海三联书店，2015:51.

知，我国大多数基金会都采用了既募捐筹款又运作项目的综合发展方式，属于运作型基金会，这些基金会极少会额外资助其他社会组织开展公益项目。

四、政府类文化艺术基金

政府类文化艺术基金是指由政府财政资金拨款投入设立，依法接受自然人、法人及其他社会组织的捐赠资金的公益性基金，受到政府委托部门的监管。其设立目的为引导和繁荣艺术创作，培养各类文化艺术人才，打造和推广优质精品力作，进一步提升艺术生态环境和推进文艺事业可持续性发展。

由于艺术作品除了审美意识价值之外，其在公民素质教育、公众文化消费等方面具有准公共性，故在第二次世界大战前后部分西方文化经济学家、文化研究学者开始关注并肯定财政资金支持艺术发展的方式。这一时期，以 1946 年在英国成立的大不列颠艺术委员会（ACGB）和 1965 年成立的美国国家艺术基金会（NEA）为代表，西方政府开始依托财政资金支持艺术（特别是高雅艺术）的发展。但是，在支持方式上，由于国家实际国情、经济体制以及文化传统等原因有所差异。大不列颠艺术委员会成为全球政府以"一臂之距"方式支持艺术发展的楷模。美国更多的是鼓励以私营企业、个人、基金会为代表的社会第三方进行支持。美国政府更多的是将 NEA 的支持作为一种引导，而各州政府文化事务委员会也会有配套的机制和资金支持。

在国家公共行政管理体制发展中，政府类文化艺术基金的发展并非一帆风顺。即使在文化艺术活动和氛围较为活跃的美国，其也遭遇质疑，甚至有过被废除的境遇。早在 1981 年，罗纳德·里根（Ronald Reagan）成为首任正式提议取消国家艺术基金的美国总统，但共和党内的艺术和人文领域顾问纷纷表示反对，该项提案最终未能通过。2017 年 5 月，时任美国总统特朗普发布的 2018 年联邦预算中再次提出关闭美国国家艺术与人文基金会。可见，在国家财政运行状况不太理想的情况下，艺术基金在推进文化艺术发展方面的引导性和公共性作用往往是无法被全面正视的。

　　1978 年后，伴随文化生产力的不断解放，借鉴西方国家资助文化艺术机制，我国政府支持文化艺术发展的投入机制从传统建设型财政直接投入开始向以公共财政为主导，多元主体共同投入转型。公共财政和文化体制的同步改革催生了财政资金、税收优惠、社会捐赠、金融创新等投入方式的多元创新。我国于 2013 年底成立了国家艺术基金。这也是自 2002 年之后，国家在文化治理层面探索"公益性文化事业"和"经营性文化产业"在公共文化服务机制方面的重要探索。国家艺术基金的成立，也是党的十八届三中全会后，文化部、财政部全面深化文化体制改革的重要举措。这标志着我国艺术资助、管理和评价向文化治理体系和治理能力现代化目标迈出重要一步。目前，我国多数地方政府已建立了政府类文化艺术基金（见表 7-1）。2014 年，习近平总书记在文艺座谈会上强调，文化艺术事业应坚持以人民为中心的创作导向，坚持弘扬社会主义核心价值观。政府类文化艺术基金成为新时代国家引导和推动文艺事业繁荣发展的重要抓手。

表 7-1　我国各级政府类文化艺术基金（部分）

组织名称	登记日期	登记部门
上海文化发展基金会	1992 年 8 月	上海市社会团体管理局
北京文化艺术基金	2005 年 12 月	北京市民政局
湖南省文化艺术基金会	2008 年 12 月	湖南省民政厅
安徽省文化艺术基金	2013 年 11 月	安徽省民政厅
国家文化艺术基金会	2013 年 12 月	文化和旅游部直属管理
江苏艺术基金	2015 年 12 月	江苏省文化和旅游厅
江西文化艺术基金	2018 年 11 月	江西省文化和旅游厅
黄冈市文化艺术基金	2017 年 6 月	黄冈市民政局

　　文化艺术组织向政府类文化艺术基金寻求资助的方式多为项目申请

制，即按照基金会年度资助指南进行针对性的申请。申报指南中会明确资助要求、类型、范围、额度、方式、条件及时间程序等内容。

例如，我国国家艺术基金的资助方式分为3类：项目资助，即根据项目申报类别及评审情况予以相应资助；优秀奖励，即对优秀作品、杰出人才进行表彰与奖励；匹配资助，即为引导和鼓励社会力量支持艺术发展，对获得其他社会资助的项目进行有限匹配资助。目前，大部分政府类文化艺术基金已经支持网络平台申报系统。申报单位在网络平台填报完信息之后，由基金管理中心组织专家进行评审，进而决定最终能够获得资助的项目。

五、企业艺术基金会

企业艺术基金会是企业型基金会的一个分支，是指由一个或多个企业出资，主要用于支持艺术创作活动、艺术展览、艺术研究以及艺术保护等方面的企业基金会。同其他类型的基金会一样，企业基金会一样具有自愿性、公益性和自治性的特点。一般而言，企业基金会为非公募基金会，不具备公募资格。企业设立针对艺术发展和推广的基金会，其主要初衷是为了提升企业形象，承担社会公共文化责任。企业艺术基金会的设立目的在于通过资助或举办具有影响力的文艺活动推广其艺术方针，提升公司或创始人的公众形象和社会声誉。

企业艺术基金会的收入完全用于公益事业，不能分配给基金会理事、监事及其他人员。作为独立法人，企业艺术基金会承担相应的民事责任，拥有理事会、监事会、秘书处等组织机构。相较于其他类型的基金会，企业艺术基金会往往具备较为成熟的管理机制和市场化运营模式。

在西方发达国家，很多企业基金会在资助艺术活动方面非常活跃。如洛克菲勒基金会、沃尔玛基金会、星巴克基金会、福特基金会、路易威登基金会等。事实上，很多企业属于家族企业，其所设立的艺术基金会也极具家族特征。洛克菲勒基金会自 1952 年开始便持续资助纽约现代艺术博物馆。古根海姆基金会在纽约、柏林及阿布扎比设立了分支机构的美术馆，将文化艺术列为经常性资助项目之一。美国的艺术商业委员会（Business Committee for the Arts，BCA）可以说是企业扶持文化艺术的重要标志。美国艺术协会（Americans for the Arts）的艺术商业委员会（BCA）由大卫·洛克菲勒（David Rockefeller）于 1967 年成立，旨在鼓励、启发和激励企业在工作所在地、教育和社区中支持艺术。BCA 由公司领导人组成，他们认识到艺术在促进商业目标实现和改变社区方面所起的作用。BCA 成为企业赞助艺术发展的共识性代表机构。

此外，成立于 1984 年的法国卡地亚当代艺术基金会（Cartier Foundation），就是典型的企业通过设立基金会实现了艺术商业融合发展战略。20 世纪 80 年代初，卡地亚国际公司总裁阿兰·贝兰（Alain Perrin）认为现代艺术将成为当代社会文化潮流的重要表达方式，资助现代艺术可以更好地实现艺术与商业融合。该基金会从设立之初就致力于在全球范围寻找原创性现代艺术作品，资助现代艺术家的创作、交流与展示，将卡地亚的创新精神和对艺术的执着追求彰显到极致。2018 年，卡地亚当代艺术基金会来到中国，与上海当代艺术博物馆进行了深度合作。众多知名企业都拥有自己的基金会从事文化、艺术项目的资助。除了企业艺术基金会之外，还有一类由艺术家或家庭成员成立的私人基金会。这类基金会可以被称为艺术家基金会，其设立目的在于维护与传承创建者的艺术影响力，其中影响最大的是安迪·沃霍尔视觉艺术基金会。

【新闻摘录】艺术家基金会——安迪·沃霍尔基金会 [①]

根据安迪·沃霍尔（Andy Warhol）的遗嘱，安迪·沃霍尔视觉艺术基金会（The Andy Warhol Foundation for the Visual Arts）的使命是促进视觉艺术的发展。该基金会管理着具有创新和弹性特点的资助计划，同时依托负责任的许可政策和广泛的学术研究持续推进 raisonné 项目以更好地保护沃霍尔的遗产。迄今为止，该基金会已向美国 49 个州和其他国家的 1000 多个艺术组织提供了超过 2.5 亿美元的现金资助，并向全球 322 个机构捐赠了 52786 件艺术作品。

该基金会的核心价值为：（1）视觉艺术和艺术家是我们工作的中心。我们持续相信实验艺术实践的内在价值，并在最高水平上促进艺术参与文化对话。（2）重视冒险；我们支持具有挑战性的创意工作，并鼓励其他人也这样做。（3）积极支持那些因种族、性别、宗教、年龄、能力及移民身份等因素被边缘的"少数群体"艺术家，支持解决根深蒂固的不平等现象的努力。（4）相信艺术表达的自由是一个开放开明的民主制度的基础，并致力于促进和捍卫它。

沃霍尔基金会每年两次审阅申请资助的材料，并于 1 月 1 日和 7 月 1 日分两次公布资助对象。沃霍尔基金会对艺术活动的资助主要是通过拨款给策划组织活动的相关非营利性艺术机构的形式展开。每年都有数十家非营利艺术机构获得从几万美元到十几万美元数目不等的拨款，有些机构还不止一次地获得资助。

沃霍尔基金会从成立之初就十分重视对视觉艺术的研究工作，这从该基金会对沃霍尔本人艺术成就研究的投入中就可看出来。在基金会大力扶持的许多艺术活动中也不乏研究性的项目。基金会还有两个专门资助当代

---

① 资料来源：冯涛，岳晓英.美国的艺术资助机制及对我国艺术发展的启示：以安迪·沃霍尔视觉艺术基金会为例 [J]. 江苏大学学报（社会科学版）,2015,17(3):7-12；安迪·沃霍尔视觉艺术基金会网站信息。作者有所编辑删减。

艺术领域学术研究的项目，策展研究奖金（Curatorial Research Fellowships）和艺术写作首创资金（Arts Writing Initiative），后者主要是用于关注对视觉艺术批评的研究。

沃霍尔基金会意识到许多中小型视觉艺术机构虽然在艺术实验和社区服务等方面扮演重要角色，但往往没有足够的资金来生存和发展，于是在1999年发起了沃霍尔首创资金（The warhol Initiative），致力于提高这些机构的管理能力，帮助它们改善经济状况。"创意资本"（Creative Capital）是沃霍尔基金会旗下最重要的扶持艺术家的项目。1999年，基金会开始协同其他约20家投资机构通过赠款给实验性、创新性或挑战性的艺术项目来满足个体艺术家的需求。迄今已有超过1 000家机构或个人参与支持该计划，而其中超过1/3是曾经的受助者。此外，沃霍尔基金会也一直积极支持促进艺术家的健康福利和维护艺术家权利的项目。例如，"艺术家驻地创作计划"(Artist-in-residence Programs)就是基金会的一个重要的支持艺术家进行艺术创造的项目。

思考：你还知道哪些较为知名的艺术家基金会？请辨析艺术家基金会与企业艺术基金会之间的区别。

2004年《基金会管理条例》的颁布推动了我国各类企业兴办基金会的积极性。2005年12月20日，我国第一家由企业发起的慈善基金——中远慈善基金会在北京揭牌成立。该基金会由中远集团发起成立。褚湛研究认为，"我国企业基金会管理体制中的优势包括两方面：一是资金来源相对稳定；二是将企业优势与企业基金会运作相结合。不足也较为明显：企业基金会带有'私利'色彩、企业基金会缺乏内部监督。"[1] 陈钢和李维安研究认为，"企业基金会与各利益相关方基于共同的公益目标，通过各种契约形成关联关系。它们构成的外延界限可称为企业基金会治理外边界，

① 褚湛. 论我国企业基金会管理体制的建构 [J]. 现代管理科学 ,2017(8):112–114.

它确定了在企业基金会治理中拥有监督权和知情权的各利益相关方"①（见图 7–1）。

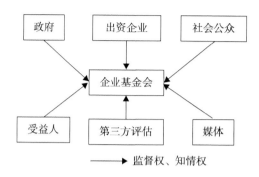

图 7–1　企业基金会治理外边界

网络自媒体平台关于中国艺术基金会的研究指出，"我国超过一半以上的艺术基金会选择在北京市、广东省、上海市、浙江省以及民政部登记注册，而在内地登记的艺术基金会数量则较少。在中国社会组织公共服务平台能够搜索到的艺术基金会多为非公募性质。中基透明指数 FTI 显示，北京民生文化艺术基金会、北京荷风艺术基金会、北京中央美术学院教育发展基金会、吴作人国际美术基金会、韩美林艺术基金会、李可染艺术基金会等在全国的影响力较为突出。"②

对于文化艺术组织而言，企业基金会的角色不仅仅是资金的提供者，还在扮演着艺术活动或项目的孵化器职能。在向企业基金会筹款时，首先，文化艺术组织必须做好充分的"案头"准备工作，要判断基金会扶持方向与组织发展目标之间的契合度。很多基金会的网站和年报中会公开历史资助的信息，是值得发展部员工认真阅读的。如果能够有信誉度较好的宣传介绍将会让整个筹款工作的沟通更为有效。其次，文化艺术组织要准备一份逻辑严谨、表达清晰、内容充实及数据精准的项目策划案。按照基

① 陈钢，李维安. 企业基金会及其治理：研究进展和未来展望 [J]. 外国经济与管理,2016,38(6):21–37.
② 打边炉 ARTDBL. 谁是中国最有影响力的艺术基金会 [EB/OL]. 2020–08–08.https://xw.qq.com/cmsid/20200808A0MN4100.

金会的资助要求，提供所有的文档信息和支撑证明资料。最后，当企业基金会明确了资助数目后，就可以继续推进后续工作。即使收到了基金会拒绝的结果，也并不意味着今后不会资助，继续保持良好的合作沟通关系，让企业基金会更深层次了解组织是一项长期工作。

六、基金会筹款的策略

作为管理和使用社会捐赠的社会组织，基金会为需要帮助的其他社会组织提供以资金为主要形式的援助。实施捐赠的过程决定了基金会的服务质量，而艺术组织面向基金会筹款的操作技巧主要表现在针对不同主体的差异化筹款策略上。

（一）维持可靠的声誉

虽然基金会的捐赠是慈善性质的，但是他们也会依据相关的规章制度和自己的运作方式挑选合适的捐赠对象。大部分基金会喜欢资助社会声誉比较好的或已经在业内取得良好口碑的组织或项目，因为这就意味着资金有着较高的良性运转可能性，而且一旦被资助的组织取得某种成就，基金会也会随之被"点赞"。

（二）明确筹款目标

有些基金会会向文化、教育、卫生、社会福利等不同领域的组织或项目提供资助，而有些基金会则会根据原始捐赠人和董事会的初衷向特定领域的组织或项目提供捐赠。面向基金会筹款的一个关键问题是，如何调整自己的筹款目标使之适应基金会的捐赠目的。例如，如果基金会的捐赠目标是支持文化艺术空间的建设，那么艺术组织就可以将筹款目标展示为书店、博物馆、电影院等的扩建，以及由此带来的居民文化消费水平的提升。

（三）了解目标基金会的偏好

每个基金会都有自己的捐赠偏好。例如：有些基金会喜欢援助已经成熟的项目，而有些喜欢支持新项目的启动；有些基金会喜欢选择相对安全保守的项目，而有些更倾向于选择有挑战性的项目；一些小型基金会会接连不断地为一些小项目提供年度资助，而大型基金会则会为一些项目提供长达数年的资助；大部分基金会提供社会捐赠的方式是资金支持，而有些基金会还会提供免息或低息借贷服务。上述这些捐赠偏好大部分会体现在基金会披露的年度捐赠信息里，也可以通过与基金会的直接沟通获得。文化艺术组织在筹款前需要充分了解上述信息，以确保自己的筹款策略符合目标基金会的偏好。

七、案例分析：中国民生银行与民生文化艺术基金会 ①

（一）基本简介

上海民生艺术基金会、北京民生文化艺术基金会的背后离不开民生银行的影子，而北京民生现代美术馆、上海民生现代美术馆的背后又离不开民生文化艺术基金会的影子。中国民生银行、民生文化艺术基金会、民生现代美术馆最好地诠释了民营企业探索现代非营利组织法人治理方式，贯彻文化振兴和繁荣战略，全力履行社会责任，专注文化艺术领域的新型艺术治理模式。

中国民生银行（CMBC）成立于 1996 年 1 月 12 日，是中国第一家由

---

① 资料来源：中国民生银行、上海民生艺术基金会、北京民生文化艺术基金官方网站信息，案例资料由潘郁整理，作者有所编辑修订。

民间资本设立的全国性商业银行。"艺术＋赋能"的模式一直是中国民生银行履行社会责任的重要模式。通过设立基金会、赞助文化艺术项目、参与乡村文化建设及支持文化创意活动等形式致力于文化艺术事业的繁荣，将关注文化公益事业、推动文化和艺术传承作为履行社会责任的重要组成部分。自 2007 年起，以文化公益为品牌战略和重点履责方向，积极扶持文化艺术事业，改善社会文化环境，推动民族文化繁荣和振兴，先后捐助运营炎黄艺术馆、捐建运营上海民生现代美术馆、上海二十一世纪民生美术馆、北京民生现代美术馆以及成立上海民生艺术基金会、北京民生文化艺术基金会等社会公共服务机构，体现了民生银行在积累文化财富、传承优秀文化方面担负的社会责任。①

根据上海民生现代美术馆官网信息可知，上海民生艺术基金会成立于 2010 年 9 月 21 日，是由中国民生银行捐资设立。自成立以来，基金会相继资助了上海民生现代美术馆、北京民生现代美术馆，并设立了上海二十一世纪民生美术馆、杭州民生文化艺术中心等公益实体，更好地满足了广大群众艺术文化的需求，维持其提高公众文化素养、加强本地与国内外文化交流的社会功能。同时，基金会也资助了多项学术研究项目，中国美术学院"民生艺术史"奖学金、吴作人国际美术基金会相关项目、《TEFAF2014 全球艺术品市场报告》中文版等，获得了业内广泛好评。基金会在中国民生银行公益捐赠、艺术机构公益资产管理方面扮演了重要角色。

根据北京民生现代美术馆官网信息可知，身为民办非的一家艺术组织，其始终致力于现当代艺术的研究、收藏、展示、教育和传播，和上海民生现代美术馆一起构成了民生美术机构的行动平台，积极推动中国艺术的创新发展，共同践履中国民生银行的文化艺术特色公益事业。北京民生

---

① 中国民生银行推动文化繁荣发展，支持文化公益事业 [EB/OL]. 中国网，2017–05–04.http://sl.china.com.cn/2017/0504/16952.shtml.

现代美术馆的建设与筹备工作于 2012 年启动，馆舍由原北京松下彩管厂房改造而来，由国际知名建筑设计师朱锫负责设计规划，上海建工负责施工建设，于 2015 年 4 月完工。展馆面积约 8200 平方米，展馆主体结构由多个不规则盒子构成，既呈现出立体抽象的现代艺术形态，又彰显了视觉张力和丰富想象的自由精神。展馆内部由多个不同大小展厅构成，大厅最高净空高度达到 14 米，可以满足各类型作品展出的需求，以及举办各类会议、论坛、放映和公关活动等。2015 年 6 月 25 日，北京民生现代美术馆隆重开馆，并成功举办开馆展"民间的力量"。

（二）运营现状与资助项目

根据《中国民生银行年度社会责任报告》显示，2019 年度，中国民生银行资助的民生美术机构有效发挥社会公共服务作用，不断加强与政府、公益组织间的交流合作，全年开办展览项目 18 个，公共教育活动 268 场，直接惠民 130 万人次，获得社会各界的普遍赞誉，对文化交流和公共教育作出卓越贡献。2019 年，北京民生现代美术馆举办展览 12 场，吸引线上及线下观众 100 多万人次，开展公共教育活动 139 场；上海民生现代美术馆新馆于 2019 年 5 月完成迁址正式开馆，举办展览 6 场，开展公共教育活动 129 场，吸引观众近 30 万人次，并荣获"第十七届国际设计传媒奖·年度公共空间大奖"等殊荣，民生美术文献中心被上海市静安区认定为"上海市静安区图书馆艺术分馆"。2020 年，"民生艺术 + 赋能计划（MA+）"应运而生，这是中国民生银行继 2015 年连续 5 年推出的"ME 公益创新资助计划"后的又一公益项目。和"ME 创新资助计划"略为不同的是，"民生艺术 + 赋能计划（MA+）"更针对文化艺术领域展开工作。

梳理北京民生文化艺术基金会 2015—2020 年报报告可知，基金会原始注册资金仅为 200 万元，截至 2020 年年末资产合计为 7711.52 万元，年均捐赠收入为 7746.47 万元，年均管理费用为 73.07 万元，占总支出比例为 1.91%。整体而言，除个别年份，该基金年度捐赠收入稳定，其他收入亦有稳定增长，长期管理经营成本占比较低，基金会运行效率较高。

以 2020 年为例，北京民生文化艺术基金会、上海民生艺术基金会分别捐助北京民生现代美术馆 4178.5 万元、1600 万元，接受实物捐赠共计 148 万元（见表 7-2）。该年度北京民生现代美术馆的业务活动包括：（1）举办展览"绵延：变动中的中国艺术"，第一批次共展出 1970 年以来广受关注的 94 位艺术家 97 组件作品。（2）持续推进线上公共艺术教育活动。全年共举行了 30 场，线上线下近 20000 人参与。（3）继续推进独立公共教育活动，"音乐 IN 美术馆""MS 语冰讲堂""文烩系列讲座"等。（4）举办《绵延：变动中的中国艺术》研讨会。（5）持续推进北京民生文化艺术基金会委托项目"河南省滑县、封丘县'艺术＋赋能计划'民生文化扶贫项目"，组织艺术家及艺术爱好者进行创作，挖掘当地特色文化，并与美育教育相结合，扶持民间艺术传承人，发展地方特色文化，依托乡村文化振兴与文化扶贫活动，促进当地文旅产业发展。

表 7-2 北京民生现代美术馆 2020 年接受捐赠情况

序号	资助类型	捐赠（资助）人名称	捐赠主体类别	捐赠主体所在地区	现金（万元）	物资折合（万元）
1	捐赠	北京民生文化艺术基金会	其他单位	境内（京内）	4178.5	0
2	捐赠	上海民生艺术基金会	其他单位	境内（京外）	1600	0
3	捐赠	陈文令	个人	境内（京外）	0	68
4	捐赠	邱志杰	个人	境内（京外）	0	80
合计					5778.5	148

八、案例分析：北京荷风艺术基金会 [①]

（一）基本简介

2013 年 5 月，李风先生带着"艺术有力量"的信念，创办了以艺术教育、艺术普及与推广为使命的北京荷风艺术基金会（下文简称"荷风"），开始了乡村艺术教育的探索实践之路。目前，荷风基金会理事会下设专业顾问委员会、募资委员会、财务委员会 3 个委员会和 1 个艺术大使，日常行政管理工作由秘书处组织安排，并下设艺术教育部、艺术普及推广部、市场发展部、财务部、综合部 5 个职能部门（见图 7-2）。

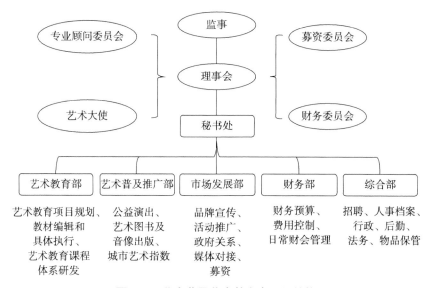

图 7-2　北京荷风艺术基金会组织结构

（二）运行状况与资助项目

李风对中国乡村艺术教育有着很深的思考，他认为艺术不分贫富贵贱，全天下少年儿童都应享有。他还认为艺术教育与乡村振兴息息相关，

---

① 资料来源：案例资料由北京荷风艺术基金会提供，作者有所编辑修订。

因为艺术教育能够滋润和丰沛孩子的心灵，激发孩子的创造力，增强自信心，拓展孩子的视野，让孩子学会审美和对爱的更深理解，这对孩子的一生有着长远的影响……所以，中国乡村艺术教育必须有，国家还没来得及开展的地方，需要有人去补充。荷风自成立伊始，就把"以艺术启蒙推动社会进步"作为愿景，也因此感召了一批认同和支持李风先生想法的家人、朋友参与其中。荷风早期的善款，主要都是由李风个人以及他的家人、朋友捐助。

每年两次的慈善晚宴是荷风重要的筹款活动。与一些知名基金会邀请众多明星参与的方式不同，荷风的慈善晚宴主要是由李风先生和基金会理事们负责邀请嘉宾。慈善晚宴上的活动通常会围绕着某个艺术主题展开——由荷风的艺术大使和青年艺术家们带来音乐表演、荷风公益项目资助的孩子们进行舞台展示（芭蕾、乐团、音乐剧、合唱和体育舞蹈等）、乡村孩子们的美术作品展览、志愿者们的影像作品播放等，所有环节设计都力求让来宾体会到艺术带来的美和爱，感受到艺术教育给孩子带来的改变和影响，从而通过贡献自己的力量将艺术的美和爱继续传递下去。

慈善晚宴的筹款主要通过拍卖来实现。基金会的理事捐赠自己收藏的艺术品或者联系企业捐赠产品给荷风，通过专业拍卖机构或拍卖师在晚宴上通过慈善拍卖筹得善款。除此之外，荷风的乡村艺术教育公益项目也是慈善晚宴上非常受欢迎的"拍品"。例如，"乡村学校合唱团""乡村美育教师培养计划""乡村学校美术社团"等，都会得到晚宴嘉宾的热情支持。公益项目的认购不仅能给晚宴嘉宾带来精神上的满足感，也可以让他们清楚地了解自己的善款给孩子提供了哪些具体的帮助。晚宴结束后，荷风也会定期向捐赠企业和个人公示善款的使用情况，力争做到公开透明可追溯。

2013 年至今，荷风开展的"桃李工程"和"雏菊工程"等公益项目已经覆盖全国 23 个省（市、区）103 个县的 2000 余所乡村学校，惠及乡村教师 4000 多人次，学生近百万人。经过多年的积累，荷风资助项目的孩子们已经发生了很大变化，他们不仅学会了唱歌跳舞画画，更重要的是他们自信了、快乐了、勇敢了。荷风把孩子们带到北京，带上国家级的舞台，他们能够撑起一场高水准的演出了。于是，荷风推出了"田埂"系列音乐会，如 2019 年在上海大剧院举办的"田埂上的欢乐颂——上海欣成集团·荷风公益音乐会"、2019 年在北京天桥艺术中心举办的"田埂上的咏叹调——东润·荷风公益音乐会"、2019 年在北京天桥艺术中心举办的"田埂上的梦想——腾讯荷风艺术行动音乐会"、2021 年在北京中山音乐堂举办的"田埂上的童年——腾讯荷风艺术行动音乐会"等。荷风邀请顶级艺术家助力乡村孩子们演出，不仅给乡村孩子们提供了展示自己的舞台，也让荷风的艺术教育成果为更多人所知。与腾讯合作的艺术行动音乐会通过腾讯云技术同时在几十家直播平台同步直播，宣传效果极佳。以孩子为主的音乐会虽然不以筹款为目的，但大多观看过音乐会的嘉宾都会被现场的气氛感染，进而愿意去了解并支持荷风。每次音乐会后，都会有嘉宾主动联系荷风并最终成了荷风长期稳定的捐方。

根据荷风 2021 年度年报资料显示，该年度基金会共获得捐赠收入 672.43 万元，期末净资产 355.82 万元，年度管理费用占总支出的比例为 10.72%。该年度荷风支持了 6 所乡村学校和 2 个项目县开展"雏菊工程"艺术教育公益项目等工作。荷风致力于乡村艺术教育公益事业九年来，支教教师的队伍也在逐渐壮大。很多在荷风成立之初加入志愿教师队伍的艺术院校学生，现在也学有所成，成了优秀的乐手甚至演奏家。他们身上都有着多年积累而来的公益基因和热情，还有对荷风项目孩子们的深厚情感。2021 年，这些艺术家在荷风的组织下开创了国内公益领域第一个以乐团为主体的公益 IP 项目"荷风爱乐"，以乐团演出的形式，发挥自己的特长，作为荷风筹款工作的重要补充。未来，"荷风爱乐"将通过创编优秀的音乐节目、组织艺术沙龙等，将演出票款收益捐给荷风投入乡村艺术教育工作。

第八章　政府资助

政府的大力支持是文化艺术组织得以运转的重要保障，政府资助是很多文化艺术组织筹款的重要来源。由于文化艺术产品和服务的价值评估标准并不明确，文化艺术组织不能采用其他社会组织的筹款方式申请财政拨款。此外，随着市场经济的发展，一些传统艺术门类和艺术形式在市场化的过程中非但不能得到价值回报，反而会走向衰败。在这种形势下，政府对文化艺术组织的支持就显得尤为重要。

一、政府资助文化艺术的合理性

无论在我国还是西方国家，政府支持文化艺术的行为都已存在许久。正如雅克·巴尔赞指出，为文化艺术提供资金作为一个"无法解决的问题"随着宗教地位的变化与民族国家的问世凸显出来；艺术的政府资助（而非传统的教会、私人与市民赞助）亦是从这个时期开始逐渐成为当代民族国家公共部门的常规行为之一。① 但对于"政府是否应该支持艺术"这个问题，学界一直存在争议。笔者对这一问题持肯定态度，认为政府资助文化艺术存在以下两点合理性。

（一）理论支撑

政府资助文化艺术有扎实的理论依据，具体包括以下三点。

---

① [美]雅克·巴尔赞. 我们应有的文化 [M]. 严忠志，马驭骅，译. 杭州：浙江大学出版社，2009.

1. 公共产品理论

作为新政治经济学的基本理论，公共产品理论的研究始于 1919 年瑞典经济学家林达尔（Lindahl）建立的林达尔均衡理论，介绍了公共产品的理想供给模型和政治决策程序。其后的学者在此基础上，对公共产品的定义做了明确界定，萨缪尔森（Samuelson）在其 1955 年发表的文章《公共支出理论的图解》中指出，公共产品是社会所有成员可以同时享用的集体消费品，每个人对该产品的消费不会减少成员对该产品的消费；[1]而文化经济学家戴维·思罗斯比（David Throsby）指出，"我们必须记住，许多文化商品与服务实际上是混合产品，同时具有私有财与公共财产的特性。例如一张凡·高的画，它能被当成艺术品买卖，其私有财价值只属于拥有它的人；同时，这幅画也是艺术史中的一员，它带来广大的公共财利益给历史学家、艺术爱好者及一般大众。"[2]

从文化艺术产品的生产和消费来说，其生产者是艺术家或文化生产者，具有私人产品的属性；但是其消费者是大众，消费方式以体验和观赏为主，每次或者每位消费者的体验不会消耗产品本身的价值，这种非竞争性和非排他性的消费特征又赋予了文化艺术产品以公共产品的属性。例如，一部舞剧在每次上演的时候都会实现其价值，并且不会随着消费者人数的增加而拉高供应成本；同时在一轮轮重复上演的过程中获得永久价值，消费者亦不会因其反复呈现而丧失原有的消费体验，这便体现了文化艺术产品兼具公共产品的属性。由于对此类产品的生产和消费单纯依靠市场调节无法达到资源的最优配置，此时就要依靠政府资助的手段来补充市场的调节，从而保护文化艺术组织的持续运营。

---

① 郝羚伊. 政府扶持对文化企业绩效的影响研究——基于上海市文化企业的实证分析 [D]. 上海：上海交通大学,2019.

② [澳] 戴维·思罗斯比. 经济学与文化 [M]. 王志标，张峥嵘，译. 北京：中国人民大学出版社,2015.

2. 外部性理论

综观我国文化艺术组织的发展历程，完全脱离政府影响的个体几乎不存在，而且由于市场定价的局限性，现行价格绝大多数只能体现出产品社会价值的某一个组成部分，如演出票价能反映该团体的社会知名度和演员的重量级，但还有很多无法通过价格得以体现的社会价值，如作品中的信息和创意对整个社会产生的影响。

正如前文所述，基于文化艺术产品兼具私人产品和公共产品的特殊属性，文化艺术产品的价格无法完全通过市场竞争来调节，这部分价值在经济学中被称为"外部性"。"'外部性'被定义为价格无法精确传达社会价值的诸种情形，因为不管社会成员乐意与否，商品生产和消费的过程中会施加于社会成员一些非计划性的影响。""大体上艺术将带给整体社会所谓的积极外在效果。这些外在的效益被称为'非使用者利益'，因为受益者是全民，包括了不参与特定文化活动的人口。"① 由于文化艺术产品外部性价值的存在，没有参与文化艺术消费的民众一样能从中获益，导致文化艺术产品的价格是打折扣的，而文化艺术生产者也无法从市场中获取应得的全部收益，这就是经济学家所谓的"市场失灵"。加之积极的外部性会使全民受益，在这种情况下，政府对文化艺术组织的资助就显得顺理成章了，通过资助的方式来提升文化艺术生产的积极性，尽可能实现资源的最优配置。

3. 溢出效应理论

溢出效应是指一个组织在进行某项活动时，不仅会产生活动所预期的效果，而且会对组织之外的人或社会产生影响。简言之，就是某项活动产生了一定的外部效益，但活动的主体得不到这部分外部效益。溢出效应分为知识溢出效应、技术溢出效应和经济溢出效应等。溢出效应的强弱同研

---

① 张激 . 国家艺术支持：现代西方艺术政策与运作机制研究 [D]. 杭州：中国美术学院 ,2008.

发活动的投入高低相关。由于溢出效应，企业投入不足，市场无法达到最优均衡的状态。因此，公共干预（这里具体指政府扶持）的目的是弥补创新投资不足、鼓励企业开展在公共干预缺失的状态下不愿进行的创新投资活动。[①]

溢出效应在文化艺术组织运营中尤为突出。例如，一个表演艺术团体在演出过程中，除了让消费者欣赏到作品本身，体验到艺术带来的审美价值之外，还会对大众产生其他影响，可能包括：作品本身蕴含的信息和创意通过口碑相传对大众产生的启迪，甚至由此引发新的作品的诞生；作品运用的技术创新手段对业内产生的积极启发作用；作品运用的艺术语言、传递的美学思想促使社会成员脱离低级趣味，甚至为社会贡献更多力量。基于前述溢出效应，政府也应当对文化艺术组织进行资助。

（二）现实可能性

在实践层面，政府资助文化艺术组织能够推动文化艺术的可持续发展，使其造福于全体民众。

由于残酷的市场竞争和文化艺术产品的特殊属性，在任何一个国家，几乎没有哪家艺术院团、剧院、公共博物馆或图书馆仅靠消费者的日常花费就能达到收支平衡以持续运转的。特别是在市场经济的环境下，面对激烈的市场竞争，只有政府能够从宏观角度把控经济风险，使文化艺术组织免受其困。基于前文所述的外部性特征和溢出效应，只有在政府资助的情况下才能刺激文化艺术产品的生产，保障文化艺术组织的持续运营。

除此之外，政府对文化艺术领域的资助也能实现其提升全民文化艺术修养，实现艺术普及教育，造福全体民众的目的。例如，American Masterpieces 是一项由 NEA 资助的美国本土优秀表演艺术全国巡演活动，

---

① 郝羚伊. 政府扶持对文化企业绩效的影响研究：基于上海市文化企业的实证分析 [D]. 上海：上海交通大学 ,2019.

这项活动深入美国大小城市和社区，民众与艺术家近距离接触。除此之外，NEA 还开展了包括 Shakespeare in American Communities，Big Read 等活动，有效提升了人们的艺术参与度，让"精英艺术"走向"大众艺术"，将优秀文化传播给了更广泛地区的更多的人。从 2009 年起，我国文化文物部门归口管理的公共博物馆、纪念馆，全面爱国主义教育示范基地全部向社会免费开放。中央财政设立专项资金，重点补助地方博物馆免费开放所需资金，其中，博物馆、纪念馆免费开放而造成的门票收入减少部分全部由中央财政负担，运转经费增量部分由中央财政分别按照东部 20%、中部 60% 和西部 80% 的比例进行补助。政府的这一财政补贴政策，充分实现了广大公民尤其是购买能力不及的人群欣赏艺术、享受中华优秀传统文化的愿望。[①]

虽然政府资助艺术有其理论和实践层面的合理性，但在具体操作时，文化艺术组织也应把握好度，在努力获取政府资助以有效促进组织发展的同时，不应过分依赖政府资助，时刻保持组织应有的独立性和活力。

二、国内外发展状况

（一）国内发展状况

由于我国的特殊国情和经济体制，以政府拨款为主要资金来源的文化艺术机构还是很多的。我国以政府拨款为主要资金来源的艺术机构多为国有艺术机构，这些机构主要以政府财政拨款为主，自筹为辅。此类艺术机构的资金来源较为单一，机构发展容易缺乏效率与活力。同时，由于我国文化体制改革，政府对于艺术机构的拨款量由全额拨款逐步减少，以政府

---

① 周诺荞. 政府资助艺术的合理性认识 [J]. 文艺生活（艺术中国）,2020(05):127–129.

拨款为主要资金来源的艺术机构也在寻求新的资金获取渠道。

以公立美术馆、博物馆为例，基本由政府出资兴办，资金主要依靠国家财政的投入，在经营收入方面的比重十分有限。在计划经济体制时期，此类艺术机构的资金是由国家全额拨款和主管部门专项资金组成。随后，在市场经济体制之下，政府对于公立美术馆、博物馆的拨款量减少，但仍是主要的资金来源。政府对于公立美术馆、博物馆的资金投入，是其生存与发展的重要保障，也是一个强有力的后盾。此外，公立美术馆、博物馆还通过自我创收、社会捐赠等来获取资金，其中包括门票收入、展厅出租的收益、文创产品的销售、个人或企业的捐赠等，以此来拓宽其资金来源的渠道。①

在文化艺术领域内有一类组织是近年来不容忽视的，那就是随着文化市场的繁荣而兴起的文化产业企业。近年来，中央和地方政府对文化产业领域的扶持力度也在不断加大。财政部于 2021 年向有关省 (自治区、直辖市、计划单列市) 下达 2021 年文化产业发展专项资金 (重点项目) 预算，合计 7000 万元，此前已提前下达 4000 万元，共计 1.1 亿元。这种专项资金对于受到新冠病毒感染疫情严重影响的文化产业来说，无疑是维持组织生存和发展的重要保障。

从财政拨款的整体状况来看，2021 年中央财政安排公共文化服务体系建设相关资金 230.3 亿元，保障公共文化服务，强化绩效导向，提高文化惠民工程的覆盖面和实效性。统筹支持全国 5 万余个公共图书馆、美术馆、文化馆（站）、博物馆、纪念馆按规定免费开放和提供公益性讲座、展览等基本公共文化服务。支持地方落实国家基本公共文化服务标准，推动实施智慧图书馆、公共文化云、国家公共文化服务体系示范区等项目，开展广场舞展演、村晚等民俗节庆活动，切实保障人民群众文化权益。支持为

---

① 万笑雪 . 探析我国非营利艺术机构的资金来源 [J]. 美与时代 (城市版),2016(07):123–124.

脱贫地区、边疆民族地区和革命老区培养、选派文化工作者 1.9 万人，加强基层公共文化服务人才队伍建设。推动全民健身，支持北京冬奥会、冬残奥会筹办备赛，加快体育强国建设。①

（二）国外发展状况

美国政府支持艺术的具体表现主要是为艺术发展创造宽松有利的环境，在直接资助力度上远远比不上个人和企业。有学者研究表明，美国政府主要是通过建立国家人类与艺术捐赠基金以及采用法律和税收制度来刺激民间资助：1965 年，美国政府建立了国家人类与艺术捐赠基金，简称 NEA。NEA 每年资助美国文化艺术事业的金额达到 1 亿美元，虽然这 1 亿美元在美国政府和民间资助的总金额中仅约占 1%，但是据统计，NEA 每赞助 1 美元可帮助受益的艺术机构吸引 7~8 美元的民间赞助，而且 NEA 每年给美国经济带来 370 亿美元的收入，它赞助的艺术活动每年向国家纳税 34 亿美元，为联邦政府带来 12 亿美元的财政收入，它使从事与艺术相关的工作人数增加到 1700 万人。所以，尽管 NEA 在赞助艺术中投入资金不是最大的，但是它对于促进美国艺术发展所起的作用却是举足轻重的。其次，美国政府通过法律和税收手段来为艺术机构吸引民众的赞助。据统计，平均每个美国公民每年要向艺术捐赠 50 美元，这较法国人而言，要多出 10 倍。为什么美国人对于艺术如此乐善好施呢？其中的一个重要原因就是美国税法的刺激。在美国，对个人所得税的征收接近了个人收入的 1/3，而美国税法规定，个人每向享有政府赋税优惠的非营利性艺术组织捐赠 1 美元，这一美元的收入便可减少 20~40 美分的税。而且个人捐赠艺术组织，不仅带来的是税费的减少，还会提高捐赠人的社会知名度，获得社会名誉。所以说，美国的税收政策，在很大程度上调动了个人向非营利性

① 2021 年中国财政政策执行情况报告 [R/OL]. 中国财经报网. 2022–02–28. http://www.cfen.com.cn/dzb/dzb/page_1/202202/t20220228_3790912.html.

艺术组织捐赠的积极性，不仅为艺术发展提供了资金来源，也实现了个人与艺术组织的互惠共赢，促进了整个社会的进步和发展。①

与美国不同，法国政府认为文化艺术决定了国家的形象，所以政府对文化艺术组织的资助占据主导地位。据统计，法国政府每年的文化预算在全球是排在前列，它的文化预算占据国家总支出的1%。法国的文化预算如此之大，一方面是因为中央以及地方下设的文化部门很多，所以需要许多资金支持它们的运作和管理；另一方面国家大力支持和鼓励文化艺术机构的发展，通常需要给予这些机构稳定的资金支持。这促使法国的艺术组织只需全心致力于艺术，而无须面对经营资金上的压力。虽然这样的做法加重了国家的财政支出负担，但同时也促进了文艺事业的发展，带动了经济的复苏，提供了大量的就业机会，提高了法国在国际上的形象，维护了法国在世界上的文化艺术地位。除了资金的直接资助，法国政府还通过立法和行政的手段给文化艺术的发展注入了"强心剂"，打起了代表权威的"保护伞"。从20世纪80年代开始，法国也开始逐步下放中央政府的权力，实行文化分权，这个决策大大调动了地方文化机构和艺术组织的积极性。中央政府除了对地方重点文化机构给予经常性的财力支援外，还通过协议或合同的形式，对地方重要文化建设项目进行投资，每年给予国家文化艺术组织固定的经济补贴，并成立专门的基金会来扶持经济困难的艺术团体和艺术家。在法国，各个领域都要缴纳税费，法国通过制定许多优惠的税率政策来促进文艺的发展。首先就是降低文艺产品的增值税，增值税在法国的正常税率是19.6%，但法国文化艺术产品的增值税税率仅为5.5%，这也就提高了文化艺术产品的购买率，增强了文化艺术产品在市场上的竞争力。其次，法国政府也开始意识到民间艺术资助的重要性，为了吸引私人和企业的艺术资助而颁布了相应的税法，规定资助文化的企业最多可以获

---

① 刘洋,董峰.论西方艺术资助的基本模式 [J].吉林艺术学院学报,2014(04):49-54.

得 60% 的税率优惠。自此法国也加入了鼓励私人资助艺术的国家行列，随之法国的民间资助数量开始有所上升。[①]

三、政府资助的方式

政府对文化艺术组织的资助方式有通过各级政府给予财政拨款、设立专项补贴的直接资助，也有通过政策措施和平台建设提供便利条件的间接资助。

（一）直接资助

正如凯恩斯（Keynes）在其《艺术委员会的政策与希望》一书中提到，"一个半独立的机构得到适度数量的资金，以便刺激、抚慰并且支持任何由私人或者地方组建的协会或者机构。这样的协会或者机构具有严肃的目的，表现出一定的成功前景，致力于给公众提供戏剧、音乐和绘画方面的艺术享受。"政府的直接资助不仅能解决文化艺术组织现阶段遇到的难题，而且能刺激和带动他们下一轮的创新。

据我国财政部的有关数据显示，2021 年中央财政安排公共文化服务体系建设相关资金 230.3 亿元，而我国财政直接资助文化艺术组织和项目的专项经费有国家艺术基金、中国文化产业投资基金、文化产业发展专项资金、全国艺术科学规划课题基金、国家舞台艺术精品工程专项资金等。

以国家舞台艺术精品工程专项资金为例，其资助范围包括初选剧目的资助、入选剧目的重点投入、剧本购置、精品剧目的推广宣传和展演经费、专家评审费、项目管理费、其他相关费用。每个项目按以下标准投入：京剧、昆曲，40 万 ~60 万元；地方戏曲、话剧、儿童剧、木偶、皮

---

① 刘洋，董峰.论西方艺术资助的基本模式 [J].吉林艺术学院学报,2014(04):49–54.

影，30万~50万元；歌剧、音乐剧、舞剧，50万~80万元；大型交响乐、民族音乐作品，20万~30万元；新创作节目占2/3以上，有整体构思、非组台组团的大型歌舞、杂技、曲艺等，30万~50万元。[①]

除了中央政府层面，地方层面也在财政拨款之余为文化艺术组织设立专项经费。例如，成立于2016年的北京文化艺术基金，其资助方式是"事前"支持，舞台艺术创作项目将以不同比例分批匹配资助。大剧场话剧资助额度不超过250万元，小剧场资助额度不超过80万元。大剧场剧目满足验收的场次从2016年最初的10场，降低为2017年以后的5场；小剧场剧目满足验收的场次从2016年最初的20场，降低为2017年以后的10场。在资助力度没有变的前提下，满足验收的场次减半降低，无疑为所有申报主体减轻了压力，保证了艺术创作的精力、财力等内容。同时，申报条件强调了"申报主体应具有稳定的创作演出团队，其中编剧、导演、音乐、主演、舞美等主创人员应以北京市创作人员为主"。所以，这一基金有力地引导并集结了北京的文化创作队伍、活跃了北京的文化创作氛围，对北京的文化发展具有促进作用。[②]

（二）间接资助

政府不但可以向文化艺术组织提供资金扶持，还可以通过政策措施和搭建服务平台等方式提供间接帮助。政府会在金融、土地、就业及税收等方面出台一系列扶持政策，进而实现对于文化艺术组织的间接性资助。例如，2009年出台的《文化产业振兴规划》（国发〔2009〕30号）明确指出，"对符合规划的文化产业园区和基地，在基础设施建设、土地使用、税收政策等方面给予支持"。2010年原文化部、中宣部等九部委联合发布《关

---

① 刘利成. 支持文化创意产业发展的财政政策研究 [D]. 北京：中国财政部财政科学研究所,2011.

② 刘婧. 政策激励下的京味儿话剧创作的"质"与"量"基于北京文化艺术基金(2016—2020)立项的数据分析 [J]. 中国戏剧,2021(06):76–78.

于金融支持文化产业振兴和发展繁荣的指导意见》中明确提到，"通过开发分期付款等消费信贷品种，扩大对演艺娱乐、会展旅游、艺术品和工艺品等综合消费信贷投放"。

又如，在税收政策方面，通过减免税等优惠政策资助文化艺术组织。2009 年，财政部、国家税务总局、海关总署共同制订《国有公益性收藏单位进口藏品免税暂行规定》（国家税务总局公告 2009 年第 2 号），规定国有公益性收藏单位以从事永久收藏、展示和研究等公益性活动为目的，接受捐赠、归还、追索和购买等方式进口的藏品，免征进口环节税。2020 年 10 月 12 日，财政部、海关总署、国家税务总局联合发布《关于中国国际进口博览会展期内销售的进口展品税收优惠政策的通知》（财关税〔2020〕38 号），其中明确允许每个参展商可享受 5 件"艺术品、收藏品及古物"免征进口关税、进口环节增值税和消费税。① 依据财政部、国家税务总局《关于全面推开营业税改征增值税试点的通知》（财税〔2016〕36 号）规定，对部分文化设施项目免征增值税：纪念馆、博物馆、文化馆、文物保护单位管理机构、美术馆、展览馆、书画院、图书馆在自己的场所提供文化体育服务取得的第一道门票收入，以及寺院、宫观、清真寺和教堂举办文化、宗教活动的门票收入。②

四、政府资助的筹款策略

（一）积极打造符合主流价值观的作品

通过前文所述不难得知，政府资助文化艺术组织的目的是在遇到困

---

① 人民资讯.试点减免文物艺术品税款助力北京"博物馆之城"建设 [EB/OL]. 2021–12–14. https://baijiahao.baidu.com/s?id=1719082976612790927&wfr=spider&for=pc.

② 税屋.文化创意产业税收优惠专题（2021 版）[EB/OL]. 2021–06–04.https://www.shui5.cn/ article/1c/42108$2.html.

难的时候把他们带出市场之外，不必为了维持生计而牺牲文化艺术创作的某些初衷，而这些初衷必须是符合政府倡导的主流价值观的，能够满足广大人民群众的文化艺术需求的。政府在保护文化艺术组织的过程中，也会考虑哪些组织或项目能够最大限度地满足社会运转的需求。所以，积极打造符合主流价值观的作品就成为文化艺术组织面向政府筹款的重要策略之一。

（二）了解政府资助历史及发展规划

通过政府门户网站或新闻媒体不难查阅到每笔政府拨款的详细去处。在面向政府筹款之前，文化艺术组织需要详细了解政府资助的历史，如各级政府每年有多少经费划拨给文化艺术组织，面向文化艺术组织有哪些优惠政策，这些组织与想要筹款的组织有哪些相似之处，并从中总结他们筹款成功的经验。同时，各级政府每年也会提前公布其财政预算及发展规划，如来年会有多少经费用于哪些组织的哪种类型的花费，文化艺术组织的管理者需要在总结历史经验的基础上，根据政府的未来发展规划调整组织发展目标，努力创造可以获得筹款的条件。

（三）熟悉政府资助条件

无论是中央还是各级地方政府的资助，其资助金额和扶持力度对于发展中的文化艺术组织来说都是比较大的，特别是对于我国非营利的文化艺术组织，政府资助超越个人和企业捐赠，是其最重要的资金来源。也正是因为大规模的投入，政府在设置资助条件和审核资格的时候通常会比较严苛。所以，想要最终获得政府资助，文化艺术组织的管理者必须时刻学习政府的资助条件，努力使组织或项目达到政府资助的要求。

（四）与政府建立并维持联系

除了政府出资建立的国家级文化艺术组织，其他文化艺术组织的规模通常较小，员工人数也较少，相应的，组织的社会知名度和影响力也不高，政府在设置资助范围和条件的时候就很难考虑到这些组织未知的情况。如何引起政府的关注以提升政府资助的可能性？建立并维持与政府的联系是文化艺术组织面向政府筹款的重要策略。例如，可以通过公众口碑和媒体宣传该组织的事迹和项目成果，使政府了解组织特色和发展困境，并考虑施以援助。同时，文化艺术组织不仅可以研究政府资助条件，还可以主动出击，了解他们的资助目标，在成功获得一次资助之后大肆宣传并积极为政府建言献策，必要时参与甚至影响政策制定，以获得更长久的资助。

五、案例分析：国家艺术基金资助舞蹈发展[①]

2013年年底，我国成立国家艺术基金（下文简称"国艺金"）。自成立之日起，国艺金便坚持"二为""双百"的文艺方针，致力于繁荣艺术创作，培养艺术人才，打造和推广精品力作，推进艺术事业健康发展。国艺金为公益性基金，资金主要来自中央财政拨款，同时依法接受自然人、法人或者其他组织的捐赠；资助方式主要为项目资助、优秀奖励和匹配资助；资助范围包括音乐、舞蹈、戏曲、美术等艺术的创作生产、传播推广、人才培养等内容。下文将围绕2014—2019年度国艺金资助舞蹈类项目成效、趋势及运营机制展开分析。

---

① 资料来源：国家艺术基金管理中心网站年度公示及网站信息数据整理，案例资料由彭兰斌整理，作者有所编辑修订。部分内容转引自"马明．彭兰斌．国家艺术基金支持舞蹈发展：成效、趋势及问题分析 [J]．吉林艺术学院学报，2022(03):75–81."

（一）资助概述

国艺金的资助模式在当前中国艺术界已经形成了一个正面而积极的形象，不但给中国的艺术家提供了一个自我实现的最佳平台，同时也以巨大的感召力让更多的艺术家看到了希望[①]。国艺金资助舞蹈类项目共包括大型舞台剧和作品创作（下文简称"大型舞剧"）、小型节目和作品创作（下文简称"小型舞蹈作品"）、艺术人才培养、青年艺术创作人才和传播交流推广5类。其中，青年艺术创作人才资助项目起始于2015年，其他项目近6年一直是持续性资助的态势。

资助总体规模与趋势。2014—2019年，国艺金资助舞蹈类项目总计655项，年均增长率为14.4%。其中，大型舞剧103项，小型舞蹈作品291项，艺术人才培养40项，青年艺术创作人才141项，传播交流推广80项（见表8-1）。

表8-1　国艺金资助舞蹈类项目汇总表（2014—2019）　　　　单位：项

年份＼类型	大型舞剧	小型舞蹈作品	艺术人才培养	青年艺术创作人才	传播交流推广	总计
2014	17	27	6	—	4	54
2015	21	30	5	27	11	94
2016	33	73	10	46	24	186
2017	12	54	5	22	17	110
2018	12	51	6	21	15	105
2019	8	56	8	25	9	106
总计	103	291	40	141	80	655

2014—2019年，国艺金资助舞蹈类项目年度趋势呈先升后降的态势。造成这种现象的主要原因是，2014年年末设立舞蹈类青年艺术创作人才项目，基准年度总数不高，而2016年在大型舞剧、小型舞蹈作品和传播交流推广上的单项资助数量增幅明显（见图8-1）。

---

① 江东.国家艺术基金舞蹈创作项目述评[J].北京舞蹈学院学报,2017(05):1–7.

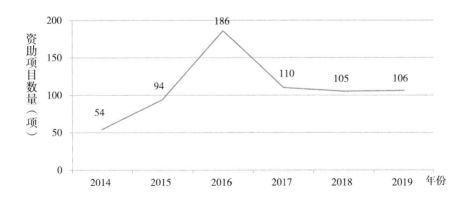

图 8-1 国艺金资助舞蹈类项目发展趋势（2014—2019）

资助细分项目类型比重与变化趋势。从国艺金资助舞蹈类细分项目类型数量比重可见（见图 8-2），2014—2019 年中资助数量由多到少分别为小型舞蹈作品（44%）、青年艺术创作人才（22%）、大型舞剧（16%）、传播交流推广（12%）和艺术人才培养（6%）。

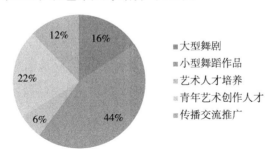

图 8-2 国艺金资助舞蹈类细分项目比重（2014—2019）

2014—2019 年，国艺金舞蹈类细分项目的年度变化趋势并不一致（见图 8-3）。以 2016 年为区间分水岭，大型舞剧和传播交流推广两类项目在 2016 年后资助数量下降趋势明显；小型舞蹈作品、艺术人才培养和青年艺术创作人才三类项目在 2016 年后资助数量呈现止跌回升，趋于稳定的态势。在整体变化浮动方面，由于小型舞蹈作品和青年艺术创作人才两类项目资助范围广、资助金额不高等原因，其整体的变化振幅较大；相反，艺术类人才培养项目资助数量少，变化浮动最小。

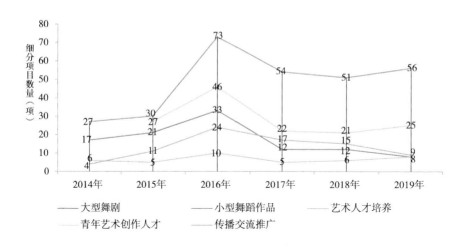

图 8-3 国艺金资助舞蹈类细分项目变化趋势（2014—2019）

资助大型舞剧的类型、题材及比重。国艺金在资助的大型舞剧项目中类型与题材分布不均。2014—2019 年，资助大型舞剧的类型以民族舞剧和芭蕾舞剧为主；题材以社会现实题材、革命历史题材、传统文化与历史名人三类为主，分别占比 27%、25% 和 18%。

资助传播交流推广项目的类型及比重。从传播交流推广项目的资助细分项目类型数量比重可见，2014—2019 年国艺金资助舞蹈类传播交流推广项目总计 80 项，资助类型数量由多到少分别为民族舞剧 54 项，占比约 68%；芭蕾舞剧 10 项，占比约 13%；综合性舞台作品 9 项，占比约 11%；民族民间舞蹈作品 6 项，占比约 8%；中国舞作品 1 项，占比约 1%。同时，传播交流推广项目在题材上仍以革命历史、传统文化以及民族特色文化为主。

资助对象属性及变化趋势。2014—2019 年，国艺金资助对象属性的年度变化趋势并不一致。以 2016 年为区间分水岭，2016 年后，事业单位获得资助呈现先降后升的趋势；企业、民办非企业以及部队单位都呈下降态势，企业的下降幅度较为明显。在资助对象的四类中，事业单位与企业所占比重较大，分别占比约 61.87% 和 34.63%，整体变化振幅较大；相反，民办非企业和部队单位占比数量较少，变化幅度小。

资助地域分布及比重。在资助地域分布方面，国艺金资助舞蹈类项目的申报单位所在地依据行政区域划分从高到低分别为东部、中部、西部。其中，东部地区共计353家，占比53.2%；中部地区与西部地区相对持平，分别共计162家与149家，占比24.4%与22.4%。这与我国地域经济水平开放程度成正比。在传播交流推广项目方面，国艺金资助的地域差异性特征相对较弱，东部、中部及西部的资助数量分别为34项、24项、22项。

（二）资助成效

无论是从政治层面贯彻执行党和国家的文艺政策，从经济层面提升财政资金支持艺术发展的绩效，还是从行政管理层面引导激发各类艺术机构的主观积极性，2014—2019年，国艺金在推动我国舞蹈艺术高质量、内涵式发展方面发挥了极其重要的作用。

1. 助推舞蹈剧目创作和提升

六年来，在国艺金资金的持续性资助下，舞蹈市场涌现出一批思想精深、艺术精湛、制作精良的舞蹈作品。同时，国艺金资金的持续资助也为艺术家和申报单位提供了一个相对稳定的创作条件，有利于创作者深入社会生活，专心舞台创作，凝炼中国好故事。在增加优质剧目的同时，提升了舞蹈艺术的创作水平，助推了舞蹈剧目创作发展。2014—2019年，国艺金资助的大型舞剧迅速成为中国舞蹈"文华奖"和"荷花奖"的主要得主（见表8-2）。

表 8-2 国艺金资助大型舞剧获文华奖和荷花奖汇总

舞剧	单位	资助年份	获得奖项
《沙湾往事》	广东歌舞剧院有限公司	2014	第十五届文华奖
《八女投江》	辽宁芭蕾舞团	2014	第十五届文华奖
《永不消逝的电波》	上海歌舞团有限公司	2019	第十六届文华奖
《天路》	国家大剧院	2019	第十六届文华奖

舞剧	单位	资助年份	获得奖项
《草原英雄小姐妹》	内蒙古大学	2016	第十六届文华奖
《杜甫》	重庆歌舞团有限责任公司	2015	第十届荷花奖
《家》	四川省歌舞剧院有限责任公司	2015	第十届荷花奖
《仓央嘉措》	中央民族歌舞团	2015	第十届荷花奖
《朱鹮》	上海歌舞团有限公司	2015	第十届荷花奖
《哈姆雷特》	上海芭蕾舞团	2016	第十届荷花奖
《花木兰》	中央歌剧院	2016	第十一届荷花奖
《大禹》	安徽省花鼓灯歌舞剧院有限公司	2016	第十一届荷花奖
《草原英雄小姐妹》	内蒙古大学	2016	第十一届荷花奖
《井冈·井冈》	北京舞蹈学院	2018	第十一届荷花奖
《醒·狮》	广州歌舞剧院有限公司	2019	第十一届荷花奖

获得中国舞蹈"荷花奖"和"文华奖"的大型舞剧项目共15个，占资助舞剧总数的15.5%。其中部分舞剧兼获双奖，并获得"五个一"工程奖等其他奖项。除此之外，每年仍有众多入围的大型舞剧资助项目。同时，越来越多的大型舞剧入选国家级文艺会演、展演等，或是获得其他省部级奖项及奖励资助，普遍获得较高的社会评价。

2. 引领时代主流价值观念

习近平总书记曾在文艺座谈会上谈到，"艺术创作应该坚持以人民为中心的创作导向，创作更多无愧于时代的优秀作品"。近年来，无论是以《永不消逝的电波》《井冈·井冈》等为代表的革命历史题材舞剧、以《花木兰》《杜甫》等为代表的传承厚德载物民族气节的大型舞剧，还是以《尘埃》《家》为代表的深度地反思人性的大型舞剧，都通过高超的艺术手法与表达方式，以小见大，将艺术创作与艺术追求建立在以人民为中心的创作前提之上，充分阐述了中国精神是社会主义文艺的灵魂。除了大型舞剧之外，小型舞蹈作品和传播交流推广项目也都做到了题材原创性强、舞蹈形象塑造特立独行、内容编创不断创新等特色。国艺金资助的舞蹈项目紧贴人民与社会生活，紧跟新时代文艺思想步伐，把握时代脉搏，反映时代特征，被广大人民所喜闻乐见，对于弘扬社会主义主流价值观具有较强的引导作用。

3. 培养青年舞蹈艺术人才

国艺金资助的小型舞蹈作品题材多元，内容丰富，多以结合地方民族舞蹈文化为主，以群舞项目居多，为省地级院团以及院校机构青年舞蹈艺术人才提供了展示艺术水准与提升专业水平的机会。与此同时，国艺金青年舞蹈艺术创作人才资助项目也受到了公众的高度重视。获得资助的大部分编导均为院校机构、省地级院团等的青年编导。该类资助项目为青年编导提供了实现艺术理想的机会与平台，为中国舞蹈的新生代力量推波助力的同时，也为中国舞蹈艺术未来发展积蓄了力量。其中，以胡骁的《风从岭南来》、周莉亚的《yào》等为代表的一系列作品在资助的基础上，进行了多次公演，收获广泛好评。该类资助项目在实现编导艺术创作追求的同时，也推动了舞蹈艺术的社会推广。

国艺金除了资助小型舞蹈作品和青年舞蹈艺术创作人才之外，艺术人才培养类的资助项目也取得了一定的成效。该类项目依托短期集中、主题突出、全国名师专题授课的形式为舞蹈表演、编创及理论等方面的青年艺术家提供了交流实践的平台。以北京舞蹈学院"舞蹈高级评论与制作人才培养"为例，该项目在执行期间邀请中外35位知名专家，依托导师跨界"锋谈"、讲授教学、交流研讨、观摩演出、实践调研等多种创新方式，聚焦舞蹈与艺术评论、舞台创作与制作，举办了跨界、多元的人才培养平台，受到了业界专家和学员的一致好评。

4. 优化舞蹈资源社会配置

国艺金在舞蹈领域的资助，进一步激发了一大批院校、院团以及舞蹈艺术机构的创作热情，在一定程度上激活了创作资源，优化了艺术院团与院校机构的舞蹈资源社会配置。对于院校机构而言，项目式的资助使师生、院系之间有了更好的实践平台，让专业院校的创作、实践和教学实现了进一步的相互促进与拓展。以《井冈·井冈》《草原英雄小姐妹》等这类受国艺金资助的高校项目为例，作品在受资助的过程中较高地覆盖高校教学、科研及实践创作、演出等方面，推动了高等院校艺术资源的内部共享与社会共享。

在国艺金的引导与带动下，北京市、江苏省等多地也先后设立了省级艺术基金，并建立了与国艺金相衔接的资助机制。大量受资助的主体单位和社会文艺机构纷纷跟进基金投入，使项目在执行中遇到的众多闲置硬件资源被注入了新动能，进入剧目演出制作生态链，各类演艺生产要素资源实现了更为有效的社会配置。

除此之外，以《天路》《醒·狮》《花木兰》等剧目为例，对于正处于转型发展时期的国有艺术院团而言，国艺金的资助不仅仅是简单的资金扶持，更是在依托基金发展平台的基础上，引导院团创作出符合新时代社会主义文艺的优质作品，更好地将中国传统文化中的故事以舞蹈、舞剧的形式展现，从艺术创作的角度带动院团自身的转型与发展，进一步夯实文化自信。

5. 完善舞蹈艺术生态环境

长期以来，舞蹈艺术作为具有比较高门槛的艺术门类，传播圈层相对局限，艺术创作与艺术接收之间存在交流壁垒。六年来，国艺金以项目资金支持作为导入，逐步渗透舞蹈艺术创作、传播、交流等多个环节，不断完善舞蹈艺术生态环境。从资助的类型、细分领域、对象属性等角度可见，国艺金对舞蹈艺术的支持无疑是全方位的。多元化的资助体系涉及舞蹈艺术生态环境的各个方面，资助体系呈现出多样性、立体化的特点。

舞蹈的艺术生态环境包含多个组成部分，国艺金作为政府参与的重要方式，是缔造良好的艺术生态环境的重要环节。从创作层面出发，国艺金为舞蹈艺术培养了大量创作人才，青年编导逐渐在市场上拥有一席之地，激活创作资源的同时，提升了编导的创作水准。从受众接受、艺术传播的层面出发，无论是大型舞剧的巡演制度，还是国艺金资助的舞蹈艺术传播交流项目都在很大程度上拉近了舞蹈艺术与广大受众之间的距离，吸引更多的观众走进剧场，欣赏舞蹈的同时成为舞蹈艺术的资深受众，甚至是其传播者和弘扬者。从中介层面出发，无论是国艺金直接资助的资金、为艺术项目提供的有利于发展的文化政策，还是专业的艺术管理机制、艺术教育途径等，都在很大程度上完善了舞蹈的艺术生态环境。

（三）相关问题分析

国艺金对于舞蹈及其他文艺界的创作者、管理者、参与者而言，都是较为新鲜的事物，需要在不断优化中成长及完善。在我国，通过艺术基金的方式管理、资助和发展艺术事业没有先例可循，这是一项开荒、开拓的工作，具有探索性、复杂性的特点[①]。国艺金建立了一系列规章制度和管理规范，涉及指南发布、项目申报、专家评审、签约立项、组织实施、监督检查及结项验收等全流程[②]。其履行基金成立宗旨的效果突出，社会反响较好，并积累了一定的经验。

然而各地、各类舞蹈艺术机构的艺术生产力水平各异，项目管理和执行能力差异化较大，所资助项目最终成效参差不齐。同时，部分项目在同地方政府机构、媒介组织、中介协会及观众互动等方面沟通反馈不畅，引导和带动社会相关资源的能力有限，在执行中引发了部分艺术家和受众的质疑。在前期调研和数据分析基础上，笔者认为国艺金资助舞蹈发展在导向功能、管理机制和质量保障等方面还存在下述问题。

1.导向功能的有效性和多元性有待强化

国艺金肩负着引领艺术创作、教育人民、服务社会、推动发展等多方

[①] 赵建新.助推创作、涵养生态与艺术提升：六年来国家艺术基金资助戏曲大型剧目成效分析 [J].艺术评论,2019(06):46–57.

[②] 韩子勇.国家艺术基金的"四个关系" [EB/OL].中国经济网.2016–05–04. http://www.ce.cn/culture/.

面的责任。从资助舞蹈项目的获奖、社会评价及媒体报道来看，依托艺术创作的舞剧、传播交流推广及艺术人才培养等项目，在落实和贯彻国家文艺政策方面的引导效果明显。但在多元题材创作、驱动社会资源以及突出地域特色等导向功能方面还有提升的空间。

从2014—2019年受资助舞蹈项目的题材可见，受资助项目的题材多集中在通过特定历史时期与历史人物来反映中国传统文化和社会主义核心价值观的方面。申报单位往往聚焦于时下的重大政治节点，导致题材选择扎堆、英雄人物脸谱化、艺术理念趋同化等问题，限制了舞蹈艺术创作的丰富性和多样化。申报单位在将自身历史积淀的艺术特色与当下基金导向的社会核心价值、文艺方向之间的融合层面不够充分，在创作的层次性和多元性方面略显单一。国艺金在关注资助项目政治方向、社会效益等公共价值的同时，应在多元创作、艺术繁荣、融合跨界形式等方面给予一定的弹性引导，使国艺金能够更为有效地落实"二为""双百"方针。

除此之外，从近六年资助舞蹈艺术项目数量、金额以及区域分布可见，国艺金的资助大部分被当作唯一资金来源。申报单位的自身"造血"能力较弱，资源匹配引导力弱，驱动社会资源能力作用不明显。尤其是获得300万~400万元资助的大型舞剧，其在匹配资金、场地、人员等资源，与演出中介组织之间的协调以及社会筹款等方面应有更为突出的表现。

2. 运行管理机制在精细化、扁平化方面有待提升

当前国艺金采取理事会、管理中心和专家委员会三个机构独立运行的机制。决策部门和执行机构分离，整体宏观组织结构符合现代公共组织内部管理规律。在政府有效把握公共资源和公共价值方面，能够充分发挥专业机构和专家的特长。但由于基金发展建设的阶段性局限，其在运行机制的精细化措施、扁平化方面依旧有提升空间。

国艺金运行管理机制的精细化是在发现问题、修正规范中逐步完善的。以申报为例，国艺金年度的申报信息对交叉性申报与重复申报的要求

没有明晰的界限。这导致出现作品成功申请大型舞剧项目资助后，又在次年将其中的片段重新申报小型舞蹈作品的现象。这是否构成了重复申报是需要明确的。除此之外，精细化管理中的修正规范还应包括对于"违约"事件的处理措施。例如，对于无故申请撤项、变更负责人或执行标准不符合基金管理等问题，国艺金应不断完善应对机制，提升基金管理的行政效率。

国艺金在资助申请、项目实施、结项汇总以及评价反馈等项目流程管理中还应进一步探索"扁平化"的运行模式，提高与资助项目团队之间的沟通反馈效率。舞剧创作项目支撑要素较多，编创团队的主观性因素往往对整体项目进度的影响较大，因此在执行管理过程中需要一定的弹性机制。国艺金的管理可以探索依托具有艺术管理背景的志愿者进行点对点指导和跟进。调研结果显示，部分受资助项目团队对资助流程的环节要求及政策变化了解不够清晰，与国艺金之间缺少较为直接的沟通渠道；也有部分项目团队认为，国艺金的科层化行政模式不利于艺术项目的弹性管理。此外，在横向比较国外政府性艺术基金运行机制时发现，对于年轻受众这个大比重群体而言，数字媒介、互联网等对其影响加大，国艺金除了应在运行管理中扶持多元繁荣的艺术创作为主业之外，还应对"观众拓展与开发"具有前瞻计划也就是，既扶持好的舞蹈作品，也培养优质的艺术观众，进而实现艺术生态的可持续发展。

3. 资助类型、对象、地域等方面有待优化

无论是戏曲、音乐、戏剧还是舞蹈，国艺金在现有资助框架下将资助分为大型作品、小型作品、人才培养和传播推广等5个细分类型。对于不同的艺术形式所具有的自身审美特色、展现形式等特点，国艺金应在资助过程中做到突出艺术门类自身特色。以舞蹈为例，资助单位应针对舞蹈语汇等形成独特的自身优势。作为一种国际性语言的艺术门类，舞蹈在其对外传播交流方面有着语言国家标准语汇对接的天然优势。围绕文化"走出

去"、提升文化软实力等战略，国艺金应在资助舞蹈项目时更聚焦此特点，使更多中国的舞蹈与舞蹈人能够走向更广阔的国际舞台。对于参加国际知名舞蹈节、艺术节的作品，及参加国际舞蹈比赛和展演的机构，国艺金应相对给予资助。

国艺金资助舞蹈项目的对象主要以事业单位为主，民营企业或民办非企业的参与热情与成功获批之间的落差较大。受国艺金资助的事业单位占比 59%，民办非企业仅占 3%。民办非企业、民营院团较低的获批比例在一定程度上影响其参与热情和积极性。国艺金作为国家资源支持艺术的二级分配，需要在资助对象类型方面进行全局的协调和平衡。在调研中，一位民营舞团团长曾说，"国家队在编导、资金及配套条件等方面非常成熟，资助会让他们越来越好，形成'马太效应'。而数量众多的民营舞团、现代舞团是不是只能坐以待毙？"也有调研对象指出，拿到基金资助的传播对外推广项目，因为不用考虑巡演支出，反而在实际演出中扰乱了正常的市场竞争秩序。除此之外，从资助地域方面可见，也存在比例失衡的现象。除去我国传统经济实力和文艺资源分布差异所形成的东西部失衡，国艺金是否能针对资助对象地域分配进行动态平衡的调整，探索跨地域、跨行政单位的联合资助，加强东、中、西部之间艺术资源的流动与沟通？

4. 资助项目自身的管理效率和效果有待增强

通过调研反馈显示，部分国艺金资助的舞蹈项目存在着资金使用比例失调、自我监督机制不健全、公众满意度不高等问题。国艺金应针对大型舞剧的资金使用设置限制，对于舞美制作而言，限额 130 万元，占总成本的 32.5%，是较合理的规范标准。过高的舞美制作费不利于艺术精品的打造，过度关注舞台效果易忽略对艺术作品内涵的打磨。

国艺金艺术结构课题组编著的《艺术成本结构调研报告》[①]也显示，部

---

① 国家艺术基金艺术成本结构课题组 . 艺术成本结构调研报告 [R]. 北京 : 文化艺术出版社 , 2019 :83.

分资助项目"舞台美术设计/制作费"在实际项目制作过程中占总成本费用近59%，舞美相关成本过高。在国艺金资助舞蹈项目的过程中，项目管理者与创作者较少考虑艺术经济成本的合理性问题普遍存在。资金使用不当的背后是项目执行单位管理效能和自我监督的问题。从项目成果结项报告反馈可见，部分项目在实施过程中缺乏自我监督与自我纠错的运行机制，往往以项目负责人为中心进行开展。项目的落地成果也只聚焦于是否完成，而对项目的公众影响和满意度不够重视。

5. 资助项目的绩效评估机制有待不断完善

国艺金资助艺术项目属于政府公共服务支出的范畴，其绩效的关键在于能够构建一套覆盖资助项目、资助主体及基金管理的评估体系。这也是公共行政管理中提升和优化行政效能的一种有效方式。当前，国艺金的评审报告、监督报告等都是推进绩效评估方面的有效措施。但从国艺金的战略发展角度出发，笔者认为还应探讨出一套客观、科学和统一的绩效评估指标体系。

缺乏有效绩效评估机制，使国艺金在实际运行中碰到诸多问题。例如，部分受资助项目出现了撤项、延期实施的现象；项目多次更迭实施计划，调整巡演、巡展路线或主创人员等情况；甚至出现项目明显违反基金资助相关规范制度等问题。这些情况都可以通过客观、科学和统一的绩效评估指标体系进行优化与规避。绩效评估机制，特别是动态的监督管理机制，可以实施以结果为导向的反馈机制。若出现擅自违反规定、绩效考核不达标等情况，国艺金可以对项目负责人和项目单位执行问责反馈。笔者认为，绩效评估指标应该是以基金的宗旨和目标为核心内容，围绕基金导向的公共价值为中心，以受资助单位为评价对象，由国艺金和第三方专家、机构成员组成评估主体，在充分讨论科学评估指标基础上，对所资助项目进行全面的评价，并将结果反馈给评价对象，同时改善现有管理运行机制，提升总体的治理水平。

纵观国艺金的发展历程，"十三五"时期是基金培育、发展的重要阶段，其运行的基本格局和模式初显成效，管理机制步入正轨，各项成果丰硕。相较于西方国家的政府性艺术基金机构，我国国艺金还有很长的路要走。特别是在进一步提升资金使用效率、效果、效益及公平性的基础上，应让基金的资助结构和方式更加科学合理、工作体系稳定有效、运转流畅，对艺术创作生产的宏观调控作用更加精准有力，进而发挥艺术基金推进国家艺术事业健康发展的积极作用。

六、案例分析：英国国家彩票分配基金 ①

彩票业支持文化艺术事业发展是英国艺术资助体制的显著特点。1992年英国就已设立国家彩票法，并于1994年正式开始发行国家彩票。由彩票所募集来的收入，除了奖金、缴税和运营费用等之外，用于为艺术、体育、慈善、国家遗产、千年庆典和新健康、教育、环境等6项公益事业。英国国家彩票分配基金（National Lottery Distribution Fund，NLDF）是根据1993年《英国国家彩票法》而设立的。该法规定，国家彩票分配基金中的20%应当用于艺术及与艺术相关的支出，而这其中的68.78%则应当分配给非营利公共机构——英格兰艺术委员会（Arts Council of England，ACE）。NLDF在基金运营和彩票分发机构之间的资金流动方面发挥着关键作用，彩票分发机构将资金发放给全国彩票受益人，即所谓的"公益事业"。自1994年推出，NLDF已经为公益事业创造了超过420亿英镑（包含奥运彩票产品募款资金），并使62.5万个大大小小的项目受益。另外还有20亿英镑的投资收入。经过了28年的发展，现在每周有超过3000万英镑的资金被用于发展包括文化、艺术和遗产在内的公益事业。

---

① 资料来源：英格兰艺术委员会（ACE）和奥尔巴尼（the Albany）艺术中心网站信息及研究报告，案例资料由谢昊辰整理，笔者有所编辑修订。

作为推动英国创意与文化相关事务发展的重要力量，英格兰艺术委员会特别设立了"国家彩票项目补助金"（Arts Council National Lottery Project Grants）作为其"开放式基金"的重要组成部分。该项赠款面向个人、社区和机构，而位于东南伦敦的奥尔巴尼艺术中心 (the Albany) 就曾多次受到该项目的资助。

奥尔巴尼艺术中心是一个注册于英国伦敦刘易斯安区的慈善机构。作为该区的一个支柱机构，奥尔巴尼艺术中心不仅提供了大量的就业岗位而且致力于成为一个为东南伦敦的文化、社会和经济作出贡献的艺术创意中心。该机构在业务结构上主要分为艺术项目、机构运营与外部合同三个部分，而从收入结构上来看则主要包括捐赠资助和慈善活动。在 2020—2021 年期间，面对新冠病毒感染疫情带来的多重挑战，该机构依然维持着相对健康和稳定的运营状态。根据其发布的《2021 年受托人报告和财务声明》，截至 2021 年 3 月该机构总收入达到 361.54 万英镑，净收入为 98.04 万英镑，结转余额超过 600 万英镑。在这可观的数字背后，是奥尔巴尼艺术中心多年累积的丰富的筹款经验。

作为一个慈善机构，奥尔巴尼艺术中心在 2020—2021 年度的非限制性资金主要来自于其所在地刘易斯安区和英格兰艺术委员会（ACE），两者的资助分别为 13.75 万英镑和 50.27 万英镑。近些年来，随着刘易斯安区的财政状况持续走低，来自前者的资助正在逐年减少，这也成了该机构在未来需要面对的主要挑战之一。除了非限制性资金以外，还有大量只能用于特定目标的限制性资金，主要来自基金会和一些机构的专项计划，这其中就包括来自英格兰艺术委员会的"国家彩票项目补助金"。例如，在 2019 年英国国家彩票 25 周年之际，奥尔巴尼艺术中心作为发起方之一所制作的"Here and Now"系列活动获得了 75 万英镑的资助。资料显示，一共有 40 个来自不同地区的艺术中心参与到该项目中，其目的是通过文化和艺术的手段来展示其文化多样性，展现英国社会中多样性与凝聚力并存的文化样貌。

　　然而，对于该基金的评价并不总是积极的，如在地区和项目的分配上存在明显不均，甚至是对其存在质疑：该基金是否鼓励了英国社会中的"赌博"风气？政府是否应该如此积极推广彩票？不过总的来看，英国国家彩票分配基金自 1994 年以来支持了包括文化、艺术、遗产和体育在内的众多个人和机构，几乎惠及了英国的每一个社区，为英国社会中的公益事业作出了极大的贡献。

　　正如李康化和周凤所述，"艺术彩票作为一种艺术赞助的新方式，一方面传承了政府赞助艺术的旧传统，另一方面创造了政府赞助艺术的新形态。说它传承了旧传统，主要体现在两个方面：一是在于政府权力，中央政府作为艺术彩票的唯一发行主体，确立了政府在艺术赞助体系中的主导地位；二是在于政府职能，中央政府利用艺术彩票公益金支持艺术事业发展，既维护了国家在文化艺术上的重要权益，也塑造了有为政府的良好形象。说它创造了新形态，主要是因为有两大创新：一是艺术彩票通过全民参与的赞助机制，有助于削弱艺术赞助决策中政府的'父爱主义'，增强艺术彩民即社会公众的决策力量，从而实现艺术赞助的合理性与公平性；二是艺术彩票打通了艺术赞助的供给侧和需求侧，艺术观众的身份从单一性的消费者转向复合性的消费投资者，进而提升了观众的艺术感知能力及消费欲望"。[①]

---

① 李康化, 周凤. 艺术彩票作为赞助：旧传统与新形态 [J]. 山东大学学报 (哲学社会科学版), 2018(05): 45–53.

第九章　艺术节事筹款活动

在中文语境中，"节事"作为学术名词翻译自"event"这个英语单词，是一个彻头彻尾的外来词语；在我国的学术文献资料中，截至 20 世纪 70 年代末并没有"节事"一词的出现。[①] 但是作为节庆的艺术活动，则可以追溯至我国古代的各种民俗节庆。在学术领域该词语源于对于旅游业的研究，从居伊·德波（Guy Debord）"景观社会理论"[②] 的广义视角来看，该词汇已经延伸至了文化、经贸、旅游、艺术及科技等多个领域。

一、概念、作用及特点

由于当前艺术节庆活动数量繁多、主题繁杂且审美水平参差不齐，加之本章又涉及筹款、赞助及捐赠等所谓"资金运作"的内容，故选择用"艺术节事"的概念来描述项目化的艺术活动，意在兼顾筹款事实与节庆批判的平衡表达，即艺术节事筹款不能停留在开展特别活动来募集资金的层面，更要深入探索其在维护和拓展筹款资源、维系公众公共文化权利方面的作用。

[①]　周春林. 盛大的景观：节事概念及其景观属性考察 [J]. 河南社会科学 ,2016,24(10):94–101+124.

[②]　法国学者居伊·德波（Guy Debord）在马克思主义对于商品资本化的批判基础上，将其应用在当代大众传媒领域，构建了"景观社会"的概念。他认为，发达资本主义社会已进入影像物品生产与物品影像消费为主的景观社会，景观已成为一种物化了的世界观。

本章所述的艺术节事主要涉及两个层面的筹款内容，一是文化艺术组织开展特别活动所进行的资金募集，这也是本章论述的重点内容。在非营利组织筹款研究中"特别活动"（special events）是指组织面对面地将机构、捐赠者和社区联系起来的筹款方式，它通过视觉和亲身感受向公众展现非营利机构的宗旨及其存在的必要性。① 艺术节事筹款活动往往是文化艺术组织年度基金的重要内容。二是特定的艺术节个案筹款活动，如爱丁堡艺术节、中国国际艺术节的资金筹措。艺术节是指"以艺术文化为核心内容的，以表演艺术、视觉艺术、艺术展览以及相关文化活动为主体的，在相对固定的时间和地点，按照一定的组织原则和运作方式公开举行的具有明确主题的综合性的节庆活动。它不仅具有重要的艺术价值和社会效益，同时也具有一定的商业价值和经济效益"②。

文化艺术组织开展各类节事活动的初衷是让更多的公众、受众能够进一步了解、熟悉和认同组织，同时又能够在这个逐步提高认识的过程中融入各类筹款业务，给组织带来大量的资金和潜在捐赠者。各类艺术节事活动可以提高该组织的知名度，巩固已有筹款资源和捐赠者之间的关系，强化公众对于组织所代表公共利益的意识。

相较于其他筹款方式，艺术节事筹款活动具有投入成本高、涉及人员广、影响力强的特点。举办艺术节事需要动员整个组织员工、志愿者及捐赠者共同参与，筹备费用需要大量的资金支出，且存在一定的回报风险。故对于艺术节事活动的举办，需要整个组织的决策机构（理事会）、高管进行精准的规划和评估。

由于策划、组织与举办艺术节事活动会带来非常直观的资金收入，所以很多组织对于组织该类活动乐此不疲。然而，必须清醒的是，组织发展部必须对于如何恰当地举办特别活动进行较为密切的监测，避免过度使用

① 卢咏.公益筹款[M].北京：社会科学文献出版社，2014:215.
② 董天然.艺术节源流与当代发展研究[D].上海：上海戏剧学院，2015:50.

该类筹款方式。试想一下，如果一个普通的文化艺术组织在年度运行计划中举办超过 6 个以上的大型节事活动会如何？组织发展部的员工还会有精力和时间去落实其他筹款计划吗？泛滥的节事活动不仅会降低组织的公共信誉，还会分散各个活动的品牌影响力。艺术节事活动更应该坚持如何不断提升品牌效应、公共认可度和参与度。

二、目标、主题及形式

（一）目标量化

在谈及艺术节事筹款活动时，无论是组织员工，还是志愿者，往往会被活动五彩缤纷的形式、出席的明星嘉宾或活动拍卖物品所吸引。然而，对于文化艺术组织的发展部而言，首先需要明确年度性举办该类活动的目标、次数和规模，最好是能够有一个长期性的战略规划。例如，可以挑选在年末、假期或组织成立日等代表性的节点，连续多年举办同类活动，逐步迈入品牌化的建设阶段。

制定艺术节事筹款活动目标时，不能只聚焦到募集资金的金额，还要对于活动在带动重要捐赠者、一般捐赠者、赞助企业数量与类型、志愿者数量、媒体曝光度、公众参与度、艺术教育及政府支持等方面进行二级目标的量化。量化工作很容易让文化艺术组织的发展部更好地进行自评。例如，志愿者数量的目标可以用预期值和现有值进行差额比较，媒体曝光度可以用搜索指数衡量、政府支持可以用出席活动的官员或贺信等评价。活动筹款目标的细化、量化是精细化管理的重要体现，是需要文化艺术组织根据自身规模和发展愿景确定的。

（二）主题突出

相较于一般性的公益活动，艺术节事筹款活动的主题则需要在"内容性"上进行挖掘。艺术教育、公共文化、艺术普及等关键词常常会出现在这类活动的宣传文案中。从现有该类活动的效果来看，活动主题还需要在两个维度进行"深描"突出，一是如何将该活动与组织的发展目标愿景进行有机结合，二是如何将该活动与组织受众的需求进行有机结合。

突出主题就是让组织的节事筹款活动更有的放矢。以中国香港芭蕾舞团的年度节事筹款活动为例①，其在 2018 年度就有过两次重要的筹款活动，一次是 8 月 18 日举行的"爱丽丝梦游仙境"艺术教育社区外展节目筹款，主题聚焦于弱势群体的艺术教育。通过举办该活动让弱势社群、有特殊需要人士以及潜在的芭蕾观众有机会免费欣赏香港芭蕾舞团的演出，积极推广芭蕾艺术予下一代观众。另一次是 12 月 9 日《胡桃夹子》圣诞芭蕾慈善午宴，主题聚焦于该活动的十周年庆典。该慈善午宴活动的收益将直接拨捐给舞团的舞蹈员赞助基金，为舞蹈员提供定期的物理治疗、购买全新芭蕾舞鞋及鼓励本地和海外的艺术交流。两次筹款活动的主题有显著差异，分别聚焦潜在受众的艺术教育和舞团员工的福祉激励。突出主题会让文化艺术组织、受众、志愿者、捐赠者都明晰诉求。

（三）形式丰富

五彩缤纷的形式一直是文化艺术组织节事筹款活动的特色。乐团、舞团、剧团的演出，艺术展览，视频播映，拍卖义卖，互动工作坊等多种形式可以被选择。区别于文化艺术组织的日常展演，节事筹款活动往往会更为大众化、娱乐化。

文化艺术组织节事筹款活动形式包括以下四类：第一，展演式。在活

---

① 资料来源：中国香港芭蕾舞团 [EB/OL]. 2018–12–09. https://www.hkballet.com/cn.

动中设置与组织或本次活动主题紧密联系的表演、展览的作品。第二，参与式。举办各类午餐、晚餐、招待及颁奖等宴会，让更多捐赠者参与其中，获得捐赠认可。第三，互动式。在活动中设置与受众互动的创作、表演、游戏及竞技等内容。第四，拍卖式。在活动中设置拍卖义卖环节获得捐赠。以中国香港芭蕾舞团的2014—2018年度节事筹款活动为例①，每年的筹款节事活动中包括了芭蕾经典剧目和舞蹈作品演出、爵士乐队表演、合家欢工作坊、餐会、拍卖、抽奖、互动游戏、颁奖等多姿多彩的形式。

【新闻摘录】北京当代芭蕾舞团慈善晚宴②

2015年6月28日晚，北京当代芭蕾舞团成功举办了2015年慈善拍卖晚宴，当晚约160名重要嘉宾出席了拍卖现场，商界精英、文化名人、收藏家、艺术家、演艺明星等各界友人熠熠生辉，共聚一堂。

北京当代芭蕾舞团是一个非营利机构，通过社会捐赠达到发展中国舞蹈事业的目的，代表中国舞蹈艺术的最高水平并享有国际声誉。本届慈善拍卖所得善款将全部用于与舞蹈相关的三个项目：（1）舞团将资助特殊儿童（听障及孤儿）的舞蹈教育课程，让他们能够以舞蹈这种用自身肢体表达美的艺术来释放心灵，寻找快乐；（2）舞团将资助受伤舞蹈演员的医疗及复健，让受伤的舞者减轻痛苦，延续他们的舞蹈艺术生涯；（3）舞团将在全国各地的专业及普通高等院校开展现代舞普及讲座，让更多年轻人了解这门在西方极其重要却在中国鲜为人知的舞种。

当晚共有31件重量级拍品在现场拍卖，其中包括10件高级限量珠宝以及吴冠中、赵无极、朱德群、杉本博司和周春芽等顶级艺术家的当代艺术作品。另有29件慈善义卖画作在认购区出售。

---

① 资料来源：中国香港芭蕾舞团 [EB/OL]. 2018–12–09.https://www.hkballet.com/cn.
② 资料来源：北京当代芭蕾舞团：不忘初心做慈善 [EB/OL]. 2015–07–02.https://fashion.qq.com/a/2015 0702/ 022476.htm.

由一个顶级舞团所举办的慈善晚宴自然少不了让人炫目的舞蹈表演，来自北京当代芭蕾舞团的舞者们为嘉宾带来了2015年新剧片段，以及出自团长王媛媛之手、曾获得过美国杰克逊国际芭蕾比赛最佳编舞奖和上海国际芭蕾舞比赛最佳编舞奖的双人舞《夜之虹》。作为2014年北京当代芭蕾舞团晚宴接受捐助的代表人，失聪少女小美也再次翩翩起舞，惊艳全场。商界各领域精英也纷纷到场为北京当代芭蕾舞团的慈善拍卖助阵，不仅争先以高价拍得当晚的珍贵拍品，还加入了北京当代芭蕾舞团董事局成为荣誉董事，与北京当代芭蕾在舞蹈及公益事业方面达成长期合作意向。

思考：文化艺术组织举办筹款节事的优势和劣势分别是什么？如何才能够提升节事活动的影响力？

三、项目化管理

文化艺术组织节事筹款活动遵循一般的项目化管理模式，即在有限的资源约束下，运用系统的观点、方法和理论，为满足项目各方的要求和期望，所开展的各种计划、组织、领导、控制等方面的活动。根据中国项目管理知识体系（C-PMBOK）的标准可将该类筹款活动分为四个阶段：立项、筹备、实施及结束反馈。

第一，立项阶段。在量化了活动目标和清晰了活动主题之后，文化艺术组织发展部就可以在内部启动节事筹款活动的立项事宜。立项阶段需要一份较为充实的工作方案，包括举办活动相关的组织分工、时间进程、场地位置、内容形式及预算资金等细节。拟立项的艺术筹款活动应聚焦提升组织形象和声誉的中心，并结合组织所处地区的现实情况。例如，同样是非营利性质的芭蕾舞团和社区现代舞团，其节事活动规模就会有明显的差异。一线城市文化艺术组织的节事筹款往往会更吸引关联企业的关注。如果是较大规模的节事活动往往需要在立项阶段就充分研判筹款成本和收入。

第二，筹备阶段。如果通过了组织决策机构的许可，那么就进入了较为琐碎的准备环节。需要明确这个活动的第一负责人是谁，以及所涉及各个小组的负责人，尽可能让整个筹款活动的组织管理趋于扁平化，降低沟通成本，提高工作效率。节事筹款活动的首要负责人至关重要，大部分情况下需要通过他来组建整个筹款网络，尤其是那些重要（大额）捐赠人或机构的邀请。首要负责人可以不局限于组织内部或理事会成员，完全可以邀请对于文化、艺术的公益活动有兴趣且具有较强社会影响力的公众人物。如果是非组织成员来担任筹款活动负责人，那么就必须以组织的名义起草一封饱含热情的正式邀请函。

第三，实施阶段。文化艺术组织发展部应及时与活动负责人进行高效的沟通。例如，受邀嘉宾的名单、活动内容流程、荣誉奖项称号、活动环境布置和安检、宣传营销文案等细节。一般而言，年度性艺术节事筹款活动规模较大，就需要发展部对于现有团队进行合理分工，如文案组负责活动相关的所有策划、宣传、邀请及公关等文字工作；会务组负责活动相关的场地布置、安检、物料采买、重要嘉宾接待等工作；营销组负责活动相关的所有新闻报道和宣传等工作。

第四，反馈阶段。在顺利完成艺术节事筹款活动之后，还需要发展部对于整个活动进行总结报告和反馈。总结报告涉及筹款活动值与目标值之间的评估，活动亮点和创新，活动不足等内容。此外，对于参与、支持和服务整个筹款活动的所有人员必须进行感谢。

【新闻摘录】新加坡华乐团节事筹款活动[①]

新加坡华乐团创立于1997年，已成为受广大社群喜爱和国际认可的新加坡乐团。从成立之初，一直践行"追求卓越表现、发挥团队精神、不

① 资料来源：新加坡华乐团官网及年报 [EB/OL]. https://sco.com.sg/images/PDFs/Annual-Report-2018-2019，以及搜狐新闻 [EB/OL]. 2018-09-12. https://www.sohu.com/a/253508552_708458. 笔者有所编辑。

断创新学习"的组织宗旨，遵循非营利组织董事会治理方式（见图 9-1）。

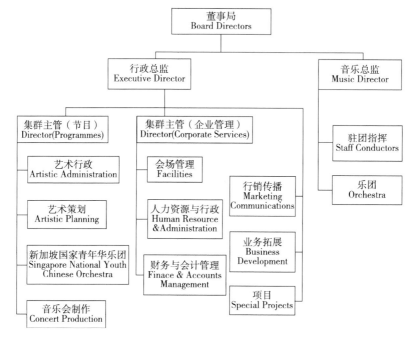

图 9-1　新加坡华乐团组织结构

新加坡总理李显龙一直是该乐团的重要赞助人。2019—2020 年度年报显示，该乐团收到的捐赠从 50 万美元至 1000 万美元不等。大额捐赠包括公司和个人，如淡马锡基金培育华人集团有限公司、李氏基金会、吴晓光先生、亚洲工业发展有限公司等。

新加坡华乐团 2018—2019 年度报告显示，该财政年度实现 2063 万元的总收入，比一年前的 1872 万新元高出 10.2%，演出收入为 78 万新元，较一年前的 53 万新元，高出 47%。在开支方面，该财年整体开支为 2214 万新元，较一年前的 1924 万新元，上涨 15%。这主要是行政费用、演出开支和市场营销费用增加所致。

该乐团在年度筹款晚宴方面努力耕耘，取得了巨大的收获。2018 年 9 月 7 日，新加坡华乐团在新加坡举行了以《音喷心弦，海呐百川》为主题的筹款晚宴音乐会。音乐会由音乐总监叶聪持棒指挥一套振奋人心的精彩曲目，并以二重奏和双协奏曲曲目编排"双双对对"象征乐团创团 22 年。在华乐团筹款晚宴筹委会主席吴作栋夫人，以及筹委会成员石慧宁女士和梁利安女士的领导下，筹款晚宴音乐会筹获 150 万元。

筹款晚宴所筹得的款项将用于补助新加坡华乐团的发展和营运开销。所筹获的 140 万元将能获得文化、社区及青年部文化艺术基金一元对一元的配对。当晚出席的主宾是新加坡华乐团赞助人李显龙总理伉俪。宴会嘉宾包括交通部兼文化、社区及青年部高级政务次长马炎庆伉俪、国家艺术理事会主席陈庆珠、各大企业的领袖和代表及对艺术活动不遗余力的捐款人士。

新加坡华乐团赞助人李显龙总理献词说："新加坡华乐团得到董事局很多的支持和帮助。他们不辞劳苦为乐团建立起丰厚的资源。乐团董事主席李国基先生通过他广泛的联系网，积极向外推动新加坡华乐团的愿景。在他的协助之下，新加坡华乐团和新的伙伴建立起令人振奋的合作关系，其中包括与养正基金合作，鼓励学生参与艺术和文化的鉴赏。"

此次的捐款来自多位捐款人士以及各大机构，新加坡华乐团为捐款人士和机构特制了精美的唢呐乐器模型，并在晚宴上由李总理颁发以表谢意。李总理颁发纪念品给乐团卸任的七位董事成员。当晚，420 位嘉宾不仅品尝到五道美味的中西合并式晚餐，也欣赏到新加坡华乐团在音乐总监叶聪指挥下，演奏多首悦耳动听的曲目。新加坡华乐团筹款晚宴是一项重要并特别的活动，乐团每年以不同的华乐乐器为题材而精心策划一套特别的音乐会节目。新加坡华乐团感谢所有捐款及赞助的筹款晚宴的机构和人士，捐助将协助新加坡华乐团实现展望，成为新加坡出类拔萃、别具一格的乐团，完成推广优雅华乐，举世共赏的使命和继续追求卓越表现，发挥团队精神和不断学习，取得更优越的艺术造诣。

思考：在策划和实施年度性节事活动时，如何来确定活动主题？如何发挥理事会成员在文化艺术组织节事筹款中的引领作用?

四、艺术节的筹款活动

艺术节是在特定时间维度上将演出活动的要素进行了高度的集中。周正兵指出,艺术节自身的价值也不再局限于艺术,而是拓展到经济、社会等更广层面。这既包括艺术节对城市形象的重塑与提升,也包括艺术节对城市经济的振兴与促进,还包括艺术节对城市全球化营销的推动。[①] 周春林认为,在现代社会,节事活动的组织者更是让位于节事产业的职业经理人,节事组织之严密、产业链条之丰满,已经达到了前所未有的地步……从社区的慈善公益活动、街头篮球赛、社交派对和健身比赛,到企业赞助组织的音乐会、购物节、新产品发布会、营销体验等……节事活动的规模越来越大,组织愈发严密,节事的专业性也越来越高。[②] 与百老汇的产业集聚所不同,演出艺术节事在经济体量方面(如票房收入、剧目投资、剧场观众)并不突出,但是却在引导演出创作潮流和增强演出传播影响力方面具有不可替代的作用。在全球范围内,很多国家和地区都在寄希望于通过主办一系列的节事活动提升地区影响力和竞争力,通过带动演出收入和旅游相关收入,间接性地推动经济发展。[③] 这对于大型艺术节负责人的各项管理能力提出了前所未有的要求,如爱丁堡艺术节、柏林艺术节、中国国际艺术节等。相较于文化艺术组织的年度节事筹款活动,中大型艺术节由于其显著的"景观社会"特性,其筹款具有渠道多元性、模式多样化的特点。

---

① 周正兵.艺术节与城市:西方艺术节的理论与实践 [J].经济地理,2010,30(01):59-63+74.

② 周春林.盛大的景观:节事概念及其景观属性考察 [J].河南社会科学,2016,24(10):94-101+124.

③ 马明.全球化背景下国际演出市场竞争优势 [M].北京:知识产权出版社,2013:176.

（一）资金筹措的多元性

一般而言，稍具规模的艺术节往往需要政府、社会组织、企业及个人多方面的共同支持。虽然艺术节的很多演出票房、衍生品售卖能带来一定的收入，但是绝大部分艺术节依旧需要政府公共财政资金、商业企业赞助、个人捐赠等多元渠道的资金支持。

以爱丁堡艺术节为例，爱丁堡节事委员会和爱丁堡市政府、苏格兰创意委员会、苏格兰节事委员会、艺术再扶持机构（Missions Models Money）、苏格兰政府、企业以及发展基金会有着良好的合作和互动。同时，还接受了诸如英格兰艺术委员会、观众事务中心、BBC苏格兰、英国文化协会、苏格兰商会、爱丁堡营销联盟、爱丁堡大学信息学院、朱丽自行车（Julie's Bicycle非营利机构）及爱丁堡电车公司的协助及实物支持。爱丁堡节事委员会在资金运作管理方面一直努力扩大自营收入，降低对政府公共资金的依赖，其资金筹措的主要渠道包括自营收入、公共资金、私人资金以及其他来源（见图9-2）。①

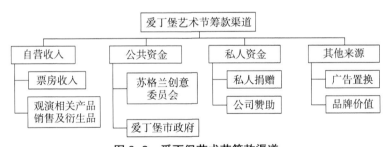

图 9-2 爱丁堡艺术节筹款渠道

曲妍等在针对德国拜罗伊特青年艺术节主席茜茜·塔默尔（Sissy Thammer）的访谈研究中指出，"德国艺术节的资金来源有如下五种方式，分别是销售收入、自营收入、公共资金、私人资金和外部资金"②。其

---

① 马明.全球化背景下国际演出市场竞争优势[M].北京：知识产权出版社，2013:186.
② 曲妍，孔维锋，程丹玲，等.国际艺术节的资金筹措：茜茜·塔默尔工作坊[J].天津音乐学院学报，2014(03):61-67.

中，涉及艺术节票房和相关衍生品收入的比重至少在 40% 以上。同样的，法国阿维尼翁艺术节的自营收入（含票房和各种赞助收入）基本维持在 40%~50%，剩余的资金依赖于政府公共财政资金。

（二）筹款模式的多样化

由于艺术节筹款渠道的多元化，也使得各类艺术节的筹款模式呈现出多样化的特点。具体而言，各级政府的公共财政资助往往以资金直接拨款或补贴为主，辅以提供场地、设备及技术等间接性支持；社会组织则因组织类型会提供差异化的资助，如艺术基金会更倾向于围绕品牌建设以项目申请的形式实现资助；各类媒体机构则更倾向于提供广告和营销资源，实体公司和衍生品相关的文创企业则更倾向于提供符合节事主题的产品实务或服务等。

艺术节的筹款模式是多方资源整合的集中表现。对于艺术节自身资源进行开发和利用可以从多个方面进行，除了诸如票房收入、企业的冠名赞助、电视网络及平面媒体广告等，对艺术节衍生产品的行业开发是艺术节自身资源充分利用的另一种体现形式，也是艺术节收入的重要来源。艺术节发展至今不单单只是一个节庆活动，由它而延伸出来的是一个艺术文化产业链。[①]事实上，艺术节筹款模式的多样化是由于其所蕴含的"精神性文化内涵"在整个节事活动的策划、立项、组织、实施及反馈的周期上很易于和广泛的社会资源进行有机整合，并形成拉动经济、孵化文化品牌、推进艺术传播的价值链条。

对于各个艺术节的筹款部门而言，如何获得最大化的筹款目标，其核心就是挖掘出艺术节与各类资源之间的共性特征，围绕节事宗旨，不断创新筹款方式。徐一文对于中国上海国际艺术节的分析认为，该艺术节不是

---

① 董天然. 艺术节源流与当代发展研究 [D]. 上海：上海戏剧学院，2015:73.

政府包办，而是通过政府政策支持、市场化运作使文化艺术类节庆活动保持了旺盛活力，其中艺术赞助在推进艺术节各类活动举办上发挥了极为重要的作用，其赞助模式包括全程赞助、专案赞助、指定赞助三种形式。①

【新闻摘录】上海银行倾情赞助第十四届中国上海国际艺术节②

中国上海国际艺术节是由文化和旅游部主办、上海市人民政府承办的重大国际文化活动，是中国唯一的国家级综合性国际艺术节。自 1999 年至今，中国上海国际艺术节以"创新发展"的理念为引领，坚持走品牌发展之路，已成为中国对外文化交流的重要窗口和国际艺坛具有影响力的著名艺术节之一。

2012 年 9 月 18 日，上海银行与中国上海国际艺术中心签署合作协议，正式成为第十四届中国上海国际艺术节"首席合作伙伴"。签约仪式上，由上海银行发起的"上海文化发展基金会上海银行文化艺术专项基金"同时揭牌。该专项基金设在上海文化发展基金下，专门用于支持上海文化艺术产业项目，是上海银行业内第一支文化艺术专项基金，这也是上海银行在金融支持文化产业发展方面的新探索。

上海银行与中国上海国际艺术节早有渊源，在 2010 年上海银行以"全程赞助"形式冠名赞助了"第十二届中国上海国际艺术节"。上海银行再次牵手这一国际艺术盛会，既是上海市政府和艺术节组委会对上海银行的肯定和信任，也是上海银行主动落实社会责任，努力推进文化事业发展的具体实践。

2019 年 10 月，上海银行与中国上海国际艺术节中心共同主办的"第二十一届中国上海国际艺术节上海银行贵宾专场音乐会"如期举行。在克

---

① 徐一文. 上海演出市场艺术赞助模式初探：以中国上海国际艺术节为例 [J]. 文化产业研究，2013(00)：210–216.

② 资料来源：中国经济网 [EB/OL]. 2012–09–18. http://district.ce.cn/zg/201209/18/t20120918_23691975. shtml. 上银微动态 [EB/OL]. 2019–10–30. https://www.sohu.com/a/350838491_688269. 作有所编辑。

罗地亚跨界大提琴家安娜·瑞可纳（Ana Rucner）的演奏下，大提琴厚重而典雅的琴音响起，电音又为其赋予一丝奔放和激昂，美妙音符如精灵起舞跳跃，让人不自觉地沉醉其中，任由思绪随着旋律肆意奔流。

从 2012 年起，上海银行携手上海国际艺术节共同创办了"扶持青年艺术家计划"，不遗余力地扶持有艺术传承、有探索创新、有理想追求的青年艺术家，为打响"上海文化"品牌、打造"文化源头"不断注入新鲜血液。这些作品通过艺术节的平台，被输送到了美国 APAP、英国爱丁堡艺穗节、匈牙利布达佩斯之春艺术节等海外主流艺术节，使得这些青年艺术家们梦想成真，更让他们能够在世界的舞台上，讲好中国故事。

五、案例分析：香港管弦乐团节事筹款活动①

（一）基本简介

香港管弦乐团（简称"港乐"）前身为 1947 年成立的中英管弦乐团，属于民间社团组织，1957 年更名为非营利组织性质的香港管弦乐团，1974 年开始采取职业化发展道路。根据乐团官网信息可知，"香港管弦乐团获誉为亚洲最顶尖的古典管弦乐团之一。在为期 44 周的乐季中，乐团共演出超过 150 场音乐会，把音乐带给超过 20 万名观众。2019 年港乐荣获英国《留声机》年度乐团大奖，成为亚洲第一个赢得此项殊荣的乐团"。

（二）现状分析

不断完善成熟的组织治理模式一直是香港管弦乐团持续进步的重要基础。根据乐团 2019—2020 年度年报显示，香港管弦协会董事局负责港乐

① 资料来源：香港管弦乐团官方网站．乐团 2015—2020 各年度报告 [R/OL]．https://www.hkphil.org/sc/documentary．案例资料由邱倩妮整理，作者有所编辑修订。

的整体管治，并监督其事务、行政与业务。在 2019—2020 财政年度结束时，董事会共有 17 名成员，其中 6 位由香港政府委任。董事会下设执行委员会、财务委员会、筹款委员会以及观众拓广委员会定期举行会议，商议协会事务，并于董事会会议上汇报（见图 9-3）。

薪酬委员会每年举行两次会议，检讨年度薪酬调整计划，并向董事会做出有关薪酬政策的建议。由于主要捐款人及公众对港乐期望甚高，因此特别需要确保管治架构优良。董事局于是决定成立"特别管理委员会"审视乐团的管治方式，并决定寻求独立顾问支援。整个管理团队共分为行政与财务部、艺术策划部、发展部、市场推广部、乐团事务部，共有 41 名员工。2019—2020 财政年度，香港管弦乐团总收入和总支出分别为港币 1.6497 亿元及 1.4933 亿元，盈余为 1563 万元。协会的主要收入来源是政府拨款、音乐会演出收入和筹款活动。

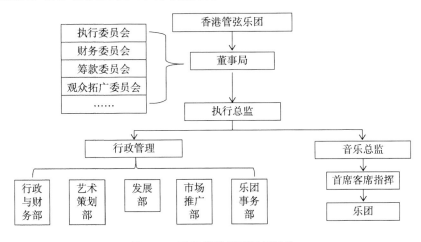

图 9-3　香港管弦乐团组织结构

（三）年度节事筹款活动

年度节事筹款活动一直是香港管弦乐团筹款持续良性发展的重要支撑（见表 9-1）。根据港乐官网新闻报道可知，以 2020 年 1 月 17 日举行的年度筹款活动为例，活动主题为"音乐改变生命，音乐改变世界"，地点在香港半岛酒店，筹款方式采取了捐赠、拍卖等形式，捐赠邀请采取了针对性较强的受邀参与，获得了香港传承基金和洪子晴慈善基金的鼎力支持，整个活动由麦琪·萝丝亲子家庭俱乐部提供了赞助。本次筹款节事活动由筹委会主席、金槌拍卖官金铃策划，她同时还担任了晚宴的司仪及拍卖官，台前幕后全程负责。金铃表示："音乐的力量可以为社会带来正面的改变，她所带来的勇气与坚毅，正是我们尤其是青少年面对人生时所需的瑰宝，激发小朋友在成长中的创意，提升他们对世界的敏锐度，带领人们走向充满真、善、美的世界。"为了更好地获得筹款资金，整个节事活动表演并没有外请演员，活动节目均是筹款委员会和来宾完成，最终获得340万元的募集资金。

表 9-1　香港管弦乐团筹款节事活动

时间	筹款节事活动
2020 年 1 月 18 日	香港管弦乐团筹款晚宴"郎朗之夜"
2019 年 5 月 10 日	香港管弦乐团筹款音乐会——A Musical Encounter with the HK Phil
2018 年 4 月 13 日	香港管弦乐团礼宾府"情缘乐韵"慈善晚宴
2017 年 3 月 2 日	香港管弦乐团筹款音乐会——Your HK Phil. Our Community
2014 年 6 月 14 日	香港管弦业乐团四十周年筹款晚宴——40th Anniversary Gala Dinner
2015 年 3 月 3 日	香港管弦乐团筹款音乐会——Blossom with Music

在晚宴现场，患有自闭症的港乐支持者莫梓源小朋友在台上演奏了肖邦的《革命练习曲》，用亲身经历展示了自己从音乐中找到自信及快乐，也表现出音乐影响生命的力量。郎朗与妻子吉娜即兴合作演奏的《彩云追月》，用音乐编织出如梦如幻的世界，来宾们都沉醉其中。为了支持这次筹款晚宴，郎朗更是即兴捐献出了"与大师共进午餐"的机会进行拍卖，拍得者将与郎朗共进午餐，并获得郎朗的独家指导与点评。

（四）筹款渠道梳理

香港赛马会慈善信托基金一直在支持港乐的发展。音乐会赞助也一直是港乐吸引赞助的重要内容，如 2020 年中国银行（香港）赞助港乐与钢琴家郎朗合作的音乐会是该财政年度最大宗的赞助。港乐 2020 年 1 月举办的年度筹款晚宴，吸引了更多的赞助者，筹款金额超过了 340 万元。

港乐因其非营利性的身份，所以长期以来需要社会各类组织、人员的支持。从近几年公布的年报表来看，港乐绝大部分收入依赖捐款及政府财政支持，门票收益只覆盖港乐约两成的营运开支，而完善的筹款系统对于港乐的可持续性发展有着关键性的作用，其独有的回赠方式和捐赠者及观众之间保持了良好的互动。其筹款方式主要包括以下 8 类：（1）战略赞助商。太古集团是港乐的最大企业赞助商。2021 年太古集团宣布自同年 4 月起，太古集团将继续成为港乐的首席赞助，在未来三年赞助乐团港币 4640 万元，为乐团有史以来最大的企业赞助。同时在未来三年，太古集团将与港乐携手举办连串新颖的教育及外展活动。除了广受欢迎的太古"港乐·星夜·交响曲"和"太古乐赏"音乐会之外，太古集团更支持乐团推出崭新的社区活动以回馈社会包括在太古旗下位于香港的商场作免费演奏，以举办由音乐总监梵志登指挥的免费共融音乐会。根据太古集团年报信息可知，其在 2013—2019 年，年度赞助支持港乐总金额达到了 3.0154 亿元，年均为 4307.7 万元，是港乐持续经营发展的重要"金主"。（2）音乐会及项目赞助。赞助港乐音乐会是企业宣传品牌、款待贵宾和实践社会责任的高效平台。音乐会赞助商可尊享多重礼遇，包括品牌曝光、免费音乐会门票和独家 VIP 体验。每个乐季，港乐呈献 30 多个节目，邀请国际知名音乐家和指挥同台演出，可按照品牌需要，量身定制赞助方案，以达到最佳效果。此外，社区音乐会赞助主要与当地学校及机构合作，通过与不同社区之间合作，举办免费的音乐会，可惠及 3000 名观众，拓展艺术教育活动。还有针对学生、特殊关爱群体的外展教育计划。（3）乐团席位赞助。乐团席位主要是观众通过长期定向的捐赠能与自己支持的某位乐师建立更为紧密的一种联系。这种筹款方式则是借助观众和被关注者之间价值认同关系的强化。赞助人可获得的赞助回报包括全年港乐网页及音乐会场刊鸣谢、全年音乐会贵宾门票、获邀出席每年的乐季揭幕音乐会及特备感谢活动等。（4）大师会赞助。自 1998 年起，港乐透过大师会与工商界各大企业建立紧密联系。而港乐主要是通过其社会地位及艺术成就为企业提供高水准的节目。大师会设有不同会籍，以灵活形式切合不同企业的需求。（5）常年经费基金、学生票资助基金。为了更好地支持乐团的年度性活动和吸引更多的年轻观众，乐团设置了隽誉、凯誉、绚辉、尊尚、炫亮、雅致 6 个等级的年度基金会员，捐赠金额分别从 5000 元到 20 万元港币不等。（6）音乐大师基金计划。支持港乐以多元方式呈献精彩美乐，并举办国际巡演，面向世界观众，让香港以港乐为傲。与年度基金捐赠类似，也分为多个捐赠等级与对应回报（见表 9-2）。（7）广告赞助。捐赠者捐赠到一定金额后，可在港乐的音乐会场刊及其他港乐刊物刊登广告，广告商户能有效地宣传产品和建立品牌形象，可帮助商户提升品牌的知名度及将推广讯息带给目标客户。（8）遗赠计划。遗赠捐款将按捐赠者的意愿安排，可以让港乐按营运所需投放遗赠款项，或捐款至指定计划，拓展教育或其他表演艺术项目。遗赠可按下列两种方式安排：一是授权港乐董事局决定如何运用捐款；二是指定捐款用途，如捐款至指定音乐会或教育计划。捐赠者可捐赠现金、股份及债券、物业或财产予港乐，也可透过订立遗嘱把指定遗产赠予港乐，或以已逝至亲为名作纪念，同时港乐为支持者提供费用全免的网上遗嘱服务。

表 9-2　香港管弦乐团音乐大师捐赠基金

捐款级别	金额	捐赠回报
隽誉捐款者	$200000+	1. 参与港乐国际巡演及与演奏家和指挥家会面 2. 颁赠仪式及捐款人专访以及凯誉捐款者之礼遇尊享
凯誉捐款者	$100000+	1. 尊贵票务服务 2. 获邀参观后台及与港乐乐师会面以及绚辉捐款者之礼遇尊享
绚辉捐赠者	$50000+	1. 尊贵票务服务 2. 获邀参观后台及与港乐乐师会面以及绚辉捐款者之礼遇尊享 3. 获邀出席乐季揭幕音乐会酒会以及尊尚捐款者之礼遇尊享
尊尚捐款者	$25000+	1. 太古"港乐·星夜·交响曲" 2. 贵宾门票获邀出席港乐巡演庆祝活动以及炫亮捐款者之礼遇尊享
炫亮捐赠者	$10000+	1. 获邀出席新乐季发布活动以及雅致捐赠者之礼遇尊享 2. 获邀出席独家为港乐赞助人而设的讲座及彩排参观 3. 于港乐网站及音乐会场刊获鸣谢
雅致捐赠者	$5000+	1. 获邀出席独家为港乐赞助人而设的讲座及彩排参观 2. 于港乐网站及音乐会场刊获鸣谢
其他捐赠礼遇	$1000	1. 票务折扣 2. 优先订购港乐精选音乐会门票

第十章　网络筹款

随着互联网的普及与发展，通过网络途径的筹款活动日益活跃。据不完全统计，我国《慈善法》实施一年（2016 年）通过网络捐赠即超过了 10 亿人次，仅腾讯开展的"99 公益日"就动员社会捐赠 9.5 亿元，有 4500 多万人次参加了捐赠；有些基金会来自于互联网的公众捐赠已经占到捐赠总收入的 80% 以上，以企业为捐赠主体的旧有格局正在发生根本性的改变。[①] 特别是互联网从传统信息共建分享的时代开始迈入更为活跃的知识传承分配的互动时代，普通网络受众开始意识到不仅拥有了更多网络话语表达的机会，也以更为积极的态度承担了公共责任，对于公众利益的捐赠事项更为关注。

互联网产生了巨大的底层力量，实现了自下而上的权力运作方式。这一改变为民办慈善的资源动员提供了契机，缓解了民办慈善组织难以脱离挂靠单位的困境，即便是没有官方人力、物力的投入，民办慈善组织依然可以通过网络平台，将分散的网民聚集起来，以小额捐款的涓涓细流获得海量资源。[②] 对于文化艺术组织而言，网络筹款不仅是指可以借助互联网社交、视听及信息动态等平台获得广泛网民的关注和资金支持，更重要的意义在于依托网络筹款活动推动公共文化产品和服务在受众的二次配置和优化。

---

① 顾朝曦 . 慈善法推动我国慈善事业进入快速发展期 [J]. 中国社会组织 ,2017(17):8–10.
② 刘秀秀 . 动员与参与 : 网络慈善的捐赠机制研究 [J]. 福建论坛 (人文社会科学版),2014(01):187–192.

一、概念内涵

网络筹款是指伴随着互联网的兴起而产生的线上筹款模式，其以互联网媒介为平台，依托信息文本、视听网站、社交软件、大数据计算及移动支付等要素构建了一种新的筹款生态环境。事实上，对于文化艺术组织而言，网络筹款已经不是陌生的事物。起源于美国的网络众筹（crowd-funding），早期就是由小型企业、艺术家或个人在互联网和社交网络平台所发起的，后延伸至其他领域。面向大量普通受众的众筹，起初是艰难奋斗的艺术家们为艺术创作或作品展演而使用的筹款方式，现在已经演变为很多初创企业或个人融资的渠道。

众筹的雏形最早可追溯至 18 世纪，当时很多文艺作品都是依靠"订购（subscription）"的方法完成的。例如，莫扎特、贝多芬采取这种方式来筹集资金，他们去找订购者，这些订购者给他们提供资金，当作品完成时，订购者会获得一本写有他们名字的书，或是协奏曲的乐谱副本，或者可以成为音乐会的首批听众。[①] 又如，1713 年，英国诗人亚历山大·蒲柏（Alexander Pope）着手将古希腊史诗《伊利亚特》翻译成英语时，就是通过预售尚未完成的英文版《伊利亚特》的方式，获得了 575 名读者的支持，募集到了四千多基尼（当时英国的黄金货币）的资金，支持他在五年时间里完成了这部历史巨著的翻译工作。[②]

但是这种筹款模式作为一种完整的体系化运作，也是近十余年的事，如 2000 年美国音乐人布莱恩·卡梅里奥（Brian Camelio）创办网络平台（ArtistShare）为艺术家向受众募集资金。2009 年成立的 Kickstarter 众筹平台又再次掀起了一波众筹浪潮。现代化的众筹平台从出现开始便和互联网、社交软件进行了极其深度的捆绑，是最为典型的网络筹款形式。由于

---

① 范家琛. 众筹商业模式研究 [J]. 企业经济 ,2013,32(08):72–75.

② 虞海峡. 众筹：电影内容运营风险管理的试金石 [J]. 当代电影 ,2014(08):9–13.

网络众筹可以消除传统投资和融资行为的诸多障碍和壁垒，面向陌生受众筹集资金是筹款方式的一种创新。

国内文化艺术组织引入网络众筹的模式时间不长，但是却呈现了极其强劲的影响力。2011 年点名时间线上众筹平台成立后，就成功为《大鱼海棠》《十万个冷笑话》等电影项目实现了众筹募资。根据《新京报》新闻①，2014 年第五届南锣鼓巷戏剧节由于政府资助资金下降后，便在网络上发起了筹款活动，经过 13 天的网络众筹、135 位网友的支持、逾千人的关注与传播顺利筹集到 23.28 万元，超额 16% 完成筹资计划。

理论研究者往往不会仅停留在筹款方式的变化之上，而更倾向于探索网络筹款、网络公益及网络慈善等背后的诱因和要素。刘秀秀认为，"网络慈善的捐赠机制可以分为两个部分：动员与参与。前者是运动创业家的主体动员加上与互联网紧密贴合的制度设计共同完成的，后者则在支持与反对中形成了多样的参与方式"②。网络募捐或网络公益具有明显的动员成本低、覆盖面广及效果佳的特点。曾经风靡全球的"ALS 冰桶挑战赛"就是最好的例证。尤其是在"流量思维""注意力经济"的逻辑下，加之文化、艺术领域本身就极具内容话题，很多文化艺术活动所引发的网络筹款具有先天的动员优势。

从捐赠者的参与视角来看，网络筹款对于医疗、教育、文化艺术及其他公益活动的可视化展示、大数据营销及意见领袖的引导都使得受众展现出了极强的个人观点，积极参与。刘志明认为，"信息的启发式线索以及系统式线索同时影响了网民的捐赠行为，进而影响了项目的筹款效率，在启发式线索中，筹款组织的可信度和受欢迎度对筹款效率具有正面的影响；而在系统式线索中，呼吁信息的说服力和表达风格都影响了人们对筹

---

① 资料来源：南锣鼓巷艺术节众筹完成，网络众筹筹资新途径 [EB/OL]. 人民网 . 2014–070–03. http://media.people.com.cn/n/2014/0703/c14677–25232918.html.

② 刘秀秀 . 动员与参与：网络慈善的捐赠机制研究 [J]. 福建论坛（人文社会科学版）,2014(01):187–192.

款项目的认知，进而会正面影响筹款效率"①。也就是说，网络筹款活动中的信息源特质具有明显的两面性，高可信度的网络媒介往往很容易获得捐赠，恰当的募捐文本也会影响捐赠者选择。而处于负面新闻或舆论之中的公益组织，在恢复信用方面则极其艰难。

二、筹款特征

相比较传统的企业赞助、个人捐赠及政府资助等筹款方式而言，网络筹款中的捐赠对象、捐赠模式与激励、法律规范及影响力均有所不同。正如曲丽涛所述，网络公益的出现为社会公益慈善事业的拓展和延伸提供了广阔的空间，具体表现为公益传播主体的多元性、公益传播媒介的多样性、公益传播内容的丰富性、公益传播形式的自由性以及公益传播受众的选择性②。综合相关文献资料和筹款实践案例可知，网络筹款特征主要体现为以下三点：

第一，筹款信息源及信息渠道多元，传播速度快，相对透明。网络募捐作为一种快速有效的救助方式，具备速度快、宣传广、影响深的特点，克服了传统求助信息传播渠道单一、辐射面窄的缺陷，能多渠道筹集资金，对需要帮助的人来说是最直接有效的途径。③在募款信息公开方面，网络筹款能够及时进行更新和追踪，无论是钱款资金的用途，或是筹款项目的推进情况都可以相对透明。同时，这也给网络募款流程的严谨性提出了较高要求。

第二，筹款动员与参与能力强，交互性、反馈性及虚拟性明显。由于网络热点传播的注意力效应，特别是在大数据精准计算的推送下，筹款信

---

① 刘志明. 基于社会化媒体的慈善筹款模式效率分析：基于说服双过程模型 [J]. 南京财经大学学报，2015(01):67–73.
② 曲丽涛. 当代中国网络公益的发展与规范研究 [J]. 求实，2016(01):53–60.
③ 张书明. 关于网络募捐的监管问题 [J]. 山东师范大学学报（人文社会科学版），2007(04):139–142.

息投递精准，加之受众阅读、视听及接收信息移动终端设备的不断更新，各类筹款活动能够最大化地聚焦事件本身，发挥极强的动员力。同时，各类社交软件、网站工具的交互功能，能够加强筹款者和捐赠者之间的互动。在相对虚拟的视听、文字交互页面，筹款者可以针对具体项目的初衷、推进情况、捐赠质疑给予快速有效回复。

第三，筹款主体和目标对象的广泛。传统筹款方式往往是聚焦线下活动、拜访重点捐赠人以及区域筹款宣传。网络筹款则在无限延伸的网络空间能够获得更为广泛的募款对象，是一种真正意义上的"大众化筹款"。同时，作为筹款主体的各类公益性、非营利性组织也呈现泛化的现象，即由于网络筹款资格认证的弹性催发了大量筹款主体单位。这主要是因为，"目前全国层面上缺乏立法来规范募捐，因此对于募捐主体资格的规定也散见于行政法规和地方性法规……为慈善组织开展网络募捐活动的平台在现实中大量涌现，而这些网络募捐平台的权利义务和法律责任却缺乏法律依据"①。

三、运作模式

网络众筹的核心要素是连接受众与筹款组织（或个人）之间的众筹平台。普通受众通过互联网新闻、社交软件、广告及各类自媒体平台等多个渠道了解筹款项目。众筹的运行依赖于开放的网络社区和大众筛选机制；众包网络社区鼓励大量的消费者参与进来，因为参与者越多，创造的信息越丰富，就越容易解决问题。②

一般而言，根据筹款项目的营利属性和运行程序可将众筹分为四种类型（见图 10-1），即捐赠型众筹、回报型众筹、债权型众筹、股权型众

---

① 金锦萍.《慈善法》实施后网络募捐的法律规制 [J]. 复旦学报 (社会科学版),2017,59(04):162–172.
② 孟韬,张黎明,董大海.众筹的发展及其商业模式研究 [J]. 管理现代化 ,2014(02):50–53.

筹。捐赠型众筹是指众筹对象无偿地以捐赠、赞助或资助等形式支持众筹项目，多为公益性行为。回报型众筹是指筹款组织借助众筹平台以预售、团购等形式所发起的众筹项目，吸引众筹对象在项目研发阶段便给予资金支持，往往以项目产品或服务进行非现金、非股权形式的回报。债权型众筹是指筹款组织和众筹对象之间按照一定利率和必须归还本金等条件出借货币资金的一种信用活动形式，往往以网络 P2P 借贷平台为代表。股权型众筹是指筹款主体（公司）面向普通投资者出让一定比例的股份而获得未来收益的一种基于互联网渠道而进行融资的模式。债权型众筹和股权型众筹往往具有强烈的商业营利色彩，是互联网金融的重要形式，依旧需要不断健全的法制规范。

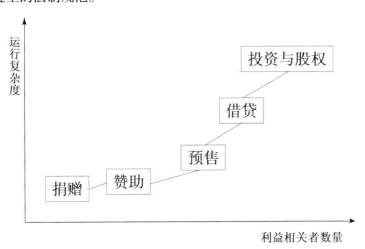

图 10-1　众筹商业模式的多种类型[①]

文化艺术组织往往会选择捐赠型、回报型的众筹模式。这两种众筹模式往往会提前释放项目信息给受众，故很多文化艺术项目的众筹方式也会被认为是借助众筹预售来启动提前营销预热。中文版的《战马》便是一个典型的例证。"2015 年 9 月 16 日上午，由国版中心发起的中文版《战马》

① 孟韬，张黎明，董大海 . 众筹的发展及其商业模式研究 [J]. 管理现代化，2014(02):50-53.

舞台剧项目在百度消费众筹平台启动众筹。短短 1 分钟时间内，就完成了众筹 300 万元的预售额，这也刷新了该项目此前在京东 8 小时众筹 200 万元的纪录"①。

事实上，艺术项目的众筹往往还会激发营销团队的创意，以众筹热点吸引观众注意力成为一种吸引网络流量的重要手段。何勤勤研究认为，"为了扩大演出影响，《战马》还发行了战马券，实际上就是以众筹作为平台来体现消费者的文化消费权益，这也可以作为一种宣传手段，以引起大众对演出的关注；其让喜欢《战马》演出项目的观众通过金融渠道获取项目收益，亲身投入到项目中，还可以购买相关的增值服务，例如，与超级道具合影、参观演出后台等。这是一种商业模式的创新，由于社会资本运营单位的加入，中文版《战马》的运营更加多样化"②。

四、法律规范

中国众筹的发展主要源于 2011 年前后"点名时间""追梦网"等线上平台的出现，目前仍处于培育发展期。作为新事物的众筹平台在发展初期缺乏较为明确的法律规范和制约，故众筹平台的表现良莠不齐，甚至出现了一些严重影响社会公信力和损害公众利益的事件。刘瑶关于公益众筹法律风险的研究中明确指出，"我国对公益众筹没有明确的法律规范，因此面临合法性问题。 其一，公益众筹容易变相成为吸收公众存款罪……其二，公益众筹的众筹平台及发起人还容易涉及擅自发行股票罪"③。众筹平台还会在信息披露、资金池管理及管理费用等诸多方面存在风险。

目前，对于基金会、众筹平台、电商平台及其他网络平台发起的众筹

---

① 刘琪 . 众筹热蔓延至艺术消费市场营销渠道功能大于融资功能 [N]. 证券日报 , 2015-9-19.
② 何勤勤 . 中文版舞台剧《战马》的演出制作与运营模式特点分析 [J]. 艺术教育 , 2017(17):134-136.
③ 刘瑶 . 公益众筹法律风险的识别与防控 [J]. 人民论坛 , 2019(29):110-111.

项目,《中华人民共和国慈善法》《公开募捐平台服务管理办法》《基金会管理条例》等法律文件有所规制,但是很多公众个体发起的众筹项目往往却不在法律规范之内。例如,2016 年的"罗尔事件"就是自然人短时间内因病患需求募集巨额资金,并在资金的使用中产生了纠纷和争议。"罗尔之所以被公众广泛质疑,原因是他在四个方面(求助资格、求助信息、求助方式和善款处置)都存在合法性困境。从求助资格来说,公众认为他还没有到山穷水尽的地步;从求助信息来说,公众认为他没有展现更详细的医疗费用和个人自付比例;从求助方式来说,自目的性的求助被市场的营销逻辑所绑架;从善款处置来说,未经捐赠人同意就捐给基金会没有法律可依。"①

由于大部分文化艺术组织所发起的众筹活动多为赞助型、捐赠型和回报型的形式,当前法律规范依旧存在着真空地带,筹款项目的信息不对称也很容易引发信用约束的混乱,如何明确众筹门槛、以大数据技术和信息公开降低信息风险,维护参与众筹公众的合法权益依旧是需要持续性推进建设。艺术家或艺术项目负责人发起的捐赠式众筹易引发信用风险。这是因为,"由个人发起的捐赠式众筹,由于其信息真实性由发起方承担,虽然有实名认证、平台审核的措施保障,但是对于资金的后续使用以及发起人动机等无法做出准确判断筛查,致使捐赠式众筹面临信用风险"②。

【新闻摘录】"一元购画"艺术众筹再拷公众信任③

2017 年 8 月 29 日,许多人发现,微信朋友圈被一幅幅电子画刷屏了——腾讯的"用艺术点亮生命"公益项目在短短数小时内完成 1500 万元

---

① 张杨波,侯斌.重新理解网络众筹:在求助与诈捐之间:以罗尔事件为例[J].山东社会科学,2019 (02):80—87.
② 马晓瑜.对网络公益众筹,监管不能"缺位"[J].人民论坛,2018(34):74—75.
③ 资料来源:营宁正,"一元购画"引捐赠文化反思现象级筹款项目再拷公众信任[EB/OL].公益时报网.2017-09-05.作者有所删减。

的筹款，超过580万人次捐赠。项目执行机构"WABC无障碍艺途"创始人苗世明坦言，未曾想到这样一次公益捐赠的尝试，会在如此短的时间得到公众大范围的传播。就在人们为了画作感动，为了公众关注而激动时，对于善款后续使用情况、资金如何监管等一系列疑问随之而来，更有不明真相者向警方举报，怀疑项目有投资商捞钱、分成等嫌疑。

基本情况：刷爆朋友圈的一幅幅油画，总共36幅，分别出自25位作者，其中年龄最小的11岁，最大的37岁，均为精神智力障碍人士。项目通过帮助类似群体以参与艺术创作的方式，更好地融入生活、实现自我价值，消除社会偏见。2016年8月17日，"用艺术点亮生命"项目正式在腾讯公益平台上线，并由深圳市爱佑未来慈善基金会（以下简称"爱佑未来"）接受公众善款并对其进行监管。根据腾讯公益平台对该项目的财务披露，自2016年8月17日至2017年2月28日，项目累计筹款350万元，支出金额139万元，其中13.6万元为执行成本。据爱佑基金会相关工作人员表示，截至8月28日，该项目累计筹款金额为3737887.79元，累计拨付资金2230215.5元。

项目执行方：这一公益项目的具体执行方是上海艺途公益基金会（WABC），已获免税资质认定，其前身"上海艺途无障碍工作室"成立于2009年。2016年8月9日，工作室正式在上海市民政局注册为非公募基金会，原始资金200万元，业务范围包括资助为残障人士开展技能培训的公益项目、资助公益交流活动等，同时关注艺术衍生品开发，促进精智障碍人群的就业增收；举办各类公众参与活动，使精智障碍人群更好地融入社会；协助民政部门，开展扶贫帮困工作。

资金接收方：爱佑未来于2015年12月22日在深圳市民政局注册成为公募基金会，原始注册资金400万元，由腾讯公司董事会主席兼首席执行官马化腾与爱佑慈善基金会理事长王兵共同出资。爱佑未来支持的公益项目涉及包括医疗健康、环保、教育、人类服务、行业支持等5大领域的 26 个细分领域。爱佑未来相关工作人员表示："作为基金会下设的公益项目，所有筹集款项均进入基金会账户，项目执行方使用善款需要向基金会提交资金预算、项目计划、执行方案等材料。基金会对其进行审查与评估后，将资金拨付给执行机构。根据基金会要求，项目执行机构每季度提供项目进展报告，包括项目执行情况以及每一笔资金支出情况，并附上相应票据。基金会将进行资金核算，保证资金使用的真实性；项目执行结束后，根据要求执行机构还需提交项目结项报告，基金会将交给第三方审计机构进行独立审计。"

项目筹款：并非定向用于救助"孩子"。不具备公募资质的上海艺途公益基金会 (WABC) 与具备公募资质的爱佑未来合作，在民政部指定的首批慈善组织互联网募捐信息发布平台之一的"腾讯公益平台"上发起公开募捐项目"用艺术点亮生命"，并不存在违规行为。而对于网络上关于"孩子十分之一的钱都拿不到"的质疑，根据该项目筹款页面显示，该项目旨在消除社会偏见，帮助会有自闭症、脑瘫、唐氏综合征等精智障碍的特殊人群改善生活，融入生活，实现自我价值，相关善款将用于帮助这些受助群体。该项目的筹款初衷，并非是直接将筹集善款给予"小朋友画廊"旗下的 25 个孩子，而将用于与此类孩子情况相同的群体，助力中国心智障碍特殊群体的艺术疗愈和社会融合。

专家观点：清华大学公益慈善研究院副院长贾西津认为，有时信息公开与募捐直接效果可能是有"冲突"的，捐赠者看到一个特别打动人的故事，更有利于募捐，如果在醒目位置就交代清楚需要哪些成本，会通过哪些组织实施等信息，捐赠者反而会有顾虑。但是，从制度本身的良性发展看，虽然信息的充分完善可能会一定程度影响募捐效果，但更可靠，也会更可持久，这确实需要平衡。

事件后续：2018 年，"一元购画"事件有了新进展。画家曹流及其家属将上海艺途公益基金会告上法庭，称并未授权对方"出售"自己的作品，起诉基金会侵犯著作权。深圳市福田区人民法院已受理此案。面对起诉，上海艺途公益基金会一方则称曾与曹流本人签署相关协议，之所以发生纠纷"源于"双方对活动认识不同。

思考：文化艺术组织或项目发起网络众筹的主要类型是什么？如何理解网络众筹信息公开与募捐结果之间的"冲突"？

五、案例分析:《大鱼海棠》的众筹之路

（一）基本简介

《大鱼海棠》是由梁旋、张春联合执导的动画电影。该片讲述了掌管海棠花生长的少女椿，为报恩而努力复活人类男孩"鲲"的灵魂，成长为比鲸更巨大的鱼并回归大海，但这一过程却不断地违背"神"的世界规律而引发种种灾难，彼此纠缠的命运斗争故事。该片于2016年7月8日在我国上映，累计票房5.65亿元人民币，成为继《大圣归来》之后又一部现象级的国产动画。关于这部作品的评价，自上映以来一直呈现出赞誉和质疑声音两极碰撞的景象。傅琪认为，"《大鱼海棠》曾因资金困难而跋涉了超长制作周期，导演梁旋在制作期间以追梦为口号发起的众筹，为这部电影吸引来光线传媒千万投资同时，也令此片提前背负了错综复杂的情怀债务"[1]。然而，对于中国电影发展史来说，《大鱼海棠》的众筹活动却是为很多文化艺术组织开启了新的筹款思路。

（二）筹款分析

在《大鱼海棠》电影结束后，银幕上出现了很多众筹者的名单，这些众筹者并没有获得任何投资收益，众筹额度从10元到50万元不等。这在

---

[1] 傅琪.《大鱼海棠》:新世纪"民族动画"复兴的迷思 [J]. 艺术评论,2016(09):88–92.

中国院线电影放映历史上也是极为少见的。这些密密麻麻的众筹名单背后则是这部电影众筹资金的历程。

2004 年,《大鱼海棠》的导演梁旋和张春制作了一部 6 分钟的创意短片,拿到了 163 邮箱的广告大赛头等奖,收获了一些粉丝的赞誉。2005 年,梁旋和张春成立了彼岸花公司,希望组建团队开始动画电影的正规化制作。2007 年年底,他们凭借短片《燕尾蝶》拿到第一笔做样片的资金,之后投入长片《大鱼海棠》的创作。然而,对于没有任何资金支持的初创公司而言,一切十分艰难,到 2010 年,电影制作因为缺乏资金支持而停摆。直到 2013 年,一切才出现了转机。一方面,《大鱼海棠》制作团队尝试在众筹网站上发起了众筹,最终获得了 3510 人的支持,筹到了 158 万元,超过了目标金额 120 万元。另一方面,《大鱼海棠》的众筹行为不仅吸引了大量的受众,更是引起了光线影业的肯定,并于同年 11 月正式投资了电影制作。

根据毕彤彤报道,"根据当时众筹的约定,不同投资金额的众筹者将获得电影票、宣传海报、DVD 等不等的产品回报,以最高 50 万元的支持额度为例,除了产品回报还将获得"荣誉制作人"的证书,并可指定城市及地点,为朋友和家人专场放映《大鱼海棠》影片,主创人员会亲临放映现场。据了解,有两位众筹者投资了 50 万"[①]。

作为中国民族动画电影的又一力作,《大鱼海棠》的众筹模式让电影与互联网、普通受众之间的关系更为贴近。受众已经不是简单的观赏者,甚至成为重要的资助者和参与者。传统固定的观演关系也发生了微妙的变化。在《大鱼海棠》之后,《美人鱼》《叶问 3》等多部院线电影通过众筹的方式实现了影片的宣传和营销目的。当然,相较于电影制作的总成本,众筹资金的比重并不大。但是,起源于线上的网络众筹模式兼顾互联网和

---

① 毕彤彤.《大鱼海棠》片后现 4000 人众筹名单 [EB/OL]. 2016-07-12. https://www.lanjinger.com/d/17835.

金融的双重属性，也产生了募集资金和预热营销的双重作用。对于电影艺术管理者、制作人而言，网络筹款打开了一扇不一样的窗户。

第十一章 行知合一：筹款实务

文化艺术组织有多种筹款方式，但无论组织规模大小或属性差异，所有理想的筹款理念终究需要落实到筹款实践活动当中。所谓行知合一，即没有绝对优先的行，也没有绝对优先的知，往往都是在实践中体悟和理解筹款之道，凝练的筹款之道在艰辛的筹款之行中实现化解和应验。亦即让人期许的筹款战略蓝图需要一步步去践行落实。

一、组建筹款队伍

（一）理事会与筹款业务

组建一支高效的筹款队伍是开启筹款活动的重要基础。往往很多文化艺术组织会依靠自己的战略发展部来完成筹款，或者是让更多的志愿者来参与筹款工作。成立战略发展部来完成筹款活动相对需要花费更多的管理费用，采用志愿者来进行筹款则会降低筹款成本。组建本组织的筹款部门需要花费大量的时间、精力和耐心，并不是简单地设立一个部门那么简单，一般需要将理事会作为重要的切入点。在理事会筹款战略的推进下，由具体战略发展部（筹款部）进行执行，并在具体业务分工中可以针对不同形式的筹款渠道进行布局（见图 11–1）。

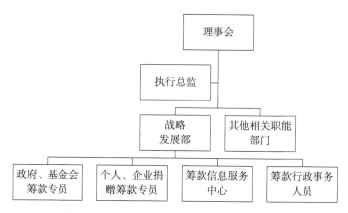

图 11-1　文化艺术组织筹款业务组织结构

文化艺术组织理事会成员不仅仅是组织对外形象的重要代表，更重要的作用是能够带动组织筹款，是个善于筹款的理事会。卢咏认为，"在现代社会，一个真正善于筹款的理事会是由致力于建设机构、为长期实现宗旨而努力的人组成的。他们心怀渴望，会牢牢抓住每一个发展的机遇和新的资助来源。这样的理事会愿意为公益项目投资，随时准备行动，决心于接触、培养和邀请新的支持者，并为筹款成功而欢欣鼓舞。尽管理事会时时将募款放在首位，但它并不是功利性的，而是代表着机构广大支持者群体的利益，充满使命感"[①]。

当前，中国越来越多的非营利组织开始重视理事会的筹款义务和能力。一般而言，一届理事会的任期不会超过 5 年，那么一旦形成理事会团队之后就不会轻易地进行调整。所以，组建理事会时必须考虑对于组织发展的筹款贡献。2021 年年末，湖南省青少年发展基金会第七届理事会召开第二次会议时就指出，"第七届理事会自 2021 年 1 月成立以来，在共青团湖南省委的指导和社会各界的大力支持下，完成公益筹款 5529.01 万元，募集物资价值 1878 万元，公益支出 4950.22 万元，奖励资助大中小学生

---

① 卢咏 . 公益筹款 [M]. 北京 : 社会科学文献出版社 , 2014:243.

11775 人、教师 148 人，立项援建希望小学 23 所"[1]。可见，理事会在推进筹款工作中作用不容小觑。

文化艺术组织筹款业务方面具有优势的理事会应拥有以下特征：（1）理事会能够将组织的发展宗旨、远景目标与实际的筹款活动进行有机链接，始终服务组织战略发展；（2）理事会成员能够充分利用所掌握的社会资源，并且将其转化为有效的筹款活动；（3）理事会在控制筹款支出方面能够精打细算，并且对于所有筹款资金能够进行适度监管。（4）所有理事会成员都能够发挥其特长，形成合作优势，如拓展社会资源、领导重大筹款活动、提升公众公信力以及获得政府支持等。

（二）组建筹款队伍的程序与内容

在组建了一个有影响力且善于筹款的理事会基础之上，就可以招募筹款专员队伍。文化艺术组织的主席或首席管理者在构建本地筹款队伍时，必须找到那些愿意花时间为组织进行筹款的人，特别是需要找到整个筹款队伍的负责人来担任战略发展部主任。事实上，人员的招募是整个筹款工作的关键。作为战略发展部的主管，须能够鉴别出所招募人员在筹款工作中必须具备的一些技能和资源，如社会关系、创新能力、对组织的认可度、工作热情等。

组建好筹款队伍后可以启动拟定筹款业务相关的工作章程、工作运行机制以及与其他部门之间的协调工作。笔者认为，流程管理是整个筹款业务运行机制的基础，必须让整个筹款队伍明确筹款工作规范和程序。（1）筹款业务研究，即对于可能潜在捐赠者的研究报告、筹款资料以及相关行业年度报告等，应该为这些信息资料的购买、处置及利用制定内部规范；（2）赞助捐赠与回馈，即对于收到捐赠、赞助及资助的确认、反馈、

---

[1]　湖南省青少年发展基金会 [EB/OL]. 2021–11–19. https://www.hnydf.net/341/show–341.html.

致谢及回访等工作制定内部规范；（3）内外部信息网络中心，即针对对外宣传、对内信息记录等不同业务中信息化平台的使用规范；（4）问责追究，即在筹款活动中违反相关工作流程和管理规范所造成的损失所采用的追责机制。

当筹款队伍的招募工作结束之后，战略发展部主管就必须进行筹款业务能力的提升。（1）要尽可能为这些新进入筹款业务领域的人员提供必要的入门知识培训。例如，让他们理解筹款工作对于文化艺术组织的重要性，并带领他们去实地参观一些具体的筹款活动，了解筹款实践。（2）帮助筹款队伍采用较为有效的筹款工具，针对文化艺术组织的业务特性，让筹款专员了解各个筹款方式的优劣势。（3）为筹款业务活动合理安排预算。没有投入，就没有产出。筹款队伍的所有业务活动需要一定的投入预算。

二、组织特别筹款活动

相较于其他非营利组织，文化艺术组织更擅长利用特别的筹款活动来实现募款目标。不同类别的筹款活动，虽然规模和复杂程度不一样，但是其核心点都是获得更多的募款资金，实现募款收益。对于活动的主办方、媒体从业人员以及受众而言，这些特定的筹款活动能够让他们参与其中，享受活动所带来的愉悦感和荣耀感，这是他们组织与实施捐助的一种回报。筹款者就是要提供这样一种机会，让更多的人了解组织，对组织产生好感，认同组织发展理念。

对于组织特定的筹款活动可以从两个视角来进行，一种是我们经常所说的项目活动策划的"5W1H"，即对筹款活动的实施，从原因（何因Why）、对象（何事 What）、地点（何地 Where）、时间（何时 When）、人员（何人 Who）、方法（何法 How）六个方面展开，另一种是从筹款活动的五要素展开，即表演者、赞助者、媒体、组织主体、受众。"5W1H"
更适合于筹款部门制定和撰写一份活动策划案，将整个活动进行一种预告
式的路演。筹款活动五要素是让组织者进一步明确活动所需要进行的展演
内容、邀请的意向捐赠者、媒体的公开报告、组织理念的阐述以及更多受
众的支持。

三、选择筹款通用方式

除了通过开展特别的筹款活动来募集资金之外，对于大部分文化艺术
组织而言，通常还会使用一些通用的方式，如邮件、电话、互联网、社交
媒体及视频网站等。其中，邮件、电话及社交媒体的方式是最为普遍和常
见的筹款方式。此外，很多国家的非营利组织在募款时也较为倾向于投放
成本低、受众目标相对精准且速度快的直邮（direct mail）。直邮形式的募
款包括邮寄劝募信件、劝募传单或印刷物、劝募卡片或宣传册等。

对于文化艺术组织发展部的工作人员而言，很多募款对象是较为生
疏的，需要首先建立一定的沟通基础，采用较为合适的沟通媒介则尤为重
要。对于需要向群体性受众告知募款意愿的，可以采取群发邮件的形式进
行初步的沟通。对于已经有中间联系人介绍或推荐的潜在捐赠者，可以采
取在适当时间直接致电或依托微信、短信等媒介沟通。近年来，由于媒介
信息和网络技术的迅速发展，网络媒体已成为众多文化艺术组织筹款的首
选方式。现在，很多网络媒体与社交软件之间的边界越发模糊，很多筹款
信息都寄希望于能够在受众社交平台获得更多关注，进而来推动筹款效率
和规模。例如，微信公众号、微博微公益等平台在国内网络筹款中快速崛
起。国外的 Facebook、Twitter、LinkedIn 等社交媒体也是众多筹款活动的
首选。

四、聚焦筹款目标受众

为了更好地推进筹款活动，文化艺术组织的战略发展部还须针对捐赠者进行大量的研究工作。正如本书第四章所述，首先，必须建立一个智能化的信息管理系统，依托该系统尽可能合法地收集捐赠者的重要信息，尤其是要掌握重要捐赠者的"符号特征"。日常的文艺演出、慈善晚会、拍卖活动、网络众筹等活动中都会留存一些捐赠信息，一定要重视对于这些信息的记录。其次，通过一些指标如年龄、性别、职业、学历、收入、爱好、区域位置等精准地锁定这些潜在的捐赠者。很多研究都曾试图描述文化艺术组织观众的"肖像图"，这些细分指标对于筹款工作极其重要。最后，借助前沿的大数据、智能化技术精准地锁定这些目标受众，让这些受众了解组织的募款需求。

五、筹款实践：校园剧目网络众筹 [①]

文化艺术组织筹款的理论与实践，不是先后顺序分隔，分做两事，而应该是知中有行，行中有知。在实践中不断积累经验和发现问题，在解决问题中凝练规范。筹款工作始终是一项需要将战略规划进行落地的工作，是将筹款理论付之于实务的工作。"知者行之始，行者知之成"。本节将要讨论的《舞出我人生》《犀牛》《欧律狄刻》三部剧目是北京舞蹈学院艺术管理专业实践课程中，笔者与学科团队老师一同努力将筹款应用于演出实践，让艺术管理实践教学更为贴近现实生活，让同学们更好地理解筹款的艰辛、初衷与真谛。

北京舞蹈学院艺术管理专业在实践教学方面形成了以艺术学母体理论

---

① 资料来源：北京舞蹈学院人文学院艺术传播系提供，案例资料由康禹萍整理，作者有所编辑修订。

为基石，向创意策划、演出制作、院团管理、剧目传播交流、组织筹款及营销推广为一体的课程设置，培养新时代艺术管理实践人才。将阶段性的实践教学和理论知识相结合。综合运用多门专业课的知识，让学生亲身参与演出制作的完整周期，增加学生对本专业将涉及的工作流程及细节的了解。剧目制作中，学生们全程参与剧本策划编写、创意发挥、演员遴选、演出项目管理、内容制作及舞台呈现。在已有知识和能力的基础上创造性发展，制作出高质量的艺术实践作品。作为学生自制剧目，资金的来源、使用及充足与否无疑是剧目能否成功落地的关键因素。本节所要描述的三个案例均为校园自制剧目的资金筹款实务，且结合校园剧目特色充分运用了网络众筹平台。

以 2019 年舞台剧《舞出我人生》为例，该剧讲述流量明星和缺乏自信舞蹈专业学生相遇后，共同找回自我的故事。除了对于情感世界的探索和希冀之外，借助现实和虚幻的交织表达，突出了年轻人朝气蓬勃、梦想扬帆的人生动力。该剧目制作使用的众筹平台为摩点，2019 年 7 月 15 日摩点服务费率进行调整，项目服务费率由支付费率和平台佣金费率两部分组成，其中支付费率为 1%，此为微信支付、支付宝支付等第三方平台收取的费用；平台佣金费率为摩点平台自身收取的服务费用比率为 5%。该项目众筹预设目标为 5000 元。2019 年 10 月 16—30 日，历时 14 天，共94 人支持，筹集资金 10970.6 元。除在众筹平台上所筹措的资金之外，北京元墨文化有限公司为此项目赞助 1 万元。该剧目从社会所募集的资金比重接近 30%，有效地支撑了剧目的落地演出。此外，2020 年校园自制剧目《犀牛》在摩点平台众筹资金 7205.03 元。2021 年自制剧《欧律狄刻》梦想筹和追梦筹共获得众筹资金 8694.84 元，并获得四川宸翰文化传媒有限公司赞助 2 万元。艺术管理实践教学中的校园自制剧目在获得学校实践项目支持的基础上发挥专业特长，在网络众筹和企业赞助方面均取得了突破。一方面锻炼了学生在剧目制作、版权授权、剧目筹款等方面的专业能力，另一方面也进一步拓展了实践教学的成果传播，如《犀牛》入围第 15 届拉古娜艺术奖（Arte Laguna Art Prize），《青春欢乐场》（2019 年度）入围第 7 届乌镇戏剧节嘉年华单元。

在校园自制剧目筹集资金时，首先，整个项目团队设置了专门的筹款小组，筹款小组清晰地勾勒出了能够参与本次捐赠活动的受众，即与剧组强关联的亲朋好友、爱好舞台剧的文艺青年以及对题材感兴趣的艺术观众。筹款小组将主要精力和众筹宣传放在了周边亲朋好友、网络社群中的舞台剧兴趣群组。其次，筹款小组针对目标受众设置了具有吸引力的众筹回报，如演出海报、主创手写感谢信以及周边餐饮、超市合作的折扣券等。这些众筹回报从 88 元至 520 元不等，共五个等级（见表 11-1）。例如，剧目众筹回报选择剧院附近的餐饮，更方便捐赠演出后能够直接使用；考虑到捐赠者对于小剧场演出兴趣较高，选择了东城先锋剧场的演出票作为回馈。最后，专门开设了针对众筹的客服公众号，细心、耐心地回答潜在捐赠者的问题。从最终筹款结果可知，捐赠 88 元以下的人数最多，占比 63%，捐赠者的捐赠数额与剧目众筹设计的给予捐赠者的奖励有很大的关系，除捐赠 88 元以下的 51 人，剩下的 30 人次中，与给予捐赠者回馈的等级相匹配的人数为 17 人，占比 57%。当进行实践教学总结时，通过分析校园剧目众筹数据，学生对于众筹课程所讲的 20/80 原则、重要捐赠人、匹配捐赠、筹款汇报、捐赠流程及捐赠实务有了更为切身的体会。诚然，相较于知名院团的优秀剧目，学生自制剧目在传播范围、传播效果以及资助金额方面均无法比拟，这也给筹款小组带来了较大的挑战。正如筹款小组成员所总结的，因为貌似不可能的筹款目标，才让大家能够绞尽脑汁地想尽一切办法来推动筹款工作。

表 11-1 校园自制剧目《欧律狄刻》众筹回报

级别	名称	回报方式	次数
一级：88 元以下	"忘川之下冥冥之中"	微信发送祝福	51
二级：88 元	"我会永远记住你的旋律"	派送礼包一份（纪念海报一张、电子感谢卡一张、首演邀请函一张）+ 金眼睛折扣两次（仅限 30 份）	19
三级：188 元	"月亮总是从你的屋顶上升起"	派送礼包一份 + 脱口秀入场券两张（仅限 20 份）	8
四级：388 元	"这是你无法克制的回眸"	派送礼包一份 + 东城先锋小剧场惊喜戏票两张（仅限 10 份）	2
五级：520 元	"我要把这封信交给一条虫子，他一定能找到你！"	派送礼包一份 + 写给你的"欧律狄刻" + 主创手写感谢信一封（替换电子版）+STENDERS"找寻属于你的味道" + 特别鸣谢！（仅限 5 份）	2

第十二章 筹款活动的道德规范

虽然筹款看似是一项专业性很强的活动，文化艺术组织的专业能力和判断力在一定程度上决定了能否获得资助，但在实践过程中，是否遵循筹款活动的道德规范却是组织能否筹款成功的重要原因之一。除了能否创作出高质量的文化艺术作品，组织是否遵循道德规范也是捐赠机构考察的重点。

一、道德规范

道德规范又称为道德义务或个人规范，在理论上与主观规范不同，揭示了对个人责任或履行特定行为的责任的感知。在某些情况下，道德规范的衡量标准可以为某些意图或者行为增加预测能力，并且有部分学者用经验证据支持这一论点，尤其是涉及道德相关的或亲社会的助人行为等（Manstead，2000）。之后的学者也运用 Manstead 关于道德规范的概念，认为道德规范是人们对特定行为的责任和义务的认识，体现了个人从自身所持有的对或错观念对社会行为的感知和判断。①

本质上，慈善属于道德范畴，是一种道德活动，表达了人类最基本的情怀。亚当·斯密（Adam Smith）所强调的"义务感"和康德（Kant）所强调的道德责任都表明道德责任是处于最高层次的道德规范，是理性主义与善良意志的有机联结。慈善行为来源于人的怜悯、同情等自然情感。在

---

① 谢丽.社会网络对大学生网络慈善捐赠意愿影响研究[D].武汉：华中师范大学,2020.

现代慈善的概念中，"慈善"一词更强调个体对他人、社会的责任意识，体现了现代公民的社会公共性。因此，慈善行为是道义责任和社会责任的体现，慈善的责任是善意的理性升华和深化。理论上，公众能够通过慈善行为将善意升华为道德责任，进而使得善举上升为理性行为，从个别行为走向普遍行为，从偶然举动转化为日常习惯或生活方式。[①]

二、基本原则

结合道德规范的定义不难得出，文化艺术组织筹款活动中的道德规范是指在筹款过程中要遵循的道德准则，是对筹款活动最基本的要求，也是筹款活动得以顺利开展的保障。筹款活动的道德规范在长期实践过程中形成，并随着筹款方式的发展而不断更新。文化艺术组织筹款重点要关注以下四项基本原则。

（一）诚实守信

诚实守信是中华民族的传统美德，也是新时代我国公民最基本的道德规范之一。在文化艺术组织的筹款过程中，首先要做到的就是将诚实守信的原则贯穿始末：一方面，在向捐赠方介绍组织和项目情况时，忠于事物的本来面貌，不隐瞒任何一处细节，不刻意隐瞒或欺骗出资方；另一方面，在筹款过程中始终要讲信用、守承诺，忠诚地履行自己应当承担的义务而不反悔。如果为了获得资助而用夸大事实、隐瞒事实真相等公然造假的手段进行募捐，误导出资方和大众，不仅有损组织和筹款行业的公信力，而且会增加今后获得筹款或与其他组织合作的难度。

---

① 刘琼 . 公众慈善捐赠行为的影响因素研究：以上海市为例 [D]. 上海：上海交通大学 ,2019.

（二）尊重隐私

尊重隐私是人际交往中的一项重要原则，体现了个人或组织的责任心和道德水平。在文化艺术组织筹款的过程中，尊重出资方和受益方的隐私是其行事的重要原则之一：在任何时候都要尊重出资方和受益方的意愿，一方面，不能泄露出资方的隐私，时刻尊重出资方关于隐私信息的要求和偏好，确保相关信息只能为筹款活动所用，任何时候都不能越过出资方擅自挪用或公布；另一方面，时刻尊重出资方，尊重出资方的自由，哪怕最终没有成功筹款也不得以任何形式威胁恐吓出资方，在募款活动中如需使用出资方的相关材料，也应尽可能使用匿名或其他保护隐私的方式，以确保维护对方权益。

（三）正直负责

正直负责是当代公民的良好道德品质之一，也是文化艺术组织能够在竞争中立身扬名的重要保障。在筹款过程中，始终坚持组织认为不可动摇的某些原则，并敢于跟持有相悖意见的群体公开叫板是一个文化艺术组织与其他组织区别开来的重要手段。例如，在筹款过程中不能贿赂出资方或者从所筹款项中获取提成，在筹款结束后的项目运转过程中仍然要对出资方和所得筹款负责，坚持维护出资方的相关权益。正直负责的道德规范能够使文化艺术组织的筹款达到更高的标准，这也是对整个筹款行业的负责。

（四）公开透明

公开透明是在政府决策过程中经常被公众要求的原则，也是筹款行业的道德规范之一。文化艺术组织在制定筹款计划时就要把资金预算列入其中，具体包括如何管理与使用所筹资金、每项活动所花费的开销和使用目的、经费使用标准等；筹款成功之后仍然要确保主动公开所筹资金的最终用途，使资金使用过程透明化。在出资方想要了解组织或项目运转情况时，必须及时地给予回应，并提供资金使用的详细信息。在公开透明的道德规范下，出资方能获得足够的尊重和良好的体验，也能为整个筹款行业创造公平和谐的筹款氛围。

【新闻摘录】水滴筹被曝负面舆情，慈善项目何去何从？①

"最后，我将回到云贵高原，在贵州最高的屋脊，种上一片深蓝色的海洋；在那里，会有一艘丰衣足食的小船，带我驶向远方。"

这是贵州女大学生吴花燕的诗——《远方》。就在 2020 年 1 月 13 日，这个 24 岁，却仅有 43 斤的女孩因病离世。"丰衣足食"竟成了她难以实现的愿望，就在网友们为她心痛不已的时候，却有消息曝出：9958 儿童紧急救助中心关于吴花燕的筹款项目存在没收捐款嫌疑，获捐百万当事人却仅收到两万。

2019 年 11 月 30 日，有媒体报道称"互联网筹款平台'水滴筹'在超过 40 个城市的医院派驻地推广人员，他们常自称'志愿者'，逐个病房引导患者发起筹款。推广员们对募捐金额填写随意，对求助者财产状况不加审核甚至有所隐瞒，对捐款用途缺乏监督。"

2019 年 12 月 17 日，有网友曝出为贫困地区女童建立的"春蕾计划"中不少的资金捐给了男童，随后加油木兰等项目也被曝出同样的问题。

短短两个月，水滴筹、春蕾计划、中华儿童慈善基金会，三大知名慈善机构、企业分别被曝出审核不严格、专款不专用、善款不到人等重大问题，引发全网关注，慈善机构公信力大大受损。

思考：从筹款道德规范的角度谈谈，如何让文化艺术组织提升筹款活

① 资料来源：澎湃新闻，https://www.thepaper.cn/newsDetail_forward_5546107，2020-01-17，源自知微数据公众号，作者有所删减。

动的公信力。

三、现行规范

随着筹款活动的日渐增多，文化艺术组织在筹款过程中遇到的问题也越来越多。在这种情况下，各级管理部门纷纷出台筹款行业的标准和政策法规，用来规范筹款行为。在现行筹款行业标准中不乏关于道德伦理的规范，针对文化艺术组织筹款中的道德伦理问题，以下几个文件中有详细说明。

（一）国际筹款伦理守则

公益慈善筹款伦理的产生已有近 80 年历史。推动筹款伦理发展的主体，是以美国筹款人协会（Association of Fundraising Professionals，AFP）与英国筹款人协会（Institute of Fundraising，IF）为代表的筹款行业组织。

2006 年 10 月，历经 3 年的讨论，在第四届国际筹款峰会（International Fundraising Summit）上，参会的 24 个国家的筹款行业协会代表全票通过了第一部《国际筹款伦理守则》（International Statement of Ethical Principles in Fundraising），由超过 30 个来自世界各地的筹款方协会一同编纂，并主张不同地区的筹款人继续遵守当地关于筹款伦理的要求，而守则本身仅关注全球筹款人应共同遵守的基本守则和价值观（见表 12-1）。[①]

---

① 新浪财经 . 专家：要倡导公益慈善筹款伦理筹款人不应拿提成 [EB/OL]. 2019-12-13.https://baijiahao. baidu.com/s?id=1652750136200469991&wfr=spider&for=pc.

表 12-1　国际筹款伦理守则筹款行为准则

国际筹款伦理守则筹款行为准则	筹款人对捐赠的责任	（1）筹款人应当接受自愿的、与机构目标一致的并且相对捐赠价值不会带来过高成本的捐赠 （2）如果捐赠人表示了捐赠项目的意愿，捐赠将流向该项目 （3）筹款人不得为个人或服务机构自身的盈利而募款 （4）劝募时必须小心谨慎、尊重捐款人的选择权并不施加压力、骚扰、恐吓或强迫捐款人
	与利益相关方关系	（1）筹款人须答复所有利益相关方提出的问题。 （2）筹款人须尊重捐款人权利，提供及时的关于善款流向的问题，尊重捐款人隐私并尊重捐款人意愿 （3）筹款人须尊重受益方权利，保护他们的尊严和自尊，也不得将受益方以有损尊严的形式用于筹款材料或手段中 （4）筹款人在与供应商合作时须遵循和与组织工作时一样的标准。筹款人须付出足够努力保证供应商不在与组织合作中获得不合理多的利益
	推广公共信息责任	（1）筹款人只能使用精确、真实、没有误导性的公共信息并且保证信息保护受益方的尊严和自尊 （2）筹款人不得在公共信息中表示或暗示筹款不需要行政或筹款成本，由此给出筹款不需要成本的错误信息。筹款人须反对他们的组织表示或暗示组织的筹款不需要成本 （3）筹款人须提供真实的资金使用情况的信息，不夸大也不低估 （4）筹款人须遵守数据保护的相关规定和法律 （5）筹款人不应透露为一个组织或代表这个组织发展的捐款人或潜在捐款人的信息或挪为他用 （6）筹款人须无条件满足捐款人希望被移出劝募对象名单的要求
	管理报告财务筹款支出	（1）筹款人须保证他们负责的所有筹款业务、统计和报告都清晰透明。筹款人应对其职业工作负责 （2）筹款人须鼓励组织依据国家和国际会计标准揭露信息 （3）筹款人须做到或鼓励其组织做到在合理时间范围内，向所有利益相关方提供精确的年报 （4）筹款人须对所有利益相关方关于筹款成本、收费和开销及其分配方式保持坦诚 （5）在雇主、捐赠人或受益人询问筹款人薪酬形式时，必须保持透明
	收入薪酬形式	（1）筹款人可以志愿者形式，或固定薪资形式，或事先约定好的费用收费的形式提供服务。筹款人不应接受佣金提成或基于筹款额百分比的报酬 （2）筹款人代表组织做出决定时，不得接受任何酬金 （3）筹款人不得收取或索要供应商的任何现金或物品作为合作的酬谢
	遵守国家法律	（1）筹款人必须对组织违背当地，州、省，国家或国际民事或刑事法的行为提出反对 （2）筹款人不得参与与其组织或其他方在国家或国际法律下所承担的责任相冲突的活动。并且，他们应当避免任何刑事犯罪或职业失当行为的出现

（二）中国公益慈善筹款行为准则

2016 年，筹款行业培育平台方德瑞信前身"公益筹款人联盟项目组"加入了《国际筹款伦理守则》的倡议组织，并面向中国公益慈善行业发布了第一份筹款伦理倡议书。

2018 年，在南都公益基金会与浙江敦和慈善基金会的资助下，方德瑞信联合北京七悦社会公益服务中心在 2006 年与 2018 年两个版本的《国际筹款伦理守则》基础上，形成了中国本土版的《中国公益慈善筹款伦理行为准则（征求意见稿）》。

为了让这些准则不停留在一纸倡议，而是成为每一个公益人自觉自律的在日常具体工作场景中的行为规范共识，在 2018 年下半年，项目组编写了第一版《中国公益慈善筹款伦理行为实操指引手册》，对每一条行为准则条款如何在实际中落地操作，提供尽可能具体的指引建议。

2019 年，项目团队通过机构试点、专家研讨、能力建设等工作吸纳反馈意见与建议，对第一版的准则和手册进行调整，使其更加贴近中国本土公益慈善筹款行业的实际情况。

在组织试点工作模块，项目组根据组织所处不同议题领域、组织发展规模、所在地域等特点，在北京、上海、深圳、成都四地邀请 10 家具有影响力和代表性的组织参与筹款手册的试点执行，秉承自愿参与且有意愿进行试点执行为前提达成合作。

第五届筹款人大会发布了 2019 年修订版的《中国公益慈善筹款伦理行为准则》（以下简称《行为准则》）与配套的《中国公益慈善筹款伦理行为实操手册》（以下简称《实操手册》），尝试回答关于筹款提成等道德规范相关问题，并尝试建立更多的行业共识。

《实操手册》全本 8 万字，内文案例均基于真实事件改编而成，旨在为公益慈善筹款人提供一个共享的专业标准与行为框架，以推动公益慈善行业有系统地围绕筹款行为开展探讨，进而达成对于筹款伦理行为底线与最佳实践标准的共识，从而能够在维护受益方尊严与权利的前提下，为捐赠人与相关支持者带来最佳捐赠体验，助力公众理解公益慈善组织在社会生活中的角色与价值，同时也提升公益慈善行业公信力、增强社会公众对公益慈善事业的信心，更好地践行公益慈善组织的使命。[①]

《行为准则》从合规、诚实、尊重、正直、透明和负责六大价值观出发，为筹款者提供了一个需要共同遵守的工作行为准则框架，包括遵守法律法规的责任，以及对捐赠方、受益方、行业、组织内部、合作伙伴的责任。

在遵守相关法律和法规的责任方面，《行为准则》提出，筹款方必须遵守筹款活动开展所在国家法律中关于组织形式、业务活动和筹款活动的规定；所在地区关于筹款实践的具体法规、标准及操作办法；在开展筹款工作过程中，不得违背当地的公序良俗。

在对捐赠方的责任方面，《行为准则》提出，当捐赠无法按照捐赠方的公益慈善意愿使用时，筹款方必须与组织和个人就捐赠用途做进一步探讨，并达成一致；当捐赠方的非公益慈善诉求与受益方或行业利益相冲突时，筹款方应当以公益慈善目的为最高原则，妥善回应捐赠方的不恰当诉求等。

在对受益方的责任方面，《行为准则》强调，必须时刻尊重受益方，在筹款传播或相关材料的信息使用中，尊重和保护受益方的个人隐私，维护受益方的尊严；筹款方有告知受益方相关权利与义务的责任，不得出现隐瞒真实项目信息等欺骗受益方或损害受益方权利与利益的行为等。

在对公益慈善行业的责任方面，《行为准则》提出，筹款方不得在其传播与筹款材料中表达出公益慈善活动不需要成本的误导信息；筹款方

[①] 新浪财经．专家：要倡导公益慈善筹款伦理筹款人不应拿提成 [EB/OL]. 2019–12–13. https://baijiahao.baidu.com/s?id=1652750136200469991&wfr=spider&for=pc.

之间不得有不正当的竞争；未经授权不得使用其他方的筹款信息；必须遵守数据保护的相关法律和规定，采取有效措施防止信息泄露、毁损、丢失等。

在对组织内部的责任方面，《行为准则》提出，对于不符合组织价值观和使命或可能损害组织的名誉和社会影响的捐赠，筹款方不得接受；当捐赠资金来源存疑时，筹款方应当采取恰当措施确保捐赠方进行捐赠财产与捐赠行为的公益性；筹款方不得利用自身职务或服务机会获取未经许可或不合理的回报等。

在对合作伙伴的责任方面，《行为准则》提出，筹款方的应得收入，包括固定薪资和绩效等，都应当事先约定并达成书面约定，以确保其收入适当合理，且不得基于筹款额的比例作为发放标准；当筹款方与供应商、合作伙伴或其他第三方组织合作时，应当采取一切合理的方式确保外部合作方能遵守并按照与自己相同的筹款行为准则开展工作，且不得从中获取不合理的报酬等。[①] 产品义卖附捐是国内外慈善机构常用的筹款手段，而邮品附捐是最早、最常使用的形式。改革开放以后，我国多家慈善机构均采用过邮票附捐形式筹款。产品附捐的另一种形式，是通过发行纪念币、邮资明信片、电话磁卡、银行卡、金条、银条的形式筹款。产品附捐的第三种形式是普通商品的义卖附捐。在慈善机构发展到一定阶段，其项目形成品牌效应后，一些企业从公益营销的角度，希望借助知名公益项目进行产品营销，承诺捐出销售产品的部分利润用于慈善。

---

① 搜狐.面对筹款困境，公益组织、筹款人该如何抉择？ [EB/OL]. 2019–12–15. https://www.sohu.com/a/3 60519825_260616?scm=1002.44003c.fe017c.PC_ARTICLE_REC.

附录 1 文化艺术组织筹款推荐图书

[1] Hopkins K B, Friedman C S. Successful fundraising for arts and cultural organizations[M]. New York:Greenwood Publishing Group, 1997.

[2] Cilella S G . Fundraising for small museums: in good times and bad[M]. Calif:Alta Mira Press, 2011.

[3] Francis Haskell.Patrons and Painters: A Study in the Relations Between Italian Art and Society in the Age of the Baroque[M].New Haven:Yale University Press,Revised & enlarged edition ,1980.

[4] [美] 李铸晋 . 中国画家与赞助人 [M]. 天津：天津人民美术出版社，2013.

[5] [美] 金姆・克莱恩 . 成功筹款宝典 [M]. 招晓杏，张嘉，译 . 广州：广东人民出版社 , 2016.

[6] [美] 米歇尔・诺顿 . 全球筹款手册：NGO 及社区组织资源动员指南 [M]. 张秀琴，江立新，译 . 北京：中国人民大学出版社 , 2005.

[7] [美] 弗兰史・H. 奥利弗 . 美国高等教育筹款史 [M]. 刘昊，朱力安，译 . 广州：广东人民出版社 , 2016.

[8] 资中筠 . 财富的责任与资本主义演变：美国百年公益发展的启示 [M]. 上海：上海三联书店 , 2015.

[9] 卢咏 . 公益筹款 [M]. 北京：社会科学文献出版社 , 2014.

[10] 魏鹏举 . 中国文化产业投融资体系研究 [M]. 昆明：云南人民出版社 , 2014.

附录 2　我国文化艺术基金会（部分）

一、政府类文化艺术基金会

[1] 国家文化艺术基金会

[2] 中华社会文化发展基金会

[3] 中国民族文化艺术基金会

[4] 中国国际文化交流基金会

[5] 中国少年儿童文化艺术基金会

[6] 北京文化艺术基金会

[7] 天津市海河文化发展基金会

[8] 安徽省文化艺术基金会

[9] 湖南省文化艺术基金会

[10] 四川省文化艺术发展基金会

二、企业艺术基金会

[1] 北京民生文化艺术基金会

[2] 北京尤伦斯艺术基金会

[3] 北京华彬文化基金会

[4] 北京中间艺术基金会

[5] 上海民生艺术基金会

[6] 上海普兰文化艺术基金会

[7] 深圳雅昌艺术基金会

三、艺术家基金会

[1] 李可染艺术基金会

[2] 吴作人国际美术基金会

[3] 韩美林艺术基金会

[4] 广东省许钦松艺术基金会

[5] 北京郎朗艺术基金会

[6] 云南杨丽萍民族文化艺术基金会

附录3　文化艺术组织筹款网络资源

一、非营利组织机构查询（基金会、社会团体、民办非）

中国政务组织服务查询平台，https://chinanpo.mca.gov.cn

二、文化艺术企业查询

国家企业信用信息公示系统，http://bj.gsxt.gov.cn

三、文化事业单位查询

事业单位在线，http://search.gjsy.gov.cn/wsss/view

四、基金会查询

基金会中心网，http://www.foundationcenter.org.cn

五、网络筹款平台

腾讯公益（乐捐），https://gongyi.qq.com

摩点，https://modian.com

追梦筹，http://www.dreamore.com

Kickstarter，https://www.kickstarter.com

附录 4　文化艺术组织年报 [①]

一、上海交响乐团年度报告（2019 年）

上海交响乐团 2019 年度报告共包括 8 部分内容，分别是前言、年度亮点、演出聚焦、特别项目、人员情况、党建概述、公益活动及附录，具体内容如下：

（一）前言

1. 团长致辞

2019 年，上海交响乐团迈入了第 140 个年头。这 140 年是一个中国乐团跨越三个世纪的传奇，是一个乐团与上海城市呼吸共融的故事，更是交响乐在中国落地生根发展绽放的中国史诗。

从 1879 到 2019，上海交响乐团历经数次战争动荡的洗礼，带着音乐家们的执着，起起伏伏，不曾中断也不曾停滞，一路走来，见证了新中国的历程，并用中国艺术家的世界胸怀，拥抱着这个磅礴而热烈的时代。

从 1879 到 2019，上海交响乐团作为一个职业交响乐团，在中国最早广泛地把交响乐介绍给中国观众，最早发掘并演奏中国管弦乐作品，最早培养中国的音乐人才，最早登上琉森音乐节、柏林爱乐大厅、卡内基音乐厅等耀眼的国际舞台，第一个与德意志唱片公司（DG）全球签约，用音乐

[①] 资料来源于上海交响乐团、香港管弦乐团及纽约大都会歌剧院公开年报，本附录旨在为读者了解文化艺术组织年报的主题、内容及框架，笔者对于内容有所编辑修订，完整报告可以登录上述文化艺术组织网站下载获取。

沟通着世界。

近十年来，上海交响乐团用其世界眼光与格局，已经发展成为一个囊括音乐季、上海夏季音乐节、上海新年音乐会、上海艾萨克·斯特恩国际小提琴比赛、上海乐队学院、上海交响乐团音乐厅、上海交响音乐博物馆等多样化品牌和拥有多板块国际化平台的"业界航母"，更是在全国探索、引领和推动着行业的发展。

感谢历任领导、社会各界、广大市民和乐迷观众们对乐团的热情关爱和鼎力支持，使得上海交响乐团始终充满青春活力。"我们很老，但是我们很年轻！"

站在 140 年的新起点，我们将永远怀着对乐团历史的崇敬之情，用上交人的职业精神和情怀，放眼全球，为所有爱我们和我们挚爱的人，勇往直前！（上海交响乐团团长周平）

2. 音乐总监介绍

余隆是活跃于国际乐坛上最杰出的中国指挥家。现任上海交响乐团音乐总监、上海夏季音乐节艺术总监以及上海艾萨克·斯特恩国际小提琴比赛组委会主任，同时还担任中国爱乐乐团艺术总监和首席指挥、广州交响乐团音乐总监、北京国际音乐节艺术委员会主席、香港管弦乐团首席客座指挥。

2009 年 11 月，余隆率领上海交响乐团在纽约、洛杉矶、多伦多、圣地亚哥等北美 12 座城市进行了极为成功的巡演，《纽约时报》在 2009 年 11 月 9 日刊载专文介绍余隆的艺术成就，将余隆誉为"中国的赫伯特·冯·卡拉扬"。2012 年中国春节期间，余隆指挥纽约爱乐乐团在纽约林肯中心的菲舍尔音乐厅举行了首次中国新年音乐会，使得他的指挥艺术再一次在美国享受盛誉。2015 年 9 月，余隆率领上海交响乐团在美国纽约联合国总部演出纪念联合国成立暨世界反法西斯战争胜利 70 周年音乐会。2017 年 8 月，余隆率领上海交响乐团赴欧洲巡演，其中琉森音乐节里的演出是中国乐团在这一世界顶尖音乐节的首次亮相。2019 年 8 月，作为上海交响乐团 140 周年庆典的一部分，余隆带领乐团履及华盛顿、芝加哥、爱丁堡、琉森、格拉费内格、阿姆斯特丹、伦敦等五个国家的七个城市，首度登陆英国 BBC 逍遥音乐节、美国拉维尼亚音乐节、爱丁堡国际艺术节等多个国际一流音乐节。

3. 上海交响乐团介绍（略）

4. 上海交响乐团音乐厅介绍（略）

（二）年度亮点

5. 献给共和国七十周年的"第一首歌"

上海交响乐团音乐总监余隆携手著名歌唱家阎维文、雷佳、王丽达、索朗旺姆、黄延明及解放军文工团合唱团于 2019 年 1 月 1 日唱响献给共和国七十周年的"第一首歌"。

6. "全程交响·为你而来"公益项目（略）

7. 中国交响七十年

此外年度亮点还包括 DG《门道》唱片全球发行、第十届上海夏季音乐节（MISA）、交响联盟成立及白皮书发布、2019 世界巡演、上海乐队学院 5 周年等。

（三）演出聚焦

8. 章创演情况

上海交响乐团共组织演出场数为 189 场；团厅音乐季的交响乐、室内乐、歌剧等演出总计场数为 75 场；主办的上海夏季音乐节演出总计场数为 23 场，其中上交音乐厅 16 场，黄浦区城市音乐草坪广场 7 场；公益性演出场数为 44 场，中学生演出场数 25 场，其他公益演出场数 19 场；国内巡演场数 10 场，境外演出场数 7 场。全年委约新创作品 2 部，分别是

《山海经》《礼献》（略）。

9. 团厅乐季演出列表（略）

10. 合作艺术家及艺术团体

指挥：李心草，伦纳德·斯拉特金，吕绍嘉，梵志登，夏尔·迪图瓦，雅切克·卡斯普契克，尤卡－佩卡·萨拉斯特，水蓝，丹尼尔·哈丁，扬·马林，张国勇，菲利普·赫雷韦赫

小提琴、大提琴、钢琴等（略）。

11. 三大演出品牌

上海新春音乐会、上海夏季音乐节、上海新年音乐会。

（四）特别项目

唱片出版：《中国交响七十年》《门道》。

上海乐队学院：上海乐队学院由上海交响乐团、纽约爱乐乐团和上海音乐学院联手创办。2019 年度，学院除了常规课程外，完成大师课 293 课时，乐队实践课参与场次 41 次。国内外其他知名交响乐团实践 12 次，完成 10 余套曲目，产出 31 场音乐会。另外，2019 年共计完成 6 个特殊教学期。

上海艾萨克·斯特恩国际小提琴比赛：2019 年 8 月组委会宣布正式启动第三届比赛的全球报名（略）。

（五）人员情况

员工现状：截至 2019 年 12 月 31 日，乐团共有在职演职人员 226 人，离退休人员 96 人。其中，现有享受国务院津贴人员 4 人，上海市领军人才 1 人。2019 年度，于任超、宋晓晨、马谦艺、孙俊楠、李公望、胡逆敏、于典、刘宏、李青照、祝盘盘、廉雪、陈定远、YoonsoCHO、SubinCHO、林家贤等 15 人新入职上海交响乐团，瞿旭东、陆金虎、王淑洁、潘伟等 4

人光荣退休，另有其他离职人员 14 人。

领导班子：团长、党总支书记、副团长、团务委员。

乐队成员：音乐总监、名誉音乐总监、驻团指挥、乐队首席等（略）。

（六）党建概述

党建及精神文明创建："不忘初心、牢记使命"主题教育。

群团活动及离退休。

（七）公益活动

全年公益教育活动概况：2019 年，上海交响乐团完成各类公益演出 44 场，开展公益教育、艺术普及活动 149 次，包括 13 场 MAP 进校园演出，30 场"有准备的聆听"艺术普及活动，5 场"大师不在台上"观众与艺术家互动活动，7 次湖南路街道"上交音乐教室"课程等……

全年公益活动：全城交响，音乐地图课堂，中国艺术拓展计划，晚高峰音乐会，观众活动。

（八）附录

媒体回顾：据不完全统计，2019 年各项活动国内主流媒体原发报道 1700 余篇，其中平面媒体 200 余篇、电视广播 110 篇、网络及新媒体 1400 篇。海外媒体全年报道近 200 篇。

信息化系统：乐团于 2019 年联合上海文广互动有限公司、上海理想产业信息有限公司及同济大学联合申报立项《基于 5G 的剧场交互式演出 8K 视频制作传输技术研究及应用示范》，乐团以子课题单位形式承担应用示范。

企业赞助：上海交响乐团文化发展基金会、上海交响乐团理事单位、上海交响乐团国际顾问理事会（IAB）、上海交响乐团乐友会。

市场与会员：全年演出活动 261 场，售票 83383 张。乐季演出 78 场，售票 48151 张。MISA 演出共 16 场，其中售票演出 12 场，出票 6833 张。自办售票演出活动共 105 场，租场售票演出 101 场。全年演出和活动平均出票率达到 94.88%，上座率 76.27%。

二、香港管弦乐团年度报告（2019—2020 年）

香港管弦乐团（港乐）年度报告共包括 14 项内容，以中英文两种语言撰写，具体目录如下：

（一）主席报告（Chairman's Report）

（二）音乐总监报告（Music Director's Report）

（三）港乐荣获《留声机》杂志年度管弦乐团大奖（HK Phil Won Gramophone Orchestra of the Year Award）

（四）本地人才济济（Celebrating Hong Kong Talent）

（五）香港文化中心 30 周年（30th Anniversary of the HKCC）

（六）内地巡演（Mainland Tour）

（七）这一年，星光熠熠（A Star–Studded Year）

（八）教育及小区活动（Education & Community Engagement）

（九）筹款及赞助人独家活动（Fundraising & Donor Exclusive Events）

（十）演出及活动概览（Performances & Activities Overview）

（十一）财务摘要（Financial Highlights）

（十二）鸣谢（Acknowledgements）

（十三）香港管弦协会有限公司（The Hong Kong Philharmonic Society Limited）

（十四）香港管弦乐团（Hong Kong Philharmonic Orchestra）

三、纽约大都会歌剧院年报（2019—2020 年）

纽约大都会歌剧院年报共分为 6 部分，具体内容如下：

（一）介绍（Introduction）

理事会主席安·齐夫（Ann Ziff）对于 2019—2020 演出季，剧院的整体运营状况的概述，包括新冠病毒感染疫情对于演艺业的影响，剧院线下演出、高清线上歌剧、剧目生产、合作艺术家、筹款活动及财务状况等内容。

（二）大都会歌剧院理事会（Metropolitan Opera Board of Directors）

对于剧院理事会组织结构的描述，包括主席、副主席、执行经理、名誉主席、财务主管、各个委员会及成员。

（三）演出季和节事（Season Repertory and Events）

主要是新创剧目、复排剧目、高清线上歌剧、音乐会、高清歌剧进高校及其他节事活动的介绍。

（四）艺术家名单（Artist Roster）

（略）

（五）财务业绩（The Financial Results）

（略）

（六）我们的赞助者（Our Patrons）

（略）

附录5 非营利组织会计报表

一、资产负债表

编制单位： 年 月 日 单位：元

资产 流动资产：	行次	年初数	期末数	负债和净资产 流动负债：	行次	年初数	期末数
货币资金	1			短期借款	61		
短期投资	2			应付款项	62		
应收款项	3			应付工资	63		
预付账款	4			应交税金	65		
存货	8			预收账款	66		
待摊费用	9			预提费用	71		
一年内到期的长期 债权投资	15			预计负债	72		
其他流动资产	18			一年内到期的长期负债	74		
流动资产合计	20			其他流动负债	78		
				流动负债合计	80		
长期投资：							
长期股权投资	21			长期负债：			
长期债权投资	24			长期借款	81		
长期投资合计	30			长期应付款	84		
				其他长期负债	88		
固定资产：				长期负债合计	90		
固定资产原价	31						
减：累计折旧	32			受托代理负债：			
固定资产净值	33			受托代理负债	91		
在建工程	34						
文物文化资产	35			负债合计	100		
固定资产清理	38						
固定资产合计	40						
无形资产：							

续表

资产 无形资产	行次 41	年初数	期末数	负债和净资产 净资产：	行次	年初数	期末数
				非限定性净资产	101		
受托代理资产：				限定性净资产	105		
受托代理资产	51			净资产合计	110		
资产总计	60			负债和净资产总计	120		

二、业务活动表

编制单位：　　　　　　　　　　　　　　　　　　年　　月　　日　　　　　　单位：元

项目	行次	年末数			本年累计数		
		非限定性	限定性	合计	非限定性	限定性	合计
一、收入							
其中：捐赠收入	1						
会费收入	2						
提供服务收入	3						
商品销售收入	4						
政府补助收入	5						
投资收益	6						
其他收入	9						
收入合计	11						
二、费用							
（一）业务活动成本	12						
其中：人员费用	13						
日常费用	14						
固定资产折旧	15						
税费	16						
（二）管理费用	21						
（三）筹资费用	24						
（四）其他费用	28						
费用合计	35						
三、限定性净资产转为 非限定性净资产	40						
四、净资产变动额（若 为净资产减少额，以 "–"号填列）	45						

三、现金流量表

编制单位：　　　　　　　　　　　年　　月　　日　　　　单位：元

项目	行次	金额
一、业务活动产生的现金流量：		
接受捐赠收到的现金	1	
收取会费收到的现金	2	
提供服务收到的现金	3	
销售商品收到的现金	4	
政府补助收到的现金	5	
收到的其他与业务活动有关的现金	8	
现金流入小计	13	
提供捐赠或者资助支付的现金	14	
支付给员工以及为员工支付的现金	15	
购买商品、接受服务支付的现金	16	
支付的其他与业务活动有关的现金	19	
现金流出小计	23	
业务活动产生的现金流量净额	24	
二、投资活动产生的现金流量：		
收回投资所收到的现金	25	
取得投资收益所收到的现金	26	
处置固定资产和无形资产所收回的现金	27	
收到的其他与投资活动有关的现金	30	
现金流入小计	34	
购建固定资产和无形资产所支付的现金	35	
对外投资所支付的现金	36	
支付的其他与投资活动有关的现金	39	
现金流出小计	43	
投资活动产生的现金流量净额	44	
三、筹资活动产生的现金流量：		
借款所收到的现金	45	
收到的其他与筹资活动有关的现金	48	
现金流入小计	50	
偿还借款所支付的现金	51	

项目	行次	金额
偿付利息所支付的现金	52	
支付的其他与筹资活动有关的现金	55	
现金流出小计	58	
筹资活动产生的现金流量净额	59	
四、汇率变动对现金的影响额	60	
五、现金及现金等价物净增加额	61	

参考文献

一、图书专著类

[1] 陈鸣，谭梅.当代西方国家公共文化服务制度改革中的若干问题 [M].北京：社会科学文献出版社，2007.

[2] 杨锐，殷晓彦.管理学原理 [M].北京：人民邮电出版社，2012.

[3] 陶传进，刘忠祥.基金会导论 [M].北京：中国社会出版社，2011.

[4] 温艳萍.民间非营利组织的社会与经济效应研究 [M].上海：上海人民出版社，2008.

[5] 北京行政学院公共管理教研部，北京市领导科学学会.服务型政府：公共管理论评 [M].北京：中央编译出版社，2005.

[6] 宋大涵.事业单位改革与发展 [M].北京：中国法制出版社，2003.

[7] 陈云.香港有文化：香港的文化政策 [M].上卷.香港：花千树出版有限公司，2008.

[8] 张蕾，钱世锦.剧院管理务实十六讲 [M].上海：上海人民美术出版社，2021.

[9] 樊鹏.文化与强国：德国札记 [M].北京：清华大学出版社，2015.

[10] 卢咏.公益筹款 [M].北京：社会科学文献出版社，2014.

[11] 马明.全球化背景下国际演出市场竞争优势 [M].北京：知识产权出版社，2013.

[12] 戴维·思罗斯比.经济学与文化 [M].北京：中国人民大学出版社，2015.

[13] 李河.发达国家当代文化政策一瞥 [M].北京：社会科学文献出版社，2004.

[14] 詹姆斯·海尔布伦，查尔斯·格雷.艺术文化经济学 [M].第二版.詹正茂，译.北京：中国人民大学出版社，2007.

[15] 莱斯特·萨拉蒙.全球公民社会：非营利部门视界 [M].第二版.北京：社会科学文献出版社，2002.

[16] 戴安娜·克兰.文化生产：媒体与都市艺术 [M].赵国新，译.南京：译林出版社，2001.

[17] 玛乔丽·嘉伯.赞助艺术 [M].张志超，译.北京：中国青年出版社，2013.

[18] 露丝·陶斯.文化经济学 [M].周正兵，译.大连：东北财经大学出版社，2016.

[19] 米歇尔·诺顿，等.全球筹款手册：NGO 及社区组织资源动员指南 [M].北京：中国人民大学出版社，2005.

[20] 泰勒·考恩.优良而丰盛：美国在艺术资助体系上的创造性成就 [M].魏鹏举，译.大连：东北财经大学出版社，2018.

[21] 金姆·克莱恩.成功筹款宝典 [M].招晓杏，张嘉，译.广州：广东人民出版社，2016.

[22] 巴尔赞.我们应有的文化 [M].严忠志，马驭骅，译.杭州：浙江大学出版社，2009.

[23] 哈灵顿.艺术与社会理论：美学中的社会学论争 [M].周计武，周雪娉，译.南京：南京大学出版社，2010.

[24] 冯利，章一琪.公益组织筹资策略：创造非凡的价值 [M].北京：社会科学文献出版社，2015.

[25] Kearns K P . Managing for accountability : preserving the public trust in public and nonprofit organizations[M]. San Francisco：Jossey-Bass Publishers, 1996.

[26] Hopkins K B, Friedman C S. Successful fundraising for arts and cultural organizations[M]. New York:Greenwood Publishing Group, 1997.

[27] William J B. Management and the arts[M]. London:Focal Press, 2015.

二、期刊杂志类

[1] 魏鹏举.公共财政扶持文化产业的合理性及政策选择 [J].中国行政管理，2009(05):45-46.

[2] 傅才武，何璇.四十年来中国文化体制改革的历史进程与理论反思 [J].山东大学学报（哲学社会科学版），2019(02):43-56.

[3] 田凯.西方非营利组织治理研究的主要理论述评 [J].经济社会体制比较，2012(06):201-210.

[4] 赵佳佳.社会组织相关概念的分析与界定 [J].行政与法，2017(06):27.

[5] 程玥，马庆钰.关于非政府组织分类方法的分析 [J].政治学研究，2008(3):90-98.

[6] 蓝煜昕.试论我国非营利部门的法制环境指数 [J].中国非营利评论，2009,4(01):79-96.

[7] 钟智锦.社交媒体中的公益众筹：微公益的筹款能力和信息透明研究 [J].新闻与传播研究，2015,22(08):68-83.

[8] 单世联，刘述良.政府资助艺术：支持与反对 [J].上海财经大学学报（哲学社会科

学版），2016, 18(1):15.

[9] 李怀亮，葛欣航. 美国文化全球扩张和渗透背景下的百老汇 [J]. 红旗文稿,2016(13):34–37.

[10] 林大梓. 美第奇家族的艺术赞助传统 [J]. 美术，2010(12):122.

[11] 任珺. 艺术资助政策：关于资源配置及可持续性发展议题 [J]. 福建论坛（人文社会科学版），2017(4):21–27.

[12] 刘洋，董峰. 论西方艺术资助的基本模式 [J]. 吉林艺术学院学报，2014(04):49–54.

[13] 周正兵. 英国非营利艺术机构管理经验及其启示：以经常性资助机构为例 [J]. 中央戏剧学院学报，2012(03):52.

[14] 蔡武. 我国文化体制改革的历史进程及理论创新 [J]. 中共党史研究，2014(10):5–13.

[15] 竺乾威. 文化体制改革的新制度经济学分析：以国有文艺院团转企改制为例 [J]. 江苏行政学院学报，2012(05):93–99.

[16] 屠兴勇. 知识视角的组织：概念、边界及研究主题 [J]. 科学学研究，2012,30(09):1378–1387.

[17] 王清刚. 论企业内部控制的灵魂：从制度建设到道德与文化建设 [J]. 中南财经政法大学学报，2014(01):119–125.

[18] 谭力文，丁靖坤.21 世纪以来战略管理理论的前沿与演进：基于 SMJ(2001—2012) 文献的科学计量分析 [J]. 南开管理评论，2014,17(02):92.

[19] 毛少莹. 发达国家的公共文化管理与服务 [J]. 特区实践与理论，2007(02):50–51+68.

[20] 李媛媛. 新时代深化文化事业单位法人治理结构改革的政策难点与对策建议 [J]. 国家行政学院学报，2017(06):125–130.

[21] 王妮丽. 关于阻碍我国公益捐赠的因素分析 [J]. 社会科学论坛，2006(10):40–45.

[22] 李松武. 认真制定执行事业单位章程　推进事业单位法人治理结构建设 [J]. 中国机构改革与管理，2013(Z1):97–99.

[23] 胡洪彬. 我国社会组织章程建设：现状检视、比较借鉴和科学完善 [J]. 南昌航空大学学报（社会科学版），2016,18(03):12–19.

[24] 林闽钢，朱锦程. 我国慈善立法的目标定位和基本框架 [J]. 湖北社会科学，2014(11):36–41.

[25] 蔡科云. 社会组织募捐行为的慈善法塑造：以过程控制为视角 [J]. 学习与实践，2019(10):73–82.

[26] 戚安邦. 论组织使命、战略、项目和运营的全面集成管理 [J]. 科学学与科学技术管理，2004(03):110–113.

[27] 田利华，陈晓东. 企业策略性捐赠行为研究：慈善投入的视角 [J]. 中央财经大学学

报，2007(02):58–63.

[28] 彭飞,范子英.税收优惠、捐赠成本与企业捐赠 [J]. 世界经济，2016,39(07):144–167.

[29] 祁艳.法国艺术资助制度研究 [J]. 河南教育学院学报（哲学社会科学版），2017,36(05):29–42.

[30] 程永明.企业的文化赞助：以日本企业 mecenat 协议会为例 [J]. 日本问题研，2015,29(01):20–30.

[31] 朱迎春.我国企业慈善捐赠税收政策激励效应：基于 2007 年度我国 A 股上市公司数据的实证研究 [J]. 当代财经，2010(01):36–42.

[32] 史成斌.我国基金会行业发展的困境与建议 [J]. 社会治理，2020(11):37–42.

[33] 周诺莽.政府资助艺术的合理性认识 [J]. 文艺生活：艺术中国，2020 (05):127–129.

[34] 万笑雪.探析我国非营利艺术机构的资金来源 [J]. 美与时代（城市版），2016(07):123–124.

[35] 刘洋,董峰.论西方艺术资助的基本模式 [J]. 吉林艺术学院学报，2014(04):49–54.

[36] 娄成武,杜宝贵,刘海波,等.基金会的发展历史和发达国家基金与企业合作起源、特点探析 [J]. 中国科学基金，2004(02):104–106.

[37] 付鹏飞.美国文化艺术基金会的运行模式和制度支撑 [J]. 重庆理工大学学报：社会科学，2017,31(03):61–68.

[38] 王晓丽,曹庆萍.美国基金会的界定与分类 [J]. 学会,2006(02):6–10

[39] 刘选国.中国公募基金会筹资模式的发展和创新探析 [J]. 中国非营利评论，2012,9(01):161–188.

[40] 庞小强.繁荣、隐忧与反思：六年来国家艺术基金资助大型舞剧项目引发的思考 [J]. 舞蹈，2020(04):24–29.

[41] 陶诚.舞剧《孔子》从"走出去"到"走进去"的实践与思考 [J]. 中国音乐学，2019(04):135–138.

[42] 蒙艺,高昌政,施曲海.个人捐赠行为概念内涵、形成机制及促进策略研究述评 [J]. 社会服务与救助,2021,12(04):66–71+75.

[43] 陈庚.事业体制文艺院团企业化管理研究：理论基础、实践逻辑与政策取向 [J]. 江汉学术,2016,35(03):87–93.

[44] 郑远长,彭建梅.建设慈善捐助信息系统迫在眉睫 [J]. 社会福利,2008(11):40–42.

[45] 林成华,胡炜.美国一流大学"筹款人"角色模型与启示 [J]. 中国高等教育,2018(Z2):75–78.

[46] 林成华."双一流"建设背景下大学筹款运动的战略与举措 [J]. 中国高等教育,2017(10):50–54.

[47] 王猛,王有鑫.信任危机与慈善捐赠：基于 2002—2016 年省际数据的实证研究 [J].

管理评论 ,2020,32(08):244–253.

[48] 于常有 . 非营利组织问责 : 概念、体系及其限度 [J]. 中国行政管理 ,2011(04):45–49.

[49] 李军 . 非营利组织公共问责的现实考察 : 基于资源依赖的视角 [J]. 学会 ,2010(06):3–10.

[50] 谭文安 , 王慧 . 基于智能合约的可信筹款捐助方案与平台 [J]. 计算机应用 ,2020,40(05):1483–1487.

[51] 史响 . 非营利艺术组织的生存之道 : 企业赞助模式初探 [J]. 艺术教育 ,2016(08):70–71.

[52] 陈钢 , 李维安 . 企业基金会及其治理 : 研究进展和未来展望 [J]. 外国经济与管理 ,2016,38(06):21–37.

[53] 黎相描 , 关镇升 , 黄荫坤 , 等 . 基于企业社会责任的匹配捐赠模式探究 [J]. 中国市场 ,2018(08):104–106.

[54] 霍梅妮 . 我国个人慈善捐赠税收激励政策研究 [J]. 河南财政税务高等专科学校学报 ,2021,35(01):18–24.

[55] 李亦楠 . 中美慈善捐赠结构比较研究 [J]. 治理研究 , 2020,36(06):81–87.

[56] 方英 , 李怀亮 . 美国公共文化艺术资助体系 [J]. 福建论坛 : 人文社会科学版 , 2015,(08):47–54.

[57] 陈庚 , 宋春来 . 美国非营利表演艺术机构资金来源研究 [J]. 中国文化产业评论 , 2018,26(01):237–249.

[58] 陈怡倩 . 大都会歌剧院音乐家获得 15 万美元私人捐赠 [J]. 歌剧 , 2020(11):109.

[59] 韩劲松 . 路德维希夫妇和他们的国际艺术收藏 [J]. 收藏家 , 2017(03):81–86.

[60] 李育 , 刘俊杰 , 沙飞莲 . 国外非营利基金会治理结构的经验启示 : 以美国为例 [J]. 现代商业 , 2015(28):74–75.

[61] 张啸 , 杨得聆 . 政府支持下的法国艺术电影发展 [J]. 电影艺术 , 2017(01):29–34.

[62] 周春林 . 盛大的景观 : 节事概念及其景观属性考察 [J]. 河南社会科学 , 2016,24 (10): 94–101+124.

[63] 周正兵 . 艺术节与城市 : 西方艺术节的理论与实践 [J]. 经济地理 ,2010,30(01):59–63+74.

[64] 曲妍 , 孔维锋 , 程丹玲 , 等 . 国际艺术节的资金筹措 : 茜茜 · 塔默尔工作坊 [J]. 天津音乐学院学报 ,2014(03):61–67.

[65] 顾朝曦 . 慈善法推动我国慈善事业进入快速发展期 [J]. 中国社会组织 ,2017(17):8–10.

[66] 刘秀秀 . 动员与参与 : 网络慈善的捐赠机制研究 [J]. 福建论坛 : 人文社会科学版 ,2014(01):187–192.

[67] 范家琛 . 众筹商业模式研究 [J]. 企业经济 ,2013,32(08):72–75.

[68]　虞海峡.众筹:电影内容运营风险管理的试金石 [J].当代电影 ,2014(08):9–13.

[69]　刘志明.基于社会化媒体的慈善筹款模式效率分析:基于说服双过程模型 [J].南京财经大学学报 ,2015(01):67–73.

[70]　曲丽涛.当代中国网络公益的发展与规范研究 [J].求实 ,2016(01):53–60.

[71]　张书明.关于网络募捐的监管问题 [J].山东师范大学学报（人文社会科学版）, 2007(04):139–142.

[72]　金锦萍.《慈善法》实施后网络募捐的法律规制 [J].复旦学报（社会科学版）,2017,59(04):162–172.

[73]　孟韬 ,张黎明 ,董大海.众筹的发展及其商业模式研究 [J].管理现代化 ,2014(02): 50–53.

[74]　何勤勤.中文版舞台剧《战马》的演出制作与运营模式特点分析 [J].艺术教育 ,2017(17):134–136.

[75]　刘瑶.公益众筹法律风险的识别与防控 [J].人民论坛 ,2019(29):110–111.

[76]　张杨波 ,侯斌.重新理解网络众筹:在求助与诈捐之间:以罗尔事件为例 [J].山东社会科学 ,2019(02):80–87.

[77]　马晓瑜.对网络公益众筹 ,监管不能"缺位"[J].人民论坛 , 2018 (34):74–75.

[78]　傅琪.《大鱼海棠》:新世纪"民族动画"复兴的迷思 [J].艺术评论 , 2016(09): 88–92.

[79]　刘婧.政策激励下的京味儿话剧创作的"质"与"量":基于北京文化艺术基金（2016—2020）立项的数据分析 [J].中国戏剧 , 2021 (06):76–78.

[80]　徐一文.上海演出市场艺术赞助模式初探:以中国上海国际艺术节为例 [J].文化产业研究 , 2013(00):210–216.

[81]　Mc Carville R, Copeland B. Understanding sport sponsorship through exchange theory[J]. Journal of Sport Management, 1994.

[82]　Gwinner K.A model of image creation and image transfer in event sponsorship[J]. International Marketing Review,1997,14(3):145–158.

[83]　William J. Performing arts – the economic dilemma : a study of problems common to theater, opera, music and dance[J]. Gregg Revivals, 1966.

[84]　Drucker P F.The coming of new organizations[J].Harvard Business Review,1988, 1(2):45–55.

[85]　Newman D S. Incorporating diverse traditions into the fundraising practices of nonprofit organizations[J]. New Directions for Philanthropic Fundraising, 2002(37): 11–21.

[86]　Romzek B S, et al. Cross pressures of accountability: Initiative, command, and failure in the ron brown plane crash[J]. Public Administration Review, 2000.

[87]　Andreoni J. Giving with Impure altruism[J].Journal of Political Economy,1989（6）:1447–

1458.

[88]　Dolnicar S，Randle M. The international volunteering market: market segments and competitive relations[J].International Journal of Nonprofit and Voluntary Sector Marketing，2007（4）：350–370.

[89]　Becker, Gary, S. Altruism, Egoism, and Genetic Fitness. Economics and sociobiology[J]. Journal of Economic Litera–ture ,1976.

三、学位论文类

[1]　邱慧君 . 企业赞助艺术研究 [D]. 中国艺术研究院 ,2009.

[2]　王悦 . 国家大剧院筹资赞助模式研究 [D]. 中国音乐学院 ,2018.

[3]　黄钰杰 . 个人网络慈善捐赠动机与激励对策研究：基于合肥市青年群体的调查 [D]. 江西财经大学 ,2021.

[4]　陈雷 . 我国艺术作品捐赠的发展、现状及社会意义研究 [D]. 吉林艺术学院 ,2017.

[5]　石浩 . 从善念到善举：个人慈善捐赠 "助推" 机制全景实验研究 [D]. 浙江大学 ,2021.

[6]　刘斯雨 . 民族管弦乐团管理运营模式研究 [D]. 中国音乐学院 ,2019.

[7]　崔航一 . 中国基金会分类研究 [D]. 吉林大学 ,2015.

[8]　郝羚伊 . 政府扶持对文化企业绩效的影响研究：基于上海市文化企业的实证分析 [D]. 上海交通大学 ,2019.

[9]　张激 . 国家艺术支持：现代西方艺术政策与运作机制研究 [D]. 中国美术学院 ,2008.

[10]　刘利成 . 支持文化创意产业发展的财政政策研究 [D]. 财政部财政科学研究所 ,2011.

[11]　田白璐 . 政府扶持文化产业项目的模式及问题研究 [D]. 西安建筑科技大学 ,2016.

[12]　董天然 . 艺术节源流与当代发展研究 [D]. 上海戏剧学院 ,2015.

[13]　谢丽 . 社会网络对大学生网络慈善捐赠意愿影响研究 [D]. 华中师范大学 ,2020.

[14]　刘琼 . 公众慈善捐赠行为的影响因素研究：以上海市为例 [D]. 上海交通大学 ,2019.

四、互联网文献类

[1]　褚鎏 . 什么是职业筹款人 [EB/OL]. 公益时报，2014–03–27.http://www.gongyishibao. com/html/zhuanlan/2014/0327/6274.html.

[2]　王劲森 . 疫情之下的剧院困境：浅析大都会歌剧院解聘降薪背后的财务危机 [EB/ OL]. 2020–05–19. https://www.sohu.com/a/396352385_109401.

[3] 吴杭民. 善款捐赠问责协议，这个"苛刻"必须有 [EB/OL].2011–08–09. https://news. ifeng.com/c/7fa8JHvubBb.

[4] 徐永光. 千亿筹款成本，万亿捐赠规模，十万亿社会效用 [EB/OL]. 澎湃新闻，2020– 12–18. https://baijiahao.baidu.com/s?id=1686393649288917772&wfr=spider&for=pc.

[5] 中国慈善联合会. 2018 年度中国慈善捐助报告 [R/OL]. 2019–09. http://www. charityalliance.org.cn/u/cms/www/201909/23083734i5wb.pdf.

[6] 北京语言大学. 捐赠项目配套资金管理办法 [EB/OL]. 2019–11–18. http://www.blcu. edu.cn/art/2019/11/18/art_15866_1150858.html.

[7] 国家大剧院 2019 年度企业合作推介会圆满举办 [EB/OL]. 2019–07–12. https:// baijiahao.baidu.com/s?id=1638819952830419205&wfr=spider&for=pc.

[8] 基金会中心（CFC）. 参与的力量：中国企业基金会发展研究报告 [R/OL]. 2020–03– 10. https://new.qq.com/omn/20220310/20220310A07SWP00.html.

[9] 搜狐. 面对筹款困境，公益组织、筹款人该如何抉择？ [EB/OL].2019–12–15. https:// www.sohu.com/a/360519825_260616?scm=1002.44003c.fe017c.PC_ARTICLE_REC.

[10] 王勇.UCCA 慈善晚宴在京举行，筹集善款 978 万元 [EB/OL].2018 –11. http://www. gongyishibao.com/html/gongyizixun/15272.html.

[11] 中国政府网. 国务院公报 [EB/OL].http://www.gov.cn/gongbao/content/ 2012/ content_2121699.htm.

[12] 中国政府网. 我国国有经营性文化单位转企改制任务全面完成 [EB/OL].2012–10– 24. http://www.gov.cn/jrzg/2012/10/24/content_2250488.htm.

[13] 中国慈善联合会.2018 年度中国慈善捐助报告 [R/OL]. 2019–09. http://www. charityalliance.org.cn/u/cms/www/201909/23083734i5wb.pdf.

[14] 腾讯新闻.2019 年度中国慈善捐助报告 [R/OL]. 2020–09. https://xw.qq.com/cmsid/ 20201012a03sue00 ?f=newdc.

[15] 中国慈善联合会.2020 年度中国慈善捐助报告 [R/OL]. 2021–11.http://www. charityalliance. org.cn/news/14364.jhtml.

[16] 中国经营网. 用友政务发布公益慈善组织财政管理方案 [EB/OL]. 2011–08–04. http://www.cb.com.cn/index/show/gx/cv/cv13452671337.

[17] 中国财经报网.2021 年中国财政政策执行情况报告 [R/OL].2022–02–28. http://www. cfen.com.cn/dzb/dzb/page_1/202202/t20220228_3790912.html.

[18] 人民资讯.试点减免文物艺术品税款助力北京"博物馆之城"建设 [EB/OL]. 2021– 12–14. https://baijiahao.baidu.com/s?id=1719082976612790927&wfr=spider&for=pc.

[19] 税屋. 文化创意产业税收优惠专题（2021 版）[EB/OL]. 2021–06–04. https:// www.shui5.cn/article/1c/42108$2.html.

[20] 中华人民共和国驻法兰西共和国大使馆.从法国到欧洲的"文化例外"[EB/

OL].2013–12–05. http://www.amb–chine.fr/chn/ljfg/t1105942.htm.

[21] 澎湃新闻.水滴筹、9958 先后被爆负面舆情，慈善项目何去何从？ [EB/OL].2020–
01–17. https://www.thepaper.cn/newsDetail_forward_ 5546107.

[22] 腾讯时尚.北京当代芭蕾舞团：不忘初心做慈善 [EB/OL].2015–07–02. https://
fashion.qq.com/a/20150702/022476.htm.

[23] 新加坡华乐团官网及年报 [EB/OL].https://sco.com.sg/images/PDFs/Annual–Report
–2018–2019.

[24] 搜狐新闻.新加坡华乐团 2018 年筹款晚宴暨音乐会《音唢心弦海呐百川》举行，
筹获 150 万新元款项！ [EB/OL].2018–09–12. https://www.sohu.com/a/253508552_
708458.

[25] 中国经济网.上海银行倾情赞助第十四届中国上海国际艺术节 [EB/OL].2012–09–
18.http://district.ce.cn/zg/201209/18/t20120918_23691975.shtml.

[26] 上银微动态.金融奏响"文化"品牌电音大提琴声绕梁银行大厦 [EB/OL].2019–
10–30. https://www.sohu.com/a/350838491_688269.

[27] 人民网.南锣鼓巷艺术节众筹完成，网络众筹筹资新途径 [EB/OL].2014–070–03.
http://media.people.com.cn/n/2014/0703/c14677–25232918.html.

[28] 菅宇正."一元购画"引捐赠文化反思现象级筹款项目再拷公众信任 [EB/
OL].2017–09–05. http://www.gongyishibao.com/html/yaowen/12406.html.

[29] 毕彤彤.《大鱼海棠》片后现 4000 人众筹名单 [EB/OL].2016–07–12. https://www.
lanjinger.com/d/17835.

[30] 中国青年报.水多才好多和泥——北京市儿童艺术剧团改制纪实 [EB/OL]. 2004–7–
6. http://zqb.cyol.com/content/2004–07–06/content_ 902226.htm.

[31] 新浪财经.专家：要倡导公益慈善筹款伦理筹款人不应拿提成 [EB/OL].2019–12–
13. https://baijiahao.baidu.com/s?id=1652750136200469991&wfr=spider&for=pc.

[32] Scott Bucko.How to build and use a gift chart for fundraising strategy[EB/OL].2021–03–
09. www.philanthropydaily.com.

[33] Rachel Clepper.What makes arts fundraising different[EB/OL].2021–7–26. https://
neonone.com/resources/blog/what–makes–arts–fundraising.

后 记

　　本书撰写初衷是服务艺术管理专业教学中的艺术组织筹款类课程。本书在策划、撰写初稿、扩充内容及后续修订过程中，正值北京舞蹈学院艺术管理专业完成专业备案、新建艺术学理论硕士点之际。在初步解决专业身份、学科归属等定位工作之后，该专业依旧在人才培养、课程教学、人才队伍、社会服务等方面面临着诸多优化提升的问题。同时，在撰写修订过程中，因新冠疫情影响全球文化艺术组织不同程度地遭遇财务困境和发展瓶颈，部分表演艺术机构"解散""停业"的现实更坚定笔者对该议题的研究。由于国内没有针对文化艺术组织筹款议题的专著，本书撰写工作虽具有一定创新意义，但也注定缺乏丰富的可借鉴研究成果，故借此书为全国艺术管理教育发展贡献绵薄之力。

　　本书撰写和出版得到学校领导和同事们的倾力支持。特别要感谢学校人事处及人才项目支持。向知识产权出版社赵军老师对该书出版过程中给予的无私帮助致以真诚的谢意。彭兰斌、谢昊辰、许汇欣、邱倩妮、刘书宁、康禹萍、李蕊彤、刘嘉琪、商富华、潘郁等同学协助负责该书部分案例资料的汇集工作，刘洋菲和李玥协助该书文字校订工作。此外，该书还得到了王国宾、齐勇锋、魏鹏举、向勇、郑新文、王焱武、张延杰、黄韵瑾、戴俊骋、司思、李根实、胡逆敏、张兼贝等专家及同仁的指导，一并致谢。本人精力和能力有限，故在统稿和修订中，不少地方难免有所疏漏和不足，恳请师友和各位读者谅解、批评和指正。

马　明

2022 年春